新编高职高专旅游管理类专业规划教材
谢彦君　总主编

ZHONGWAI MINZU MINSU

中外民族民俗

（第2版）

白以娟　主　编
许玉庆　副主编

北京·旅游教育出版社

责任编辑：果凤双

图书在版编目(CIP)数据

中外民族民俗／白以娟主编．－北京：旅游教育出版社，2013.5(2023.7)
新编高职高专旅游管理类专业规划教材
ISBN 978-7-5637-2623-3

Ⅰ.①中… Ⅱ.①白… Ⅲ.①民族—风俗习惯—世界—高等职业教育—教材 Ⅳ.①K891

中国版本图书馆 CIP 数据核字(2013)第 077499 号

新编高职高专旅游管理类专业规划教材
谢彦君　总主编

中外民族民俗
(第2版)

白以娟　主　编
许玉庆　副主编

出版单位	旅游教育出版社
地　　址	北京市朝阳区定福庄南里1号
邮　　编	100024
发行电话	(010)65778403 65728372 65767462(传真)
本社网址	www.tepcb.com
E-mail	tepfx@163.com
印刷单位	北京柏力行彩印有限公司
经销单位	新华书店
开　　本	787毫米×960毫米　1/16
印　　张	16
字　　数	246千字
版　　次	2017年7月第2版
印　　次	2023年7月第5次印刷
定　　价	30.00元

(图书如有装订差错请与发行部联系)

新编高职高专旅游管理类专业规划教材编委会

主　任　谢彦君

委　员　(按音序排列)

狄保荣　　韩玉灵　　计金标

姜文宏　　罗兹柏　　王昆欣

张广海　　张新南　　朱承强

总 序

　　经过将近三年的策划与组织,旅游教育出版社的"新编高职高专旅游管理类专业规划教材"终于要整体付梓印行了。本套丛书不管是在编写宗旨的确立还是在撰著者的遴选方面,都经历了一个较为严谨而细致的过程,这也为保证丛书的质量奠定了一个良好的基础。

　　中国的高等旅游教育和旅游产业发展,已经度过了三十多个春秋。从20世纪70年代末的筚路蓝缕到今天已蔚为大观的局面,这当中包含了几代学人和业者共同努力、共同创业的艰辛。在今天看来,尽管在这个知识和行业共同体中曾经并依然存在着观点、思想和认识上的碰撞和摩擦,但一路前行的步伐却始终没有停止过。这也是中国旅游教育界、旅游产业界呈现于世人的最令人鼓舞的风貌和景观。

　　在整个高等旅游教育体系中,职业教育的发展,只是在最近的十几年中才真正被政府纳入到大力发展的战略框架当中,并在今天形成了占据旅游高等教育半壁江山的势头。如果站在整个旅游高等教育的视野来审视旅游职业教育和普通教育在整个旅游高等教育中的局面,大家会有一个基本的共识:旅游高等职业教育在人才培养方面,无疑更加体现了专业细分、供需对接、学为所用的人才培养效率和效果,并不像旅游本科教育那样,每年的毕业生有70%以上流入其他行业或领域,从而造成社会教育资源的极大浪费。这个问题学界多有认识、阐述和呼吁,并一致认为,其根源在一定程度上是由本科专业目录管理过于僵化的行政机制所造成。值得欣慰的是,最新的本科专业目录调整方案中,已经增设了饭店管理专业,这一举措借鉴了旅游专业高等职业教育按照旅游大类进行专业细化的成功方面,昭示了旅游大类下设专业(二级学科)进一步有限度地细化的趋势。

不过,尽管旅游专业的高等职业教育有其成功的地方,但也不是没有问题。在专业格局有了科学规划的前提下,人才培养的质量就取决于具体的人才培养方案了。在这当中,各个学校所拥有的教学资源、师资队伍、教材、教学方法等方面的准备,就成为关键的教育因素。如果仔细盘点目前我国旅游专业高等职业教育在这一方面的家底,其实还很不容乐观。在我看来,由于我们对职业教育在认识上还不够成熟,准备上还不够充分,操作上还有待完善,加之旅游职业教育向来多以接待服务为教育的主体内容,缺乏硬技术、高门槛,因此,中国的旅游职业教育,依然显得离岗位培训距离不远、差异不大。在知识体系和职业技能的衔接方面,始终没有找到最好的途径和策略。因此,旅游职业教育在培养人的职业深度发展空间方面,始终有浅薄无力的缺欠。这是一个需要警觉,同时也是一个需要时间才能加以解决的问题。

旅游教育出版社在策划本套丛书的初期,就曾意识到这个问题,并有努力解决这一问题的想法。在本套丛书的书目确定、作者遴选、写作宗旨的厘定等方面,都试图对上述问题做出回应。从各位作者所做的努力来看,本套丛书还是在一定程度上解决了这个问题。整套丛书中,不乏在这方面做得很好的,也有在其他方面展现了充分特色的著作。因此,希望本套丛书的面世能够给旅游职业教育提供一套比较适用的教材资源。

本套丛书的作者都来自职业教育工作的教学与科研第一线,他们在各自所长的学科领域也都多有建树。作为本丛书的主编,我十分感谢他们在编写过程中所作出的巨大努力以及展现出来的合作与奉献精神。

由于水平所限,加之本人对旅游职业教育的理解缺乏深度,因此,本套丛书还是会存在总体架构、基本思想和具体编写工作方面的诸多不足甚至错谬。希望广大读者和其他人士对本书的缺欠不吝赐教,以图再版时予以修正,避免贻误学生。

是为序。

谢彦君

2011年7月22日于灵水湖畔

修订版前言

《中外民族民俗》自出版以来,受到旅游职业教育领域人士的厚爱,对此,我们心存感激。为了回馈读者,拉近读者与时代发展要求的距离,使读者及时跟上中国应用技术大学人才培养要求,我们对本教材进行了修订。

2013年出版的《中外民族民俗》教材,是根据中国高等职业教育的指导思想,从旅游职业教育和旅游从业需要出发,结合教育部和各高等院校实际教学情况,而编写的一本高职旅游专业基础课程教材。特别是教材内容的选择,得到了读者的广泛认可。在本教材编写之时,我们精心选择了10项教学内容,分别是:导论(民俗、民俗与旅游)、民间口头文学、民间歌谣、游艺民俗、岁时节日民俗、信仰民俗、人生仪礼民俗、生活民俗、交通行旅民俗和生产民俗,这些都是从事旅游工作必须掌握的知识基础,而且,与其他同类教材的教学内容差异很大,具有创新性、实用性和独特性,在修订之时,我们只对教材内容做了文字和语言表达方式的校正,基本保留了这一精品项目的本原面貌。

随着社会与教育的发展,对旅游职业教育提出了新的要求,特别是应用技术大学转型、国家弘扬民族文化政策和全域旅游写入政府工作报告的形式下,旅游职业教育的民族民俗课程必须有更大的创新和突破。为此,我们对教材的构成要素进行了充分的研讨,更新并完善了教材的基本结构,即在每章都包括的引言、教学目标、核心概念、正文、特别提示、拓展知识、案例分享与思考、本章闯关测试题及答案等构成要素的基础上,我们又设计了"创意项目"这一环节,展示民族民俗旅游创意开发项目,开拓学生创意应用思维视野,养成学生将民族民俗事项应用于旅游领域的创新思维习惯,提升旅游职业教育应用型人才培养实效。

修订后的教材由白以娟任主编,许玉庆任副主编。白以娟主持了教材的修订工作,主要包括:《中外民族民俗》已出版教材的文字校对与审核工作;各章"创意项目"部分的编写工作。修订后的《中外民族民俗》教材各章分工如下:第一章、第二章、第三章、第七章、第九章、各章"创意项目"部分,白以娟;第五章、第十章,许玉庆;第四章、第六章,袁林;第八章,喻彩霞;许玉庆参与了案例集、试题集和教学课件的编排工作。

最后,再次感谢广大读者对本教材的厚爱!感谢旅游教育出版社对本教材修订的大力支持!

编 者
2017年3月17日

目 录

第一章　导　论 ··· 1
　　第一节　民俗 ·· 1
　　第二节　民俗与旅游 ·· 10

第二章　民间口头文学 ··· 22
　　第一节　民间口头文学概述 ······································ 22
　　第二节　中外重要的民间口头文学 ······························ 29

第三章　民间歌谣 ·· 47
　　第一节　民间歌谣概述 ·· 47
　　第二节　中外重要的民间歌谣 ···································· 58

第四章　游艺民俗 ·· 74
　　第一节　民间游戏娱乐 ·· 74
　　第二节　民间艺术 ·· 89

第五章　岁时节日民俗 ··· 105
　　第一节　岁时民俗 ·· 105
　　第二节　节日民俗 ·· 113

第六章　信仰民俗 ·· 124
　　第一节　宗教信仰 ·· 124
　　第二节　民间信仰 ·· 132

第七章　人生仪礼民俗 ·············· 147
第一节　人生仪礼概述 ·············· 147
第二节　中外人生仪礼的主要表现 ·············· 158

第八章　生活民俗 ·············· 180
第一节　服饰民俗 ·············· 180
第二节　饮食民俗 ·············· 187
第三节　居住民俗 ·············· 194

第九章　交通行旅民俗 ·············· 203
第一节　交通行旅民俗 ·············· 203
第二节　中外交通行旅民俗的主要表现 ·············· 210

第十章　生产民俗 ·············· 222
第一节　农业民俗 ·············· 222
第二节　工匠民俗 ·············· 232
第三节　商业民俗 ·············· 236

参考文献 ·············· 245

第一章 导 论

引 言

民俗,即民间风俗,指一个国家或民族中广大民众所创造、享用和传承的生活文化。民俗产生的原因是多方面的,有经济的、政治的、社会的、宗教的、心理的、地域的、语言的等。民俗起源于人类社会群体生活的需要,从社会基础的经济活动,到相应的社会关系,再到上层建筑的各种制度和意识形态,大都附有一定的民俗行为及有关的心理活动。纷繁复杂的民俗事象在社会发展中起着重要作用,对于旅游活动而言,民俗的作用尤为明显,目前,民俗旅游已经成为一种新兴的、重要的旅游理念和旅游类型。

学习目标

1. 掌握民俗的定义及分类。
2. 掌握民俗的特点。
3. 了解民俗的形成与发展。
4. 了解民俗在社会发展中的作用。

第一节 民 俗

一、民俗的定义

民俗,即民间风俗,指一个国家或民族中广大民众所创造、享用和传承的生活文化。[1] 在中国,"民俗"一词很早就已出现。如《礼记·缁衣》:"故君民者,章好以

---

[1] 钟敬文.民俗学概论[M].上海:上海文艺出版社,1998:1.

示民俗";《史记·孙叔敖传》:"楚民俗,好痹车";《汉书·董仲舒传》:"变民风,化民俗",等等。此外,还有不少意义与其相近的词,如"风俗""习俗""民风""谣俗"等。"民俗"一词作为专门学科术语,是对英文"Folklore"的意译。这个词是英国学者威廉·汤姆斯在1846年创用的,他以撒克逊语的"folk"(民众、民间)和"lore"(知识、学问)合成为一个新词,既指民间风俗现象,又指研究这门现象的学问。后来,该词逐渐为世界其他国家的学者们所接受,成为国际上通用的学科名词。近年来,鉴于"Folklore"一词既指"民俗"又指"民俗学",容易混淆,国际学术界又以"Folklofistics"一词专指"民俗学",而将"Folklore"专指作为研究对象的"民俗",以便区别。

拓展知识

民俗学是研究民间风俗习惯的一门社会科学。世界各国各民俗学派关于民俗学的定义各不相同,但都承认民俗学是研究民间传统文化的学科。民俗学的研究领域涉及各国各民族民间文化日常生活的方方面面,即各种民俗事象,包括物质生产和生活、宗族组织、岁时节日、人生仪礼、民间文学等。民俗学作为一门社会科学,具有交叉学科的性质,与许多其他学科有着密切的关系,如文化人类学、社会学、民族学、民间文艺学等。民俗学经过长期的发展与积累,其学科体系已初具端倪。民俗学的内容,包括对民俗事象的理论探索与阐释、对民俗史和民俗学史的研究与叙述、民俗学方法论以及对民俗资料的收集保存等方面的理论与技术的探讨。

二、民俗的特点

(一)集体性

民俗是人民群众集体智慧的结晶。随着社会的发展,部落和村镇的出现,民族的形成,人类社会出现了种种人群集合体,民俗文化便由这一群体不断创造、完善、传承和保护下来,形成人类社会多姿多彩的民俗文化和人文景观。如原始自然崇拜、图腾崇拜是全民共同参与创造和传承的。这种传统通过某种变异,一直延续至今。今天民间传承的许多民俗事象,我们都无法找到它原来的倡导者和创造者,它们实际上是人们依靠在集体中的代代相传,而沿袭至今的。

(二)传承性和扩布性

民俗的传承性,是指民俗文化在时间上传衍的连续性,即历史的纵向延续性;同时也是指民俗文化的一种传递方式。民俗的扩布性则指民俗文化在空间伸展上的蔓延性,也是指民俗文化的横向传播过程。民俗的传承性和扩布性,使民俗文化的传承成为一种时空文化的连续体。传承是自上而下,从古至今;扩布则是前后左右的空间流动。纵向的传承和横向的扩布相结合,使民俗文化占有广大的时间和空间,形成民俗文化多元化的互相撞击与吸收,融和与发展。如中华民族对龙的信仰,穿越几千年的时空,至今广泛流传,这体现了民俗的传承性;而中国的年俗在韩国、日本的流行,体现了民俗的扩布性。

(三)稳定性与变异性

民俗一旦产生,就会伴随着人们的生产及生活方式长期相对地固定下来,成为人们日常生活的一部分,这就是民俗的稳定性。民俗文化是在一定的政治、经济、社会和文化基础上形成的,只要经济基础不变,民俗就会稳定地传承下去。中国是一个农业古国,长期的小农经济使我们在农业生产方面保持了数千年的传统习俗。如在中国的许多地区,立春有举行打春牛的习俗;农历二月初二,北方农户开始进行农业生产的准备工作,家家户户检查和维修农业生产工具,等等。在中国,许多习俗自先秦两汉就已经定型,并一直传承至今。

民俗不是一成不变的,稳定中随时包含着可变因素。民俗的变异性是指在民俗传承和扩布过程中引起的自发和渐进的变化。民俗是靠语言和行为传承的,传承过程中不免会因为环境的变化而变化。比如中国的傩俗,原是一种古老的巫术行为,承担着驱鬼逐疫的任务。早在殷商时期,民间傩俗就已经被统治阶级所利用,上升为宫廷的傩祭和傩仪;从汉代至唐宋,傩祭仪礼规模越来越大;唐代以后,宫廷傩仪的神秘气氛逐渐减弱,娱乐成分不断增加;在宋代终于演变成傩戏。现在,在中国南方的某些边远地区,这种古老的傩仪、傩戏仍在流传。但是今天的傩仪已经并非原貌,它吸收了儒、释、道的理论和神系,构建起了庞大的傩文化体系。

(四)规范性

民俗实质上是民众共同创造和遵守的行为规则。民俗事象往往表现为一种行为模式,是民众生活中约定俗成的,是民众中经常使用的不成文法或习惯法,对民众的思想和生活产生强大的约束力量,迫使人们在一定的习惯规范中行事,以得到心理和环境的协调和平衡。人类早期的自然崇拜、图腾崇拜、巫术占卜等的一些规范,包括观念和行为规范,都是十分严格的。如图腾物是神圣不可侵犯的,不可有行为上的亵渎,万一不小心触犯和伤害了图腾物,要举行一系列赎罪仪式;男子长到一定年龄要举行成年仪式,通过考验仪礼,被接纳为氏族的正式成员;氏族内部严禁通婚;图腾是氏族的保护神,也是氏族的族徽和标志等。这一系列禁忌成为氏族社会每个成员的自觉行为规范。当人类进入阶级社会以后,民俗的规范性变得复杂起来。社会生活的方方面面,家族要有家教、家规、家法;村落要有村规、村约;婚姻、丧葬要有一定的程序和规范;饮食结构和进餐方式也都有大体规范。

(五)服务性

民俗是为民众生产和生活服务的。历代民俗文化的积累,已形成自己的知识系统。这个知识系统反过来又服务于自己的生产与生活。比如天文观测和农业生产经验相结合,形成了农业生产习俗。一年中二十四节气的制定,主要服务于农事活动,而信仰习俗和农事活动及民间各种艺术形式的结合,则形成一系列的岁时节日。人们创造了节日文化,同时也享受这种文化所带来的欢乐,这正是民俗文化服务性的最好体现。①

三、民俗的分类

民俗事象纷繁复杂,从社会基础的经济活动,到相应的社会关系,再到上层建筑的各种制度和意识形态,大都附有一定的民俗行为及有关的心理活动。为了准确地认识复杂的民俗事项,必须对民俗进行适当的分类。

关于民俗的分类,国内外众多学者发表了自己的观点,如美国民俗学家布鲁范德、日本民俗学家柳田国男、我国民俗学家钟敬文等,其中,与我们的认识比较相近的,是北京大学的学者王娟,她从以下四个方面对民俗进行了分类:

(一)物质民俗

物质民俗指人民在创造和消费物质财富过程中所不断重复的、带有模式性的活动,以及由这种活动所产生的带有类型性的产品形式。它主要包括生产民俗、商贸民俗、饮食民俗、服饰民俗、居住民俗、交通民俗、医药保健民俗,等等。

(二)社会民俗

社会民俗亦称社会组织及制度民俗,指人们在特定条件下所结成的社会关系的惯制,它所关涉的是从个人到家庭、家族、乡里、民族、国家乃至国际社会在结合、交往过程中使用并传承的集体行为方式。它主要包括社会组织民俗(如血缘组织、地缘组织、业缘组织等)、社会制度民俗(如习惯法、人生仪礼等)、岁时节日民俗以及民间娱乐习俗,等等。

(三)精神民俗

精神民俗是指在物质文化与制度文化基础上形成的有关意识形态方面的民俗。它是人类在认识和改造自然与社会过程中形成的心理经验,这种经验一旦成为集体的心理习惯,并表现为特定的行为方式并世代传承,就成了精神民俗。精神民俗主要包括民间信仰、民间巫术、民间哲学伦理观念以及民间艺术等。

(四)语言民俗

语言民俗是指通过口语约定俗成、集体传承的信息交流系统。它包括两大部

---

① 钟敬文.民俗学概论[M].上海:上海文艺出版社,1998:11—26.

分:民俗语言与民间文学。语言是一种文化载体,各个民族、各个地区都有特定的语言,即民族语言和方言,它们是广义的民俗语言。狭义的民俗语言,是指在一个民族或地区中流行的那些具有特定含义,并且反复出现的套语,如民间俗语、谚语、谜语、歇后语、街头流行语、黑话、酒令,等等。民间文学是指由人民集体创作和流传的口头文学,主要有神话、民间传说、民间故事、民间歌谣、民间说唱等形式。

总之,民俗的分类从来都是相对的,没有哪一种民俗事象纯属某一类。民俗是一种综合性的文化事象,各类民俗事象所体现出的物质的、社会的、精神的、心理的内容,是互相交叉,互相渗透的,你中有我,我中有你。它们相互关联、相互制约、相互影响,所以无论怎样分类,都只是为研究工作提供一种参考。从民俗的某一倾向性中,去把握它的全貌,才是正确的、科学的方法。

四、民俗的形成

(一)民俗的形成

民俗起源于人类社会群体生活的需要,在特定的民族、时代和地域中不断形成、扩展和演变,为民众的日常生活服务。民俗的形成有两层含义:一是旧民俗的变化、发展;二是新民俗的产生。新民俗的产生,在各个历史阶段,只要客观上和主观上提供了它产生的土壤,随时都可以产生和形成。在传统的民俗中,比如东北的哈尔滨地区,很早就有在春节期间制作冰灯的习俗。在新的时代,应旅游事业的发展和人们文化生活的需要,形成了规模巨大的"冰雪节""冰灯节"。延边朝鲜族素有尊老爱幼的习俗,延边"老人节"的形成,是在朝鲜族原有的敬老传统习俗上,经政府部门的提倡、建议而形成的新的民间传统节日。随着现代化的到来,新的时尚层出不穷,有些也已形成新的民俗现象。如春节期间的拜年习俗,团拜的方式早在20世纪60年代就已形成,而在现代都市生活中,随着现代化媒介的普及,传统的三叩九拜的拜年方式有了许多新的变化,电话拜年、电子贺卡拜年、短信息拜年,成为一种新的时尚。新民俗充实、丰富旧民俗或取代旧民俗,是民俗产生、演变和发展的客观规律。

(二)民俗形成的原因

1. 经济的原因

民俗作为一种社会文化事象,它的产生总是受到经济基础,即社会生产力发展的要求和制约的。也就是说,民俗产生于与之相适应的经济基础之上。超越经济基础的民俗是不可思议的。如古老神话传说的产生,就是与当时社会生产力低下,人们对自然界和社会生活中的种种变化(如生育、疾病、死亡)不可理解有关。原始人认为自然界存在着一种不可捉摸的巫术力量,为求得生存,一是靠经验去战胜自然;二是相信"万物有灵"。他们想借助于巫术信仰和想象,把自然力形象化,以此去征服自然和支配自然,这就是神话产生的客观条件。有的学者专门研究经济民俗,经济民俗即是建立在民间经济活动基础上的民俗事象。

2.政治的原因

人类社会进入阶级社会之后,民俗不可避免地受到了阶级和政治的影响。剥削阶级为了达到政治目的,一方面利用落后民俗愚弄人民;另一方面用强制的手段,改变原有的民俗,以适合自己的需要,这是常见的现象。所以政治对民俗的影响有时是直接的,有时又是间接的。统治阶级提倡什么,反对什么,往往左右着民间的民俗活动。

如封建的政治影响,表现在民俗中,主要体现为各种民俗事象的伦理和迷信色彩。现代的各种宗教信仰且不说它,就是在婚姻、丧葬、起房架屋、人生仪礼以及生产、生活中的各种信仰和禁忌,也都充满了时代的色彩。比如在中国各民族婚俗中,由于受封建思想和各民族传统思想的影响,民俗事象呈现出十分复杂的情况。其中汉族婚姻制度受封建思想的影响更加严重,"父母之命,媒妁之言""三从四德"等严重束缚着人们的思想。现在,这种影响仍然存在。在少数民族中,情况也很复杂,有些民族至今仍然保持着古老朴实的婚姻传统。男女社交自由,通过对歌和自由交往,情投意合即可结为夫妻。但大部分民族,除社交自由外,男女双方要结成姻缘,需经"父母之命,媒妁之言"。这种婚姻已涂上了封建色彩。有些民族的婚姻,因受到汉族婚姻制度的影响或历代统治阶级的强迫干预,有了重大的改变。

3.地缘的原因

俗话说:"百里不同风,千里不同俗。"由于各民族所处的山川地理环境不同,而形成不同的风俗和习惯。这表现出民俗对自然环境具有很强的适应性和选择性。人类和自然的关系是十分密切的,人类不仅从自然界获取赖以生存的生活资料,而且和自然界发生精神上的联系。有什么样的自然环境,就会形成什么样的民俗。

居住地域、生活方式和生产方式的不同,往往形成某一地区的人们所传承的民俗也不相同。这种不同,有时非常明显。中国北方的牧业民族和南方的农业民族,无论是居住、服饰、饮食、婚姻、丧葬、工艺、交通等民俗,都是各不相同的。以居住而言,北方的游牧民族,由于客观的生产方式所决定,放牧生活必须"逐水草而居",所以他们至今还居住在容易搬迁的"蒙古包"和各式各样的帐篷里。而南方的农业民族,也许住的是通风舒适的"吊脚木楼"。北方民族的一系列狩猎民俗,和南方稻作民族的耕作民俗也形成鲜明的对比。再如节日民俗,蒙古族的那达慕大会,以赛马、射箭、摔跤三项竞技为主,充满剽悍、尚武精神;而西双版纳傣族的泼水节,则只有在亚热带自然风光中才能形成。这样的例子,在各民族民俗事象中不胜枚举。

4. 宗教的原因

在现实生活中,有许多民俗事象的传承,是和宗教信仰有关的。或者说有些民俗就是由原来的宗教仪式演变而来的。民俗的形成确实与宗教仪式有着密切的关系。

民俗宗教在其产生和发展中,经历了自然崇拜、图腾崇拜、祖先崇拜这样一个过程。这个过程中所遗留下来的某些仪式,还在民俗的传承中起着作用。比如四川一带的羌族,是中国古老的民族之一,在民间有崇拜白石头的风俗。在羌族史诗《羌戈大战》中,传说羌人战胜戈基人,是依赖了白石神的帮助。白石崇拜,显然是一种自然崇拜。又如鄂温克族是狩猎民族,在鄂温克人的观念中,一切野兽都属于山神所有,在狩猎中之所以能猎得野兽,并不是猎技的高明,而是由于山神的恩赐,所以他们崇拜山神。鄂温克人对火的崇拜很盛行。每当吃饭和饮酒时,要先行祭火仪式,将一些饭菜投入火中,然后才能饮酒吃饭。对火的禁忌也很多,妇女不得从火上跨过,搬家时不扑灭火种等。据有的民俗学家研究,对火的崇拜,源于对太阳的崇拜,因为火是太阳派往人间的使者。这种对太阳等自然现象的崇拜几乎遍布世界各地的原始民族之中。秘鲁古代的印加人把太阳作为神灵,每当晨曦初露时朝拜旭日,祈求太阳神的赐予,黄昏时举行送太阳的仪式。每年的6月24日举行太阳祭,中午时分点燃圣火。可见火与太阳的关系。

现代宗教对民俗的影响也是多方面的。伊斯兰教禁食猪肉,所以形成许多民族对猪肉的禁食习俗。佛教不仅影响佛教徒的生活,而且对中国许多民族的民俗生活产生影响。如西双版纳的傣族,生活习俗的形成受小乘佛教的影响;藏族的生活习俗的形成受大乘佛教的影响等。

5. 语言的原因

首先,语言是人类交流思想感情的工具,也是民俗文化借以传承的工具。民俗学的研究离不开对民俗语言的研究,因为语言本身就是独特的民俗文化现象之一。从语言产生和发展的历史看,今天各民族所使用的不同语言,无论是从语音系统和表达思想感情的独特方式——语法系统来看,都是历史发展的结果。民俗正是靠口头语言一代一代延续下来,并得到不断充实、丰富和发展的。

其次,语言除了交流思想感情之外,它还对社会和人生有特别重要的意义。比如日常生活中的咒语,就不是说着玩的,它具有一定的巫术目的。咒语在施行巫术的人看来,是一种命令性质的语言,多次重复,可产生魔法并立即生效。还有,生活中带有禁忌性的语言、敬语和委婉语言,也可看作是一种特殊的民俗事象。

最后,民族语言和同一民族使用的不同方言、土语,更是具有浓郁民族特色和地方特色的民俗现象。平时我们所说的乡音,就是由于语言的不同形成的。思乡不仅仅是语言的作用,更重要的是在语言的背后所隐藏着的大量的民俗事象。①

五、民俗的作用

(一)教化功能

民俗的教化功能是指民俗对社会成员具有教育和引导的作用。人是文化的产物,民俗作为一种文化现象,在个人社会化过程中占有决定性的地位。人一出生,就进入了民俗的规范:诞生礼为他拉开人生第一道帷幕;他从周围人群中学习自己的语言;在游戏中他模仿着成人生活;从称谓与交际礼节中逐渐了解人际关系;他按特定的婚姻习俗成家立业;直到死去,特定的丧葬民俗送他离开这个世界。人生活在民俗中,就像鱼生活在水中一样,须臾不可离开。

(二)规范功能

民俗的规范功能是指民俗对社会成员的行为方式具有约束作用。人类社会生活需要的满足,往往有多种方式可供选择。例如吃饭,可用刀叉,也可用筷子或手抓。民俗的作用,在于根据特定条件,将某种方式予以肯定和强化,使之成为一种群体的标准模式,从而使社会生活有规则地进行。

📖 拓展知识

社会规范有多种形式,它们大略可以分为四个层面:第一层是法律;第二层是纪律;第三层是道德;第四层是民俗。其中,民俗是产生最早、约束面最广的一种深层行为规范。民俗是起源最早的一种社会规范。恩格斯在《论住宅问题》中曾经指出,在社会发展某个很早的阶段,产生了这样的一种需要:把每天重复着的生产、分配和交换产品的行为用一个共同规则概括起来,设法使个人服从生产和交换的一般条件。这个规则首先表现为习惯,后来便成了法律。恩格斯这里说的"习惯",就是原始的经济民俗。

民俗是一种约束面最广的行为规范。在社会生活中,成文法所规定的行为准则只不过是必须强制执行的一小部分,而民俗却像一只看不见的手,无形中支配着人们的所有行为。从吃穿住行到婚丧嫁娶,从社会交际到精神信仰,人们都在不自觉地遵从着民俗的指令。

在日常生活中,人们很难意识到民俗的规范力量,因此也就不会对其加以反抗。民俗对人的控制,是一种"软控",但却是一种最有力的深层控制。

---

① 陶立璠.民俗学[M].北京:学苑出版社,2003:24-32.

(三) 维系功能

民俗的维系功能是指民俗统一社会成员的行为与思想，使社会生活保持稳定，使群体保持凝聚力。

民俗能维系社会稳定。任何一个社会都在不断变化，每一种文化都必须根据外部环境与内部情况的变化而不断地加以调整。在社会生活的世代交替中，民俗作为一种传承文化不断被后代复制，由此保持着社会的连续性。在文化变迁中，民俗就像一个巨大的胃，将新产生的或外来的生活方式、价值观念等不断反刍和消化，吸收某些新东西进入原有的民俗体系，大量的则被摒弃。即使是在大规模的急剧的社会变革中，与整个民俗体系相比，发生的变化总是局部的、渐变的，这就有效地防止了文化的断裂，维系了社会生活的相对稳定。

民俗不仅统一着社会成员的行为方式，更重要的是维系着群体或民族的文化心理。每个民族或社会群体，都生活在特定的自然条件与社会环境中，有自己独特的历史道路，因而形成了特定的集体心理。民俗是人们认同自己所属集团的标志，例如世界各地的华侨，虽然身处异地，但他们通过讲汉语、吃中餐、过中国传统节日等方式，与自己的民族保持认同。

(四) 调节功能

调节功能是指通过民俗活动中的娱乐、宣泄、补偿等方式，使人类社会生活和心理本能得到调剂的功能。

民俗的娱乐功能显而易见。人类创造了文化，目的是享用它。人不可能日复一日、永无休止地劳作，必须在适当的时间进行适当的娱乐活动，休息体力，调剂精神，享受劳动成果，进行求偶、社交等活动。世界上没有哪个民族没有节日、游戏、文艺、体育等民俗，它们是人类生活的调节剂。

民俗也有宣泄的功能。人类社会生活中，个体的生物本能在群体中必然受到一定程度的压抑。无论是肉体行为压抑，还是心理压抑，对人来说都是一种破坏性的力量，如果不在某种程度上得到宣泄，一旦积郁起来集中爆发，其后果不堪设想。有的民俗就是应这种需要而产生的，如古希腊的酒神节，人们在节日里饮酒狂欢，日常生活中的种种禁忌这时全被打破。这种放荡性的狂欢节日，许多民族历史上都有过。中国古代的上巳节，也属于类似性质。《周礼》载："仲春之月，令会男女，于是时也，奔者不禁。"一些民间游戏，如斗鸡、斗牛、斗蟋蟀、下棋等，都能起到宣泄心理能量的作用。婚礼上的"闹房"，葬礼中的哭丧，都是一种心理情感的宣泄。

民俗还有补偿功能。人们在现实生活中难以得到满足的种种需求，往往在民俗中得到某种补偿。恩格斯在谈到德国的民间故事书时曾说：民间故事"使一个农民做完艰苦的日间劳动，在晚上拖着疲乏的身子回来的时候，得到快乐、振奋和慰藉,使他忘却自己的劳累,把他的硗瘠的田地变为馥郁的花园"。"使一个手工业者的作坊和一个疲惫不堪的学徒的寒碜的楼顶小屋变成一个诗的世界和黄金的宫殿,而把他矫健的情人形容成美丽的公主。"①这就是一种精神的补偿。在情歌中,人们歌唱着美好而大胆的爱情;在某些宗教仪式中,人们暂时超越了尘世的苦难,沐浴在神灵的光辉之中;各种各样的民间工艺、民间文艺,不仅使人们赏心悦目,而且使生活充满了吉祥和希望。所有这些,都是民俗对人们单调而贫乏的日常生活的补偿。

上述的四种民俗功能,只是民俗在社会生活中所发挥的一些最主要的功能,而绝不是民俗的全部功能。民俗应社会生活的需要而产生并为其服务,民俗也因其功能的变化而变化,因其功能的消亡而消亡。

第二节 民俗与旅游

一、民俗旅游

(一)民俗旅游的定义

民俗旅游是一种以体验异域风俗为主要目的的旅游,是指人们离开惯常住地,到异地去体验当地民俗文化的旅游活动。民俗旅游正在受到越来越多的关注,民俗旅游活动已经成为重要的旅游活动。目前,比较流行的民俗旅游主要包括生活习俗旅游、婚姻家庭和人生仪礼习俗旅游、口头传承习俗旅游、民间歌舞娱乐习俗旅游、节日习俗旅游、信仰习俗旅游等。民俗文化作为一个地区、一个民族悠久历史文化发展的结晶,蕴含着极其丰富的社会内容。由于地方特色和民俗特色是旅游资源开发的灵魂,具有独特性与不可替代性,因而,从某种意思上来讲,民俗旅游属于高层次的文化旅游。

拓展知识

对于以少数民族文化为资源的"民族文化旅游"或"民族旅游"概念的定义,国内外学者一直都有不同的见解。在国外,"民族文化旅游"或"民族旅游"是一种根据当地人口和社会文化特征来命名的旅游形式。通常,它包括两类旅游:一类是指到土著民族居住的地区旅游,这些土著民族可能是发达国家保护区的土著民族,更多的是指不发达国家和地区的土著民族,正如柯恩(Cohen)将"民族旅游"定义为:"针对在政治上、社会上不完全属于该国主体民族的人群,由于他们的生

---

① 恩格斯.马克思恩格斯论艺术(第四卷)[M].北京:中国社会科学出版社,1996:401.

态环境或文化特征或独特性的旅游价值,而进行的一系列观光旅游。"另一类是指移民集中生活的社区旅游,这些移民是从其他国家或地区迁徙而来的在迁入国处于非主流地位的民族成员。例如,美国的"唐人街"旅游、马来西亚的印度街观光等①。

其实,关于民俗旅游的定义,国内外学术界尚未做出严格统一的界定。民俗旅游学者众说纷纭,从各自不同的研究角度阐述了自己的观点。我国学者温锦英认为:民俗旅游就是借助民俗来开展的旅游项目。它以一个国家或地区的民俗事象和民俗活动为旅游资源,在内容和形式上具有鲜明、突出的民族性和独特性,给人一种与众不同的新鲜感,它的魅力就在于其深厚的文化内涵。②巴兆祥认为:民俗旅游属高档次的文化旅游范畴,是指旅游者为异域或异族独具个性的民俗文化所吸引,以一定旅游设施为条件,离开自己的居所,前往旅游地(某特定的地域或特定的民族区域),进行民俗文化消费的一个动态过程的复合体,是人类文明进步所形成的一种文化生活方式。③邱扶东认为,民俗旅游的内涵包括以下几点:第一,民俗旅游是以民俗为基础的旅游产品;第二,民俗旅游是一种具有鲜明的民族性和地方特色的社会经济现象;第三,民俗旅游是旅游者的一种旅游活动;第四,民俗旅游是文化旅游的一个类型。在此基础上,结合旅游的概念,邱扶东对民俗旅游的定义是:民俗旅游是一种以民俗事象为基础的民俗旅游产品与民俗旅游商品的生产和消费活动。④从上述种种观点中,我们可以认定民俗旅游应该具备以下几个条件:

一是旅游者出游观赏的主要对象是民俗。旅游有三大要素:主体、客体、介体。旅游客体就是资源,旅游资源主要包括两大类:自然景观和人文景观,人文景观又由民俗风情、名胜古迹、文物遗址等构成。旅游者旅游考察的目标是我们进行旅游分类最重要的标准,如果旅游者的出游动机是由于目的地"万花筒"般的民俗风情的磁力所致,那么,他的旅游活动即为民俗旅游。

二是旅游地向旅游者提供的核心产品为民俗产品。旅游业是一种生产服务行业,它的主要职能是向旅游者供给旅游活动中所需要的各类产品。旅游者在完成其旅游经历的过程中,需要旅游地提供的产品涉及面很广,有住宿方面的,有交通方面的,也有购物方面和娱乐方面的,但更主要的是游览方面的。游览方面的产品

---

① 崔玉范.赫哲族传统文化与民族文化旅游可持续发展研究——以同江市民族文化旅游为例[D].山东大学,2009.
② 温锦英.文化,民俗旅游开发的灵魂[J].广东民族学院学报,1997(3).
③ 巴兆祥.中国民俗旅游[M].福州:福建人民出版社,2006:11.
④ 邱扶东.民俗旅游学[M].上海:立信会计出版社,2006:49.

很多,如名山胜水、幽洞岩谷、园林宅第、寺庙宫庵、塔桥牌坊、陵墓遗址、民俗风情等。只有当旅游者享用和消费的产品是旅游地供给的以民俗风情为核心的系列产品时,这样的旅游活动才能归入民俗旅游之列。

三是既是一种经济行为,又表现为一种文化行为。一方面旅游者到民俗旅游地去旅游,是一种消费行为,但同时更是追求一种文化享受。国外游客到中国来品尝地方风味固然有"物欲"满足在里面,然而其主要动因还是欣赏中国各地博大的饮食文化;另一方面,旅游地开展民俗旅游活动是商业性的行为,以营利为目的,游客消费民俗旅游产品要支付一定的费用。同样,旅游地出售民俗旅游产品,实质上是让游客享受一个国家、地区或民族的民俗文化,向游客宣传自己的传统文化。

(二) 民俗旅游的特点

1. 文化性

民俗旅游是所有现代旅游类型中文化性最显著、最独特的一种。民俗旅游的文化性主要表现为两方面:一是旅游对象的文化性。民俗属于生活文化的范畴,传承的历史非常久远。民俗旅游是一种以民俗文化为消费对象的旅游活动,民俗文化景观不仅能给旅游者带来民俗事象本体的文化信息,而且还能让旅游者享受民俗文化带来的体验。二是旅游者的文化性。民俗旅游的对象主要是民俗文化景观,如果旅游者没有一定的文化修养和生活积累,要想真正地理解和欣赏好旅游地的民俗文化是很难想象的。因此,要开展民俗旅游就必须宣传民俗,让旅游者认识民俗,提高旅游者的文化知识水平。旅游经营者应当充分认识到旅游者文化性的提高对民俗旅游可持续发展的重要性。

2. 禁忌性

民俗的禁忌性直接导致了民俗旅游必须遵循尊重民俗习惯,了解、熟悉民间禁忌的特点。民俗旅游的禁忌性也表现为两方面:一是旅游者要尊重旅游地的民间风俗。"入乡随俗"这句话就体现了民俗的地域异样性,也道出了民俗旅游的禁忌性。旅游者前往旅游目的地进行民俗旅游,必然会碰到旅游地的风俗习惯,甚至是各种生产、生活、观念的禁忌,对此,旅游者要做的就是尊重,切忌说三道四,评头论足。二是旅游从业者要尊重旅游者的风俗习惯。对旅游地而言,旅游者来自四面八方,他们的风俗习惯及其禁忌也多种多样,旅游接待者同样应尊重旅游者的风俗习惯,处处为旅游者着想。[①]

3. 经济性

民俗旅游的经济特征决定于现代旅游和旅游业的经济性,它表现为一种特殊的经济交换关系。旅游者通过一定的经济支付手段,消费民俗旅游产品和民俗旅

---

① 巴兆祥.中国民俗旅游[M].福州:福建人民出版社,2006:15—16.

游商品,满足自己的旅游需要,获得旅游利益;旅游区的居民与旅游从业者则通过出售当地的民族文化产品和地方文化产品,获得一定的经济效益和就业机会。旅游业为了追求民俗旅游经济效益的最大化,早已开始尝试民俗旅游经营的专业化。早在1993年,新疆维吾尔自治区就成立了民俗旅行社,专业经营民俗旅游。民俗旅游的经济特征在旅游区的居民和旅游业方面表现得最充分,发展民俗旅游是扩大就业、增加收入、摆脱贫困的良好机会。[①]

4.参与性

民俗旅游主要是利用民俗文化资源开发而成的一种旅游形式,由于其资源来源于广大民众,就决定它必然离不开广大人民的支持和参与。民俗旅游的服务者和经营者、表演者大多是民俗开发区的当地居民,同时,人民大众是民俗的创造者、表现者,是民俗的复合体,他们本身就是活的民俗风景。同时民俗旅游具有大众消费性,它的开发也是为了满足广大游客的需要。到民俗景区与当地居民进行交流,深入他们的生活,体验他们的各种习俗,也是众多游客参加民俗旅游的一种动机。民俗旅游的参与性,一方面体现在民俗开发离不开民众的参与,比如开发民族村寨,就需要村民普遍的参与,获得他们的支持和配合;另一方面,对旅游者来说,大量民俗旅游活动都需要亲自体验、参与,仅仅观看民俗表演难以留下深刻的印象,对民俗文化的了解也比较肤浅。和自然风光旅游、历史古迹旅游相比,民俗旅游是最具参与性的旅游形式。许多民俗活动的动态特征决定了民俗旅游的参与性,这也是民俗旅游最富有魅力的原因之一。

5.神秘性

民俗从物质民俗、精神民俗到社会民俗等,涉及生活的方方面面。民俗的多样性决定了民俗旅游内容和形式的多样性。民俗是地方性文化,一地的民俗文化对外地游客来说,常常是陌生的,在他们心目中就具有神秘性。神秘性可以激发人们的好奇心和求知欲、探索欲,使游客在民俗旅游活动中不仅对观赏、了解、参与异地的奇异民俗有强烈的兴趣,而且渴望多了解一些地方文化知识,获得更深入的体验和认识,能够满足人们求奇、求新的心理。多样性与神秘性使民俗旅游拥有丰富的内容和巨大的吸引力。[②]

二、民俗旅游的分类

弄清民俗旅游的分类,有利于细分市场,明确推销对象,从而更有效地制订营销计划,销售旅游产品;便于顾客选择自己喜欢的旅游类型;利于旅游企业比较各类型民俗旅游的优势与特点,深化民俗旅游资源开发。

---

① 邱扶东.民俗旅游学[M].上海:立信会计出版社,2006:56.
② 杨琴.四川民俗文化与民俗旅游开发研究[D].重庆大学,2007.

目前,国内民俗旅游研究领域中,得到较多认同的分类方式有以下两种:

(一)陶思炎根据民俗旅游资源的分类情况,将民俗旅游分为四个类型

1. 物态民俗旅游

物态民俗旅游是指以民俗物品的观赏、体验、购买为主的,涉及衣、食、住、行、民间工艺品等,借助静态的民俗物品,实现旅游功能的旅游。例如,各类民俗博物馆、美食一条街、地方工艺品等,都是物态民俗旅游的旅游资源、产品和商品。

2. 动态民俗旅游

动态民俗旅游是指旅游者融入特定的民俗文化氛围,观赏或参与各类民俗活动,以满足自己旅游需要的旅游。例如,民俗表演、民间戏剧、民俗节庆、工艺品生产、人生仪礼等,都可以把动态的民俗活动转化为具体的民俗旅游产品和民俗旅游商品,供旅游者消费。

3. 心态民俗旅游

心态民俗旅游是指旅游从业者挖掘民间信仰民俗的文化内涵,并把它们开发成可供旅游者消费的民俗旅游产品和民俗旅游商品的旅游。例如,黄帝陵、炎帝陵、伏羲陵的祭祀,北京白云观庙会,瑶族人的盘王会,清明节祭扫烈士陵园,各地宗族的祭祖活动等,都可以纳入心态民俗旅游的范畴。

4. 语态民俗旅游

语态民俗旅游是指开发各类言语民俗,如戏曲、曲艺、民歌、谚语、民间故事、民间传说、神话等,为旅游者提供民俗旅游的产品和商品的旅游。例如,广西的三月三歌会,甘肃、青海、宁夏等地的花儿会,北京天桥的曲艺表演等,就是典型的语态民俗旅游。[①]

(二)巴兆祥按旅游者的行为动机进行分类,将民俗旅游分为四个类型

1. 消遣观光型民俗旅游

自有旅游行为发生以来,观光、消遣就是旅游者出游的最普遍的一种动机。这种动机,一方面就自然风光而言,即到风景名胜区去领略名山胜景、大自然的造化;另一方面则是针对人文景观,尤其是民俗风情而言。世界上民族众多,民族风情多姿多彩,异族情调的"磁性"常常吸引着旅游者前去观光、消遣、游览。消遣、观光心理是旅游者进行旅游行为决策时首先要考虑的。从目前我国民俗旅游的人次、规模看,消遣观光型民俗旅游所占比例最大。

---

① 陶思炎.略论民俗旅游[J].旅游学刊,1997(2):38.

2. 参与型民俗旅游

参与型民俗旅游又称体验型民俗旅游,是近几年迅速发展的一种旅游行为。消遣观光民俗旅游能够给旅游者带来感官上的满足,却难以达到深层次的了解。参与型民俗旅游重在体验。在现代文明发展日新月异的今天,旅游者越来越对自身所在地的生活感到平淡,缺乏激情和新鲜感,而异域他乡的风土民情充满神奇色彩,他们迫切希望到民俗旅游地亲身体验当地的风土民情。西方的旅游者到我国来进行民俗旅游,大多都有这种参与、体验心理。例如,上海开展的"做一天上海人",内蒙古举办的"草原风情游"(住蒙古包、穿蒙古袍、喝奶茶、吃手扒羊肉),云南西双版纳傣族的"泼水节"等,都属于这种类型。

3. 考察型民俗旅游

考察型民俗旅游是由于旅游者具有探索异国他乡民俗风情奥秘的心理而形成的民俗旅游模式。这种类型的旅游,人数、规模的比例相对低些,但层次较高。主体多为文化素养较高的知识分子和广大青年学子。他们的旅游行为除一般的观光、消遣外,主要通过对特定的民俗旅游地的考察,获取某方面科学研究的第一手资料,或者以考察为契机印证自己所学、所读的知识。因而,对目的地的选择目标明确,在民俗旅游地停留的时间较长,出行次数较为频繁。

4. 娱乐型民俗旅游

娱乐是一种重要的旅游动机。当今世界,生活节奏日益加快,工作十分繁忙,于工作之余或工作之闲暇时间进行一些娱乐活动愈来愈成为一种时尚。娱乐旅游在美国等西方国家相当发达,在我国,近些年也有较快发展。我国民俗旅游活动繁多,如杂技、灯会、放风筝、扭秧歌、划旱船、捡婚、火把节等都具有很大的娱乐性,许多旅游者外出旅游就是为了去观看或参加某一民俗娱乐节目,放松自己。所以此类旅游者在旅游过程中舍得花钱,较强调舒适、方便、兴致。发展娱乐民俗旅游,势必大大增强民俗旅游地的吸引力,提高经济效益。[①]

总之,分类标准从来都是相对的。我们对事物的分类可以从不同的角度进行,加强了我们对事物多样性的理解。根据其他的标准,对民俗旅游类型还可以做另外的划分。比如,根据民俗生活的空间,民俗旅游可分为市井民俗游、水乡民俗游、山村民俗游、渔村民俗游;根据产品性质,民俗旅游可分为观览型、参与型、休闲型、运动型;根据旅游产品的服务功能,民俗旅游的类型可分为认识型、教化型和满足型等。

三、民俗旅游开发的意义

在中国乃至世界,旅游业已开始成为新的经济增长点,民俗文化与旅游业的结

---

① 巴兆祥.中国民俗旅游[M].福州:福建人民出版社,2006:13-15.

合,不仅可以借助旅游景观景点有效地宣传民俗文化,把民俗文化推上旅游业市场,而且可以不断丰富和更新旅游业的内容,为旅游业注入新的血液和活力,使旅游业越办越兴旺,从而使民俗文化和旅游业取长补短,相得益彰。目前,无论发达国家还是发展中国家,民俗旅游均已蓬勃发展,如突尼斯根据西方游客喜欢猎奇的心理,利用本国土著居民的村落古迹、山洞住宅、民族服饰和车马游玩等民俗文化来发展旅游业,已成为非洲和阿拉伯国家中的旅游大国。在国内,深圳"中国民俗文化村"汇集了全国几十个民族的灿烂文化,昆明云南民族村也展示了云南25个少数民族的风俗,在广东,岭南文化、客家文化和连南瑶族风情的旅游开发也是目前的关注热点。

民俗旅游具有多方面的价值。研究者常提到以下几方面:

(一)促进民俗文化保护

民俗旅游引起人们对民俗文化的关注,促进了目的地民俗事物的保护和民间艺术的恢复挖掘,一些民俗生态村、民俗博物馆的建立也有利于民俗文化的保护。同时,民俗旅游的发展也促进了民俗研究,为民俗文化重新焕发生命提供了契机。比如云南东巴文化研究所、吴文化公园的吴文化研究所,都对当地文化的整理、保护、开发利用做了大量工作,而它们的设立都缘起于当地的民俗旅游发展。民俗旅游促使大量民俗商品得到开发,使一些近于失传的民间工艺起死回生,如美国印第安人的珠宝工艺、陶瓷工艺、埃及的纸草文化。中国失传了千余年的马球,由于适应旅游的需要而在西安得以重现。

(二)获得较高的经济效益

民俗旅游特别是利用少数民族地区天然村寨开发的民俗景点,一般不需要太多的资金,投资少,收益大,经济效益较高。民俗旅游为中国外汇收入的增加做出了贡献。国外游客对我国民俗旅游有较大的兴趣,参加民俗旅游的入境游客人数很多。通过开发民俗旅游,促进了民俗开发地的经济收入,同时带动其他产业的发展,能够使区域经济整体水平提高。促进文化交流,增加互相了解。民俗旅游为不同地区、不同民族、不同种族人们提供了交流和了解的机会。通过对异地、异族不同文化的认识和了解,容易消除相互之间的隔阂、偏见,促进取长补短,共同发展。文化的交流与了解能增进各国人民之间的友谊和交往,扩大国际合作,促进世界的和平与稳定。民俗旅游在这些方面具有明显的积极作用。

(三)满足人们旅游需求,丰富人民生活

现代社会工业化、现代化程度日益提高,人们越来越喜欢高层次的文化旅游,对具有地域差异的民俗文化充满好奇。旅游在世界范围内的蓬勃发展正说明了人们发现旅游是满足这些愿望的最好途径,而民俗旅游在各种旅游形式中,最富人情味,最富生活气息,最能使人们感受到文化的丰富多彩。

(四)加快民族地区的社会发展步伐

从我国来看,民俗旅游促进了少数民族地区的发展。在云南昆明的石林、红河州泸西县的阿庐古洞、丽江的泸沽湖等地,很多当地居民靠旅游实现了脱贫致富。广西龙胜各族自治县的"龙脊梯田"开发以来,给周围瑶族、壮族人民带来了实惠。四川阿坝藏族羌族自治州发展民俗旅游为当地少数民族同胞带来可观经济收益。旅游使少数民族人民的观念也发生了巨大变化。旅游业的发展,使许多过去缺乏经商意识的少数民族人民现在能够热情主动地兜售旅游工艺品或其他东西。民俗旅游还加快了民族地区城市化建设的进程,民俗旅游的发展带来了人流、物流、资金流、信息流,带动了相关产业的发展,带动了民族地区城镇建设的发展。[①]

民俗旅游由于其本质的特殊性,除产生一定的经济和社会价值外,我们认为在当今时代它所产生的生态和文化价值同样值得我们注意。民俗旅游不仅开发时的环境破坏较少,而且在发展中强调采取各种措施保证拥有良好的生态条件,因此,民俗旅游促进了民俗旅游目的地的生态环境建设,改善了当地的生态状况,为社会经济和民俗旅游的持续发展提供了良好的环境动力。民俗旅游的文化价值特别值得我们重视。由于它是一种文化旅游,文化是它生存的真正土壤和其发展的决定因素,它从内容到形式都充满了文化的气息。它不仅有深刻的文化内涵,而且有丰富的文化表现形式,因此既能带给人多方面的文化享受,又起到了宣扬文化、传播文化、发展文化的效果。

☞ **案例分享**

关于民俗旅游的思考

20世纪90年代以来,在很多场合下,民俗文化不再被权力政治一味地贬损为"落后""愚昧""原始""蒙昧",而是被发明为弘扬民族传统文化、向外来旅游者展示本土形象的旅游资源。一时间,中国大地上大大小小的民俗村、民俗城、民俗园数不胜数,位于边疆地带的少数民族地区打破了昔日的宁静古朴,一批批来自国内外的游客穿梭往来,许多已经消失的民俗事项被知识分子挖掘出来,策划、包装成为动态性、参与性展示古代民俗生活的旅游产品。

据旅游研究者的说法,民俗旅游是一种高层次的文化旅游,由于它满足了游客"求新、求异、求乐、求知"的心理需求,已经成为旅游行为和旅游开发的重要内容之一。国内一次抽样调查表明,来华美国游客中,主要目标是欣赏名胜古迹的占

---

① 杨琴.四川民俗文化与民俗旅游开发研究[D].重庆大学,2007.

26%，而对中国人的生活方式、风土人情最感兴趣的却达56.7%。如此看来，民俗风情旅游不仅仅成为政府部门发展经济、吸引外资的重要文化资源，而且也已经成为满足西方人想象、"了解"中国人生活方式的一种途径。但是，当我们怀抱全球化的语境联想，以此审视中国当下文化情境中的民俗旅游的时候，当我们考虑到民俗作为一种生活文化所具有的生态性原则的时候，我们有理由忧虑的是，民俗风情的旅游越来越抛离其原生的文化生存语境，已经彻底仪式化了。当民俗生活失去其生存土壤，被抛置于戏剧化、仪式化的场景之中，成为观赏和被观赏的对象，不是一种自然的、原生态的生活状态的时候，我们需要追问的是，民俗文化曾经被现代性话语斥之为"落后""迷信"的被改造的对象，曾经代表着现代化的过去，是古老天真、混沌蒙昧的代名词——尽管在当下中国的文化情境中，民俗文化在很多情况下依然被想象成为天真蒙昧的代名词——但是，在人们的潜意识中被如此界定的民俗文化是如何被纳入到民族国家的现代化话语之中？在全球化的语境下，民俗文化又是如何被编织为民族文化的主要象征？民俗文化旅游事业的兴旺，其背后所支配的是一种什么样的意识形态与权力？我们不得不承认，民俗文化旅游由于权力政治与资本的原因而注入了意识形态与商业经济的因素，作为一种具有独特文化意蕴与价值的符号体系，越来越成为空留下承载原有意义的形式外壳。不仅如此，在全球化背景下，民俗旅游已经成为全球化的一种表征，越来越成为人们娱乐休闲、摆脱生活压抑的一种方式，民俗风情旅游已经成为发达地区人们寻异猎奇的对象，是满足西方人对中国社会的想象之途径，随着民族国家内部地区间经济文化的差距日益凸显，也已经成为地区间文化想象的文化符号。

（本段引自：baike.baidu.com）

【问题思考】

1.我们应该给旅游者提供什么样的民俗旅游产品？

2.你如何看待戏剧化、仪式化的民俗旅游项目？

 创意项目

北京郊区民俗旅游产品创新体系

2009年，北京市加大了对乡村旅游各项投入，开展57个特色乡村民俗旅游创意策划，北京郊区民俗旅游开发走在了中国的前列。

从激发人们旅游动机的目的出发，按照民俗旅游者的行为动机和需求方式，北京郊区民俗旅游资源分为消遣观光型、参与娱乐型、文化考察型、土特商品型4大类（见表1）。

表1 房山乡村民俗旅游资源的分类

主类	亚类	典型代表
消遣观光型	历史遗迹	琉璃河商周遗址,周口店猿人遗址,金陵遗址,张坊古战道
	民族民俗	少数民族聚居区,方言土语
	民居	"三合院",烧土炕
	农事	采摘观光,推碾子,拉磨
	庙会	云居寺浴佛节法会
	节日活动	春节活动等
参与娱乐型	娱乐	踢毽子,扭秧歌,耍幡,竹竿舞
	饮食	野菜团子,锅贴,烤虹鳟鱼
	交通	马车,电瓶车,划竹筏
	休闲	温泉,滑雪
文化考察型	文化	影视拍摄基地,革命歌曲诞生地
	信仰	佛教信仰
	语言	方言多样化,土语多笑声
	神话	圣米石塘胜迹,三公塔的由来
	婚丧	各种婚丧活动
	生产	农耕,梯田
土特商品型	工艺品	石雕,根雕,鞋垫,荷包
	土特产	磨盘柿,板栗,御塘贡米
	服饰	民族服饰

北京民俗旅游产品创新体系建设与发展的制胜法宝在于制造亮点、突出特色。

第一,饮食民俗创新。从环境的创新上看,北京怀柔的山吧就是一个成功的例子,其餐厅依山傍水、绿树掩映、空气清新,客人可在吃饭的过程中享受"小桥流水人家"的独特美景。从菜肴的质量来看,创新之处主要在于菜肴的文化底蕴、特色食材、味道等几个方面。比如延庆县柳沟村,"凤凰城—火盆锅—农家三色豆腐宴"的独特品牌如今已是声名远扬。

第二,住宿民俗创新。在建筑风格和方式上,将一定数量的以土炕为特色的农家院改造为中西方风格相融的新式住宿建筑,青砖灰瓦的民居配上落地的大玻璃窗,在保持中国北方传统民居原貌的同时,借鉴了西方建筑风格的精华,如欧式壁炉、吊灯、油画等元素,给中外游客以别具一格的美感和心灵的震撼。

第三,交通方式创新。提前规划,降低交通带给景区的负面效应,开发多种类型的交通方式供游客选择。如怀柔九谷口汽车露营地、政府提供的公共交通支持,等等。

第四,游览形式创新。在表1产品类型的基础上,各地区可根据自身所拥有的特色民俗旅游资源建立观光采摘、创意农业、生态观光、度假疗养、体育健身、时尚娱乐、文化考察、科普学习等多种发展类型。比如,以当前流行的文化创意旅游为例,喜欢在旅游中寻找艺术的人们可以前往北京通州区的小堡村,当地有美术馆12家、画廊88家,有来自世界各地的艺术家在农家院中创作,小堡村已经成了乡村中的艺术基地。

第五,民俗旅游商品创新。一方面,需要有当地政府政策支持,鼓励农民自主创新,如北京大兴的西瓜工艺品;另一方面,可借助外力,通过与北京众多的艺术院校合作,共同开发相关的民俗旅游商品,如慕田峪国际文化村聘请不少知名艺术家定期来此表演"吹玻璃"和绘画写生,游客可以亲身实践,并且购买自己心仪的特色工艺品。

第六,民俗娱乐创新。要当挖掘地传统民俗娱乐元素,适当加强对外来时尚元素的引进。在密云的古北口村,游客可以在这里参与乡村过大年活动,住在农家院里,与主人一起起火做饭、包饺子、贴饼子、剪窗花,还可以身着节日盛装和村里人一同踩高跷、走旱船、扮新娘、坐花轿,感受历史文化的气息。

(引自:马亮,陈戈,黄凯,颜亭玉.北京郊区民俗旅游产品创新体系探析[J].中国农学通报,2011(8):479-482.)

 思考与练习

一、填空题

1. 民俗的传承性和扩布性,使民俗文化的(　　)成为一种时空文化的连续体。
2. 人们创造了节日文化,同时也享受到这种文化所带来的欢乐,这正是民俗文化(　　)的最好体现。
3. 我国民俗学的创始人是(　　)。
4. 民俗的分类从来都是(　　)的,没有哪一种民俗事象纯属某一类。
5. 民俗旅游属于高层次的(　　)。

二、不定项选择题

1. 民俗一旦产生,就会伴随着人们的生产及生活方式长期相对地固定下来,成为人们日常生活的一部分,这就是民俗的(　　)。
A.传承性　　　　　　B.服务性　　　　　　C.稳定性
D.规范性　　　　　　E.集体性
2.美国著名民俗学家是(　　)。
A.柳田国男　　　　　B.布鲁范德　　　　　C.安德鲁
D.布鲁姆　　　　　　E.霍伊特
3.民俗的形成有哪些含义(　　)。
A.旧民俗的变化　　　B.新民俗的产生　　　C.旧民俗的发展
D.旧民俗的借用　　　E.新民俗的借用
4.民俗旅游的特点有(　　)。
A.文化性　　　　　　B.禁忌性　　　　　　C.经济性
D.参与性　　　　　　E.神秘性
5.民俗旅游具有多方面的价值,研究者常提到(　　)方面。
A.促进民俗文化保护
B.获得较高的经济效益
C.满足人们旅游需求,丰富人民生活
D.加快民族地区的社会发展步伐
E.提高人们的旅游兴趣

三、名词解释
1.民俗
2.民俗旅游

四、问答题
1.简述民俗形成的原因。
2.民俗在民众生活中有哪些作用?
3.民俗分为哪几个类型?

五、应用题
列举五个国内著名的民俗旅游开发项目,并说明其提供的民俗旅游活动类型。

第二章 民间口头文学

引 言

民间口头文学是口头民俗的组成部分之一,是人民大众的语言艺术。广大民众运用口头语言,充分发挥想象力、概括力和表现力,创造了各种民间形象,展现了丰富的民俗事象。民间口头文学渗透到各种民俗活动之中,展现了各地、各民族多彩多姿的精神生活和物质生活,在民俗研究中占有重要地位,尤其是对于旅游业的发展具有独特的意义。

学习目标

1. 掌握民间口头文学的定义及分类。
2. 了解中外不同国家和地区主要的民间口头文学的形式与内容。

第一节 民间口头文学概述

一、民间口头文学的内涵

民间口头文学是生活于社会基层百姓的叙事活动,往往以程式化的叙述动作、情景化的叙述话语,虚构或陈述一个民间想象或民间生活的事件的过程。它是民间意识形态的集中体现,是一种民间性质的人类精神活动方式。民间口头文学是民众宣讲故事、抒发情感、记忆过去、阐述观念的一种方式,这种方式不是来自某些人,而是由民众生活本身提供的。民间文学的表演和创作是同一过程,创作是以表演的形式来完成的,表演的那一刻伴随着创作。民间文学并不是具有表演性,它本身就是表演。民间文学不仅仅是文学,因为它诉诸表演。

西方叙事文学的源头在神话。古希腊人是善于幻想的民族,通过想象和幻想创造出丰富多彩、情节曲折的神话故事。雅典学者阿波洛多斯罗收集整理的《神话集成》集中展示了这些神话。我们可以看到希腊神话有很强的故事性,神的外貌以及品性都与凡人无二,是对社会生活的反映。希腊人本能地把一切经历立即同他们的神话联系起来,可见神话对其民族的影响之深。同样,希腊神话对其后文学的影响也是颇为深远的,由于其高度的文学性,也就成了后来叙事作品的源头和土壤。

特别提示

民间口头文学、民间歌谣、民间语言的区别:民间口头文学属于民间叙事文学范畴;民间歌谣属于音韵民俗学范畴;民间语言属于口头用语习俗研究的范畴。

拓展知识

口头民俗是以口头形式流传和保存的民俗事项。它包含了民间口头文学、民间歌谣和民间语言三大类,每一类型的口头民俗都展现了民众高尚的审美情趣和深刻的理性认识。口头民俗历来联系着各种民俗事象,渗透到各种民俗活动之中,成为多种民俗文化的载体。民间口头文学、民间歌谣、民间语言已经发展成为独立的民间文艺学。民间文学是一个区域内广大民众群体创作和传播口头文学的活动,它以口头表演的方式存在,是一个表演的过程。由于口头文学历来联系着各民族的各种民俗事象,渗透到各种民俗活动之中,成为多种民俗文化的载体,因而它仍然是民俗学不可缺少的组成部分。①

二、民间口头文学的主要类型

民间口头文学主要包括神话、传说、民间故事三大类。

(一) 神话

1. 神话及其产生

神话是关于神的故事,是对世界的起源、创造、初始事件以及神的典型行为的宗教性的叙述。原始社会时期,人类通过推理和想象对自然现象和社会生活现象做出解释,这就是神话。神话是一种古老的故事体裁,主要产生于原始社会和阶级社会初期。它是当时人们在原始思维基础上不自觉地把自然和社会生活加以形象化而形成的一种幻想神奇的故事。当时社会生产力还很低下,人们只能从事采集

---

① 钟敬文.民俗学概论[M].上海:上海文艺出版社,1998:240-241.

和渔猎活动,后来才有了畜牧业和农业生产。生产力的低下,既限制了人同自然斗争的能力,也限制了人的意识和思维的发展。初期,人类甚至不能在观念上把自己同周围的世界分开,也不能很好地认识自己和氏族集体的差别。于是,他们就通过类比的方式,把人类自身具有的知觉、意志、感情等特性加之于一切自然物,并在这种原始认识的基础上把自然人格化,创造出种种独具特色的故事。

2.特点

(1)神话是人们借助于幻想企图征服自然的表现。神话中神的形象大多具有超人的力量,是原始人类的认识和愿望的理想化。

(2)神话中的人物大多来自原始人类的自身形象。狩猎比较发达的部落,所创造的神话人物大多与狩猎有关;农耕发达的部落所创造的神话人物多与农业有关。神话中的英雄也以刀斧、弓箭为武器。从神话中,可以看到先民的一些事迹。

(3)不论是世界文明发生最早地区的原始社会民族,还是当今世界上还处在原始社会的民族,他们流传的许多神话故事都大同小异。

(4)神话具有一定的地域性和区域性,不同的文明或者民族都有自己所理解的神话含义。但是,在全球各地,也出现过对同一种现象充满惊人相似性描述的神话,例如关于上万年前的全球大洪水的神话在许多地区的同一时期都有类似的描述。

3.分类

(1)天地开辟和人类起源神话。这类神话是古人对宇宙和人类来源的探索,相对而言,天地开辟神话的发生晚于人类来源的神话。各民族天地开辟的神话有不同类型。

(2)自然起源神话。自然神话中流传最广的是关于日、月的神话,神话中大多把日、月人格化,古代有帝俊之妻羲和生十日、常羲生十二月的记载,现代壮族中流传的《太阳、月亮和星星》把这些天体说成是一家人。

(3)洪水和人类再繁衍神话。繁衍子嗣是这类神话的基本母题。在神话中洪水是人类诞生后的一次重大灾难,经过这次灾难之后,人类社会才真正延续下来。我国南方许多少数民族神话多为洪水过后兄妹结婚,并认为本族及相邻民族便是这对兄妹的遗民。在不同民族中,洪水遗民除兄妹外,还有夫妻、母女以及单独一个男子与天女结婚等不同类型。

(4)图腾神话。有的学者认为图腾神话产生最早,它主要讲述图腾物与氏族的亲缘关系。见于古代文献的盘瓠神话,在一些少数民族中至今流传。比较原始的图腾神话讲的是图腾物与男人或女人通婚,成为本氏族祖先,或谓由图腾物直接生人(如葫芦生人、巨石生人)。社会进一步发展,图腾物渐被视为保护神,出现虚拟的图腾神物如龙、凤之类,一些半人半兽的虚拟神物也具有了图腾的性质。

(5)神和神性英雄神话。在不同民族中或在不同社会发展阶段上,神话的主角有时是动物,有时是半人半兽,比较多的神的形象是自然力的化身,它们在发展中逐渐成为人神,被奉为民族的始祖神。这些神各有自己的神奇事迹,如关于他们神奇的诞生、成长及征战等。稍晚产生的一类神话形象是具有一定神性的英雄人物,他们的主要功绩是为人类除害或和天神斗争,如汉族神话中的羿、彝族神话中的支格阿龙、壮族神话中的布伯等。在文化创造方面有显著成绩的神又被称为"文化英雄"。

(6)文化起源神话。关于人类社会早期文化现象的起源,神话大多归功于动物,其中鸟取火种和狗取谷种的故事在一些少数民族中比较常见。此外,神话中各种生产工具及文字等的发明,常常受到自然现象的启发(如"太昊师蜘蛛而结网"等),或由某位古神不辞劳苦所造成(如神农尝百草发明医药)。文化创制的神话大多集中在少数祖先神身上,伏羲和黄帝是我国文化创制最多的人物。①

4.作用

(1)神话最主要的特质,是对自然现象和社会文化现象起源的解释。这种起源的解释不仅指示出世界在时间意义上的"开始",而且指示着现存世界秩序所以如此的"根据"与"前提"。正如波亚士所说:神话的观念便是对世界的构成及起源的基本见解。这种见解在它产生的那个时代占有支配的地位,甚至被认为是神圣的。神话是人类认知范畴的一个来源,它将人类正常清醒意识与宇宙广阔的神秘联系在一起。

(2)从语言艺术创作方面来看,神话不仅其征服自然的理想和探求自然和社会的奥秘的精神是积极的,其想象的宏伟与超拔,也具有很大的魅力。它所创造的一些神与英雄的形象和丰富的神话意象,一直活在文学艺术和民俗生活之中,对民族文化传统的形成与发展起着重要的作用。因此,神话是文学的先河,是人类最早的幻想性口头散文作品。

(3)神话对人类的社会生活具有整合作用。神话作为世界观,面对自然、社会和文化的基本问题,会形成一个特别的观看世界的方式,使人们的观点趋向一致。神话为人们提供行为规范,强化一个社会的宗教价值和规范,确立道德伦理规范。它以神的高度告诉人们哪些是应该做的,哪些是不应该做的,应该怎么做等,从而达到维持社会秩序的功效。

(二)传说

1.传说及其产生

传说也是产生很早的一种故事体裁。在文字尚未发明的时代,人们要对历史

---

① 钟敬文.民俗学概论[M].上海:上海文艺出版社,1998:242-244.

做记录只能利用口耳相传的方式,此即为传说的由来。因此传说通常不可考,所描述事件的发生年代远在文字发明前的遥远过去。马克思在《摩尔根〈古代社会〉一书摘要》中,讲到野蛮时代低级阶段时就提到"开始于此时产生神话、传奇和传说等未记载的文学"。远古时期传说与神话很难截然分开。传说的突出特点是它与特定的自然或社会事物相关联,以明确的人物、地方、史事、风俗、自然物或人工物等为对象,借以创造多种多样的故事。传说不像神话那样只以原始思维为基础,随着社会文化的发展和人类思维的进步,一些古代神话在流传过程中往往发生种种变化,新的神话的产生也渐渐减少,以至消失,而传说在原始时期以后继续繁荣发展,直至现代仍然有新的创作出现。

2.分类

传说主要是关于特定的人、地、事、物的口头故事。根据其关联和解释的对象,可分为以下几类:

(1)人物传说。这类传说的主人公大多是历代实有其人的各种著名人物(如著名帝王、清官、佞臣、民族英雄、起义领袖,以及文化科学方面的名人、各行各业的祖师等),我们这样说当然也不排除有部分虚拟人物,如某些菩萨、神仙之类。

(2)地方传说。地方传说是关于各地特定山、河、泉、石、名胜古迹的特点,以及某些地名由来的带有解释性的故事。故事本身常常涉及古代神祇、历史名人、能工巧匠,或普通劳动人民的生活遗迹等。

(3)史事传说。史事传说是关于重大历史事件的传说群,如历代农民起义传说,某些地方性事件的传说等。其中有些作品偏重于叙述事件始末,也有许多作品是事件中特定人物的故事,与人物传说交叉。

(4)动植物和某些自然现象的传说。这类传说的基本模式,是讲述者大多相信某种动植物或自然现象系由现实的人幻化而成。如古代蜀国望帝化为杜鹃鸟的传说,现代朝鲜族金达莱花的传说,赫哲族关于北斗七星的传说等。

(5)关于各种风俗、土特产品、民间工艺等的传说。这类传说大多着重解释传说对象及其特点形成的原因,具有丰富的知识性,其故事广泛涉及历史、地理、传统审美观点等文化内容。①

(三)民间故事

1.民间故事含义

民间故事并不是一种文体,它是通过叙述的方式讲述民间生活中带有寓意的事件。民间故事对于旅游活动意义重大。

---

① 钟敬文.民俗学概论[M].上海:上海文艺出版社,1998:245.

特别提示

故事与小说的区别:一是从材料来说,故事要有核心情节和精彩的细节,称为故事核。故事核就像相声的包袱一样,一切都是围绕这个核心情节来展开的。二是从表现方式上来说,故事用的是叙述的方法,小说用的是描写的方法。小说最常用的场景、人物肖像、动作形态描写和对话,故事就很少用。三是从表现的主体来说,小说是写人的,所有的一切都是为了塑造人物形象,场景、心理活动、语言、动作的描写,都是为塑造人物形象服务的,都要符合人物的身份和性格。故事是写事的,人物描写反而淡化了。好的故事,几十年后不忘的是故事本身,而不是故事中的主人公。

2.分类

民间故事类型众多,这里,我们将重点介绍如下几种类型:

(1)动植物故事。这是关于动植物的传奇经历的故事。动植物故事里的主人公为各种像人一样会说话、会思考的动植物。动植物故事的主要内容,一是讲述其身体特征的来历,如《含羞草的故事》《蚯蚓和虾》《比目鱼的歪嘴》《乌鸦为什么是黑的》《猴子的屁股为什么是红的》等;二是描写动物之间的冲突,如《狼和小羊》等,结局一般都是弱小的一方利用自己的智慧战胜了强大的一方。动植物故事一般都要表达一定的寓意,与寓言相类似,或者说就是寓言,如《鹬蚌相争》《狐假虎威》等。动植物故事的主要功能在于教育,使人们在听故事的过程中学到一些关于自然界中动植物的知识,同时也学会一些为人处世的道理,寓教于乐。

(2)幻想故事。幻想故事又称为神奇故事、民间童话和魔法故事等。主要内容多以主人公的神奇经历为主线,描写主人公如何在超自然力量的帮助下,实现自己的理想或达成自己的愿望,比较常见的故事有《灰姑娘》《寻找失踪的公主》《狼外婆》《画中女》《蛇郎的故事》等。但是现在播放的电影《灰姑娘》的故事情节有所改变,反映了故事在流传的过程中是不断变化的。

(3)笑话。笑话是生活中常见的一种篇幅短小的虚构故事。笑话的情节往往是"插曲式事件"。它不讲过去,也不讲最后结局,只抓住现实生活中违反生活规律的矛盾现象,加以高度的集中概括,然后,抓住一点深入开掘,并通过大幅度的夸张,突然用俏皮的出人意料的巧妙话语,在最令人注意的地方结束故事,淋漓尽致地揭示出滑稽对象的可笑之处和本质问题,使听者大笑。笑话的人物很少,一般不超过三个。在暴露性笑话中,主要滑稽人物是反面人物。在斗争性笑话中,主要滑稽人物既有正面的又有反面的,而且正面人物的机智幽默往往给人更深的印象。笑话的线索是单一的,但大都也有个转承启合的曲折发展过程。笑话贵含蓄,忌直露,虽然简洁,但也要讲究"笑料迭出"。

笑话创作构思时要注意它的群众性特点,内容要通俗。人们对自己不理解的事情,再滑稽也是无法笑起来的。但通俗不是庸俗,滑稽美所引起的审美效果大有高低、粗细、雅俗之分。笑话的目的在于引人发笑,令人愉悦,这正是旅游者所追求的。

笑话具有强烈的讽刺意义。例如许多笑话都是以帝王将相、贪官污吏和各种腐败现象为讽刺对象的,因而被称为政治笑话。历朝历代都有大量的政治笑话,百姓通过政治笑话来发泄对各种体制和政府行为的不满。因此,收集和研究此类笑话是我们进行社会研究的重要材料,也对我们研究笑话的功能和表现手段具有重要意义。还有一类笑话是以人们的劣根性为讽刺对象的,如吝啬、贪婪、自私、懒惰、欺骗、守旧、愚昧等。如明·醉月子《精选雅笑》中的一则笑话"咸死他",讲的是某一家有三口人,父亲和弟兄两个。一天,弟兄两个盛好了饭,问父亲用什么菜下饭,父亲说:"挂在灶上熏的腌鱼,看一眼,吃一口,就行。"忽然间,弟弟喊道:"哥哥多看了一眼。"父亲说道:"咸死他吧!"笑话的讽刺功能显而易见。

(4)生活故事。生活故事主要指的是以人们的日常生活为主要关注对象的故事群,具有很强的现实性,幻想和神奇的成分很少,主要人物为生活中的人。生活故事主要以宣扬各种道德伦理观念为主,例如,善、孝、信、义、诚、敬老爱幼、扶弱助贫、惩恶扬善、勤俭节约等,如《教子的故事》。生活故事对研究特定文化的价值观、伦理观、善恶观,以及家庭和社会组织结构都具有重要的意义。

(5)机智人物故事。机智人物故事是民间故事中很特殊的一种类型。一般来讲,机智人物故事都是以一个人物为中心的系列故事,较有影响的有浙江的"徐文长的故事"、河北的"韩老大的故事"、蒙古族的"巴拉根仓的故事"、维吾尔族的"阿凡提的故事"等。很多地区和民族都有自己的机智人物故事。机智人物的故事因为都是系列故事,所以人物的性格有机会展示得比较全面。他们博学多才,反应灵敏,而且都异常聪明。一方面,他们经常充分利用自己的智慧帮助人们解决各种困难;但另一方面,他们也靠自己的小聪明欺负人,捉弄人或搞点恶作剧。他们有的时候正直、仗义,有的时候卑微、庸俗。在他们的身上,充分体现了人性的复杂性,是一个非常值得研究的故事类型。

中国机智人物的故事与西方机智人物神话和故事相类似。西方很多文化传统中都有机智人物神话,如印第安神话中的"凯欧蒂"。他既是人类及其文化的创造者,法律和秩序的制定者,又是死亡的制造者,秩序的破坏者。他一会儿是英雄,一会儿又是恶魔,他的身份介于神和魔之间。正是由于身份和行为的特殊性,机智人物神话故事备受西方学者们的关注。我们对这种故事类型研究得还很不够。

(6)程式故事。程式故事与其说是故事,不如说是一种游戏或恶作剧。但其中的确具有叙事的成分,如程式故事基本上具备每一个故事所需要的基本场面和框架,也可以说是以叙事为主要表达方式的,所以只能属于故事的范畴,或者我们可以把它们称为游戏故事。例如,一个几乎每一个人都知道的程式故事是:"从前有座山,山上有座庙,庙里有个老和尚,老和尚在干什么呢? 他在给小和尚讲故事,讲的什么呢? 从前有座山,山上有座庙……"这是一个循环往复,永远也讲不完的故事,一直到听者意识到这是一个骗局,再也忍受不下去的时候,故事才会完结。这个故事虽然有基本场面,但基本上没有情节发展,只是一个框架的重复。程式故事还包括连环故事和圈套故事。连环故事的特点是每一个人物或事物的出现,都会引出另一个人物或事物的出现,而且永远也没有完结。如有一则故事讲的是一个老太太豆腐吃多了,变成了一只老虎,老虎吃馒头变成一只牛,牛吃小麦变成一只麻雀,麻雀吃芝麻变成一只灰骆驼……故事可以永远讲下去,也可以让某一个动物吃什么东西又变成老太太而终止故事的讲述。①圈套故事以在故事中设置陷阱,让故事中的人或动物或听者上当受骗为目的。程式故事的意义在于它能制造一种快乐的气氛,给人以欢乐,对于旅游、旅行活动具有一定的意义。

第二节 中外重要的民间口头文学

一、中国重要的民间口头文学

(一)神话

1. 盘古开天地

盘古神话除在汉族中流传外,在苗、瑶、侗、黎、白等族中也有流传,很多民族还有自己的创世神,如满族的阿布凯恩都里、瑶族的密洛陀。

神话说,万物之初,一只鸡蛋包含着整个宇宙。鸡蛋里是一片混沌,漆黑一团,没有天地,没有日月星辰,更没有人类生存。可是,在这片混沌黑暗之中,却孕育了创造世界的盘古。盘古在这只大鸡蛋里孕育成人以后,睡了一万八千年,才醒了过来。这时,他发现自己生活在黑暗混沌的大鸡蛋里,心里憋闷得慌,浑身像被绳子束缚一样难受,又看不见一丝光明,于是,他决心舒展一下筋骨,捅破这个大鸡蛋。盘古胳膊一伸,腿脚一蹬,大鸡蛋就被撑碎了。他抡起拳头就砸,抬起脚就踢。凝聚了一万八千年的混沌黑暗,慢慢地分离了。轻的一部分(阳)便飘动起来,冉冉上升,变成了蓝天;而较重的一部分(阴)则渐渐沉降,变成了大地。盘古就手撑天,脚蹬地,努力地不让天压到地面上。日复一日,年复一年,光阴过去了一万八千

---

① 王娟.民俗学概论[M].北京:北京大学出版社,2002:76-81.

年。他的身子一天长一丈,天升得越高,盘古的身躯也变得越长。天地被他撑开了九万里,他也长成了一个高九万里的巨人。而盘古却感到疲惫不堪,躺下休息,睡着了。盘古是在熟睡中死去的,是累死的。他开天辟地,耗尽了心血,流尽了汗水。在睡梦中他还想着,光有蓝天、大地不行,还得在天地间造个日月山川,人类万物。可是他已经累倒了,再不能亲手造这些了。最后,他想,把我的身体留给世间吧。于是,盘古的身体使宇宙具有了形状,同时也使宇宙中有了物质。盘古的头变成了东山,他的脚变成了西山,他的身躯变成了中山,他的左臂变成了南山,他的右臂变成了北山。这五座圣山确定了四方形大地的四个角和中心。它们像巨大的石柱一样耸立在大地上,各自支撑着天的一角。盘古的左眼,变成了又圆又大又明亮的太阳,高挂天上,日夜给大地送暖;右眼变成了光光的月亮,给大地照明。他睁眼时,月儿是圆的,眨眼时,就又成了月牙儿。他的头发和眉毛,变成了天上的星星,洒满蓝天,伴着月亮走,跟着月亮行。他嘴里呼出来的气,变成了春风、云雾,使得万物生长。他的声音变成了雷霆闪电。他的肌肉变成了大地的土壤,筋脉变成了道路。他的手足四肢,变成了高山峻岭,骨头牙齿变成了埋藏在地下的金银铜铁、玉石宝藏。他的血液变成了滚滚的江河,汗水变成了雨和露。他的汗毛,变成了花草树木;他的精灵,变成了鸟兽鱼虫。从此,天上有了日月星辰,地上有了山川树木、鸟兽虫鱼,天地间从此有了世界。

2.女娲补天

女娲补天神话有众多异文存在,比较流行的有三种说法,其中一种是:有一天,大龙和精卫、小太极一起到远古时代去玩,居然看到了传说中能顶住上天、撑开天与地的"不周山",也遇到了美丽的女娲娘娘,甚至看到女娲补天的过程……那真是一场惊天地而泣鬼神的经历,讲来都令人鼻酸!

天上的大神女娲,用泥土做成泥娃娃,再赋予它们生命。从此女娲创造了人,人们世世代代繁衍生息,过着幸福的生活。然而,好景不长。有一年,火神祝融和水神共工打起仗来。共工把撑天的柱子不周山撞倒了,天塌下半边来,砸了很多窟窿,把地也砸裂了,地上的洪水及天河的水不停地漏下来,造成大地上水患、火海,真是悲惨啊!

女娲为了解救人类,决定采石补天,用五色石把天补起来,再用东海神龟的四只脚顶住苍天。眼看着补天的大功就要告成,却发现五色石不够用,大洞还没补好,这可怎么办呢?慈悲的女娲只好牺牲自己的生命,用身体来补天上的大洞。亲眼看到那场过程,大龙、精卫和小太极,以及所有的泥娃娃们都哭红了眼睛!经过几次努力,女娲终于补好了天,天地间恢复了宁静,还出现了五彩云霞。一切生物又都生机勃勃地活在大地上。女娲为人类和世界万物的生存而献身,真是令人感动。

3. 人类起源

人类源于神用泥土造成之说比较流行，彝族和傣族的神话叙述，人类的起源和发展曾经经过几个不同的阶段和时期。

关于女娲"抟土造人"的神话见于《风俗通义》。上古的时候，盘古从混沌中开辟了天地，临死化身，又创造了山川河流、日月星辰、草木虫鱼，但就是忘了造人。慈善的女娲神取了一些黄土，掺些清水，和了一堆泥巴，然后照着自己的形象捏了一个小人，往地上一放，嘿，这小东西竟然活了，蹬蹬腿，伸伸腰，围着女娲又唱又跳。女娲对她的创造品很满意，又继续用手揉和掺了水的黄泥，造了许多男男女女。女娲想用这些精灵般的小生物去充实大地，但大地毕竟太大了，她工作了很久很久，已经相当疲倦了。最后她拿起一根绳子，伸到泥浆里去，然后用力一挥，泥点溅落的地方，立即出现了一个个欢喜跳跃的小人。这些小人成群地走向平原、谷地、山林，从此以后，地球上就有了人类。

大地上既然有了人类，女娲的工作似乎可以停止了。但伟大的女娲神却在想：假如这些小人都死了该怎么办呢？总不能死一批，再造一批吧。于是她把男人和女人配合起来，让他们生儿育女，自己去创造后代，把人类的种子一代一代延续下去。女娲因为替人类建立了婚姻制度，使男人和女人成双成对，做了人类最早的媒人，所以后世的人将女娲神奉为媒神，即婚姻之神。人们祭祀这位婚姻之神的典礼非常隆重，并专门建立了神庙。每年二月，在郊外筑坛，用猪、牛、羊三牲齐备的"太牢"之礼祭祀她。《周礼·媒官》记载说："仲春之月，令会男女，于是时也，奔者不禁。"意思是说，在每年三月的时候，青年男女可以自由交往，这个时候发生一些意料之内的事情，那是谁也管不着的。这是原始时代氏族群婚的遗风。旧社会的苗族人还有此习俗，保持了古代的遗风，每年三月间，桃花盛开的时节，穿着节日盛装的青年男女，选一空地为"月场"，踏歌跳舞，叫作"跳月"，实际上是给男女交往提供一个合理的场所。

4. 大禹治水

禹为鲧之子，又名文命，字高密。相传生于西羌（今甘肃、宁夏、内蒙古南部一带），后随父迁徙于崇（今河南登封附近），尧时被封为夏伯，故又称夏禹或伯。

尧在位的时候，黄河流域发生了很大的水灾。舜接替尧当部落联盟首领以后，亲自到治水的地方去考察。他发现鲧办事不力，就把鲧杀了，又让鲧的儿子禹去治水。

禹改变了他父亲的做法，用开渠排水、疏通河道的办法，把洪水引到大海中去。他和老百姓一起劳动，戴着箬帽，拿着锹子，带头挖土、挑土，累得磨光了小腿上的毛。经过十三年的努力，终于把洪水引到大海里去，地面上又可以供人种庄稼了。

禹新婚不久，为了治水，到处奔波，三次经过自己的家门，都没有进去。有一次,他妻子涂山氏生下了儿子启,婴儿正在哇哇地哭,禹从门外经过,听见哭声,也忍着没进去探望。

大禹治理黄河时有三件宝:一是河图;二是开山斧;三是避水剑。传说河图是黄河水神河伯授予大禹的。

5.小龙女的故事

在观音菩萨身边,有一对童男童女,男的叫善财,女的叫龙女。龙女原是东海龙王的小女儿,生得眉清目秀,聪明伶俐,深得龙王的宠爱。一天,她听说人间玩鱼灯,异常热闹,就吵着要去观看。龙王总是不依,小龙女便悄悄溜出水晶宫,变成一个十分好看的渔家少女,踏着朦胧月色,来到闹鱼灯的地方。

来到人间,龙女猛吃一惊,叫苦不已。原来变成少女的龙女,碰不得半滴水,一碰到水,就再也保不住少女模样了。龙女焦急万分,怕在大街上现出龙形,招来风雨冲塌灯会,于是不顾一切地挤出人群,狠命地向海边奔去。刚刚跑到海滩,突然"呼啦啦"一声,龙女变成一条很大很大的鱼,躺在海滩上动弹不得。正巧,海滩上来了一瘦一胖的两个捕鱼小子,将大鱼扛到街上去卖。就在二人准备将鱼切开来卖的时候,一个小孩子叫开了:"快看呀,大鱼流眼泪了。"胖小子停斧一看,大鱼果然流着两串晶莹的眼泪,吓得丢掉肉斧就往人群外面钻。瘦小子怕外快泡汤,赶紧拾起肉斧要斩,却被一个气喘吁吁赶来的小沙弥阻止住了:"莫斩!莫斩!这条鱼我买下了。"众人一看,十分诧异:"小沙弥怎么买鱼来了?"小沙弥赶紧说:"我买这条鱼是去放生的!"说着,掏出一撮碎银,递给瘦小子,并要他们将鱼扛到海边。三人来到海边,小沙弥叫他们将大鱼放到海里。那鱼碰到海水,立即打了一个水花,游出老远老远,然后掉转身来,同小沙弥点了点头,倏忽不见了。龙王知道此事后,将小龙女逐出水晶宫。她哭哭啼啼来到莲花池,哭声传到紫竹林,观音菩萨一听就知道是龙女来了,她吩咐善财去接龙女上来。龙女一见观音菩萨端坐在莲台上,俯身便拜。观音菩萨很喜欢龙女,让她和善财像兄妹一样住在潮音洞附近的一个岩洞里,这个岩洞后来称为"善财龙女洞"。

从此,龙女就跟了观音菩萨。可是龙王反悔了,常常叫龙女回去。龙女依恋着普陀山的风光,再也不愿回到禁锢她的水晶宫去了。

6.狗取谷种

狗取谷种的神话分布于西南地区的十几个少数民族中(北方汉族地区也有流传),不仅分布广,而且内容也很丰富。

壮族的《谷种和狗尾巴》里说,古时天上有谷种不给人间,于是人们派九尾狗到天上去找。九尾狗到了天上,就在晒谷种的地方,用九尾沾满了谷种。看谷人发现后,用斧砍狗尾,一连砍掉了八只,狗只好带着一只尾巴回到人间。从此人类就有了稻谷并给狗白米饭吃。

布依族古歌《造万物》中说:古时神农造米时,米有鸟蛋大。人类祖先煮不熟它,就大骂造米的神,于是神农把米收回。后来祖先和狗一起上天要米,神农不给,人只好回到地面,但狗却在神农晒谷坝上打滚将米粘在身上,将谷种带回了人间。

苗族民俗传说《苗族吃新节的来历》中也有狗取谷种的神话,说古时候人间没有谷子,只有天上告呼(雷公)掌管的谷子国里才有。于是苗族老祖先告劳便在天上谷子成熟季节,让一只狗到谷田里去打几个翻滚,将谷粒粘在毛里带回人间。

四川白马藏族神话《狗与谷子》中说,古时人用牛耕地,粮食多得吃不了,就拿白面饼揩屁股。天神罗拉甲伍气得要下地收回所有的庄稼。狗苦苦哀求,才留得了各种谷穗顶端上的一点点。

哈尼族也有一则谷种神话:古时天覆则洪水泛滥,作物尽没。水退后,有一"奴凑"鸟从大落水洞边上找到一穗金色的稻种,飞到树上,正欲啄食时,狗见而吠,鸟惊,稻种掉在地上,狗便叼了回家。

有一个现象是需要一提的,即与上述神话相呼应,在这些民族中大都有吃新节,即谷子成熟时先让狗吃的习俗。这里,我们暂且不谈习俗和神话谁先谁后的问题,但有一点可以肯定,那就是对谷种的崇拜和对狗的信仰,是在这些神话和习俗形成之前就早已存在的了。

关于谷种的起源,还有大量较原始的、以动物为主要角色的神话。这些动物显然都是和各自民族的生活有密切关系的,有的甚至本身就和谷种有直接关系。因此初民们在选定带来谷种的主人公时,很自然地就想到了这些动物。

(二)传说

中国民间有四大传说,即《白蛇传》《梁山伯与祝英台》《牛郎织女》《孟姜女》。

1.《白蛇传》故事梗概

白素贞是修炼千年的蛇妖,一心修炼只为成仙。前往宝芝堂学徒的书生许仙,遇到大胡子刀客八两。两人误入人妖仙三界之间的"半步多",与急于积累功德成仙的白素贞、小青姐妹和捉妖和尚法海不期而遇。

在人妖仙混杂、处处是陷阱的"半步多",白蛇和许仙在彼此舍命相助中,互生情愫。只是当时身为蛇妖的白素贞,还不能理解情为何物。而法海只分人妖,不辨善恶,执意妄为,遭受天雷之谴,被上天收回法眼,盲了双眼。白素贞历经艰辛送许仙回人间,法海变作白素贞骗许仙回头,并使他忘了"半步多"的一切,忘了心中所爱白素贞。

白素贞千年的修行,使她比人间的女子更美,只是没有眼泪。只要集齐眼泪,她就可以成为真正的神仙。受观音菩萨指点,白素贞为了成仙来到人间,收集人间的代表"生老病死爱恨离别"的八滴晶莹眼泪。许仙在西湖断桥遇到一场急雨,与白素贞再度重逢,留下借伞还伞的情缘。白素贞陆续收齐七滴眼泪。这七滴眼泪,每滴眼泪背后都有一个人间至情至爱的故事。它们风吹不散,水流不融,分别应在"生老病死恨离别"之上。白素贞距离成仙已近在咫尺,可她却变得更加向往人间。白素贞不能斩断情根,愈陷愈深,最终嫁与许仙为妻,并怀上孩子,因而屡遭天谴。

法海以斩妖除魔为名,一直要拆散许仙和白素贞,最终利用自己徒弟十天使诈,设计逼迫白素贞现出蛇形,吓死了许仙。白素贞为救许仙盗来仙草,而法海趁机劫走许仙。白素贞盗灵芝仙草回来,却不见了许仙。她跪上金山寺求法海放了许仙,哀求不成,最终水漫金山。法海将许仙掠到心境台,让他在心镜中看到白素贞的蛇身。许仙坦然处之,要定了素贞。法海被心魔所困,忘情绝义,想成佛,却成了魔。

白素贞产子,许仙摆脱了法海,与妻子相聚。孩子百日时,成魔的法海故技重演,变作许仙骗避难的白素贞回头。白素贞在劫难逃,可是她不认为爱许仙是错,自愿走进雷峰塔。诀别前,流下她第一滴也是最后一滴眼泪。她爱许仙一生,这滴眼泪应在"爱"上。白素贞被镇于雷峰塔下,除非雷峰塔倒,西湖水干,夫妻才能相见。许仙上山进寺,自愿剃度,只为法海一句"雷峰塔百步之内,非出家人不得擅入"。许仙向法海要求每日扫雷峰塔,法海不依。可法海起身后却痛苦异常,他踉跄地站起身,退了三步,一回头,须发皆白,瞬间变老。许仙为了一生一世厮守的承诺,每日扫塔,和娘子一个塔里一个塔外。每有下雨、烈日,白素贞用法术打开那把定情的油伞为许仙遮蔽。一直到许仙老去,油伞残破……

七百年后,雷峰塔轰然倒塌……

《白蛇传》的传说发生在宋朝时的杭州、苏州及镇江等地。根据《白蛇传》借伞、盗仙草、水漫金山、断桥、雷峰塔、祭塔等故事情节,江浙皖等地建设了一批相应的旅游景区、景点,如杭州西湖的"断桥残雪""雷峰夕照"等。

2.《梁山伯与祝英台》故事梗概

东晋时期,浙江上虞祝家庄,玉水河边,有个祝员外之女英台,美丽聪颖,自幼随兄习诗文,慕班昭、蔡文姬的才学,恨家无良师,一心想往杭州访师求学。祝员外拒绝了女儿的请求,祝英台求学心切,伪装卖卜者,对祝员外说:"按卦而断,还是让令爱出门的好。"祝父见女儿乔扮男装,一无破绽,为了不忍使她失望,只得勉强应允。英台女扮男装,远去杭州求学。途中,邂逅了赴杭求学的会稽(今绍兴)书生梁山伯,一见如故,相谈甚欢,在草桥亭上撮土为香,义结金兰。不一日,二人来到杭州城的万松书院,拜师入学。从此,同窗共读,形影不离。梁祝同学三年,情深似海。英台深爱山伯,但山伯却始终不知她是女子,只念兄弟之情,并没有特别的感受。祝父思女,催归甚急,英台只得仓促回乡。梁祝分手,依依不舍。在十八里相送途中,英台不断借物抚意,暗示爱情。山伯忠厚纯朴,不解其故。英台无奈,谎称家中九妹,品貌与己酷似,愿替山伯作媒,可是梁山伯家贫,未能如期而至,待山伯去祝家求婚时,岂知祝父已将英台许配给家住鄮城(今鄞县)的太守之子马文才。美满姻缘,已成泡影。二人楼台相会,泪眼相向,凄然而别。临别时,立下誓言:生不能同衾,死也要同穴!后梁山伯被朝廷诏为鄞县(今奉化县)县令。然山伯忧郁成疾,不久身亡。遗命葬鄮城九龙墟。英台闻山伯噩耗,誓以身殉。英台被迫出嫁时,绕道去梁山伯墓前祭奠,在祝英台的哀恸感应下,风雨雷电大作,坟墓爆裂,英台翩然跃入坟中,墓复合拢,风停雨霁,彩虹高悬,梁祝化为蝴蝶,在人间翩跹飞舞。

3.《牛郎织女》故事梗概

《牛郎织女》又名《董永与七仙女》。传说讲述的是董永(据考证,董永是山东滨州博兴县人)卖身葬父,天庭的七仙女被其孝行感动,于是私自下凡与其结为夫妻。七仙女一夜之间织了十匹锦布,帮助董永偿债赎身。奴役期满后,夫妻双双把家还,以为可以过上幸福美满的生活,这时候玉帝却下令七仙女返回天庭,王母娘娘强行把织女带回天上,恩爱夫妻被拆散。

牛郎拉着自己的儿女,一起腾云驾雾上天去追织女,眼见就要追到了,岂知王母娘娘拔下头上的金簪一挥,一道天河就出现了,牛郎和织女被隔在两岸,只能相对哭泣流泪。他们忠贞的爱情感动了喜鹊,千万只喜鹊飞来,搭成鹊桥,让牛郎织女走上鹊桥相会,王母娘娘对此也无奈,只好允许两人在每年七月七日于鹊桥相会。

4.《孟姜女》故事梗概

秦朝时候,秦始皇修长城在全国各地抓壮丁,孟姜女新婚丈夫范杞梁也被抓了去。转眼一年过去了,范杞梁杳无音信,孟姜女决定去找丈夫,发誓找不到丈夫绝不回家。她带上干粮和给丈夫特制的御寒衣服上路了。一路上,风吹雨淋、日晒风寒、饥寒交迫、步履艰难,经过千难万险的万里跋涉,终于找到了修长城的地方,一打听才知道,为修长城死了许多人,丈夫范杞梁早就累死了,并被埋在长城下,尸骨都找不到了。孟姜女顿时就伤心地恸哭起来,哭得惊天动地,眼看着长城一段段地倒塌,哭到哪里塌到哪里,足有八百里长。正在巡视长城的秦始皇看见孟姜女,被她的美貌迷住了,非要封她为"正宫娘娘"。孟姜女虽然怒火满腔,但还是压住心头仇恨,灵机一动,将计就计地非要秦始皇答应她三个条件,才能当"正宫娘娘":一要找到丈夫范杞梁的尸体;二要为其丈夫举行国葬;三要秦始皇为范杞梁披麻戴孝、打幡送葬。为了得到美貌的孟姜女,秦始皇硬着头皮答应下来,孟姜女戴着孝拜了为筑城而死的范杞梁坟墓后,夙愿已偿,面对滚滚的渤海,纵身一跃,投海自尽了。

孟姜女哭长城的故事,很快就被人们所传颂。人们为纪念她,在山海关附近的一个山头上,给她修了坟、建了庙,取名为"姜女庙"。孟姜女万里寻夫送寒衣,哭倒长城八百里的故事家喻户晓,流传至今。目前,山东淄博、河北秦皇岛、江苏苏州和上海松江、湖南津市以及陕西铜川,被学术界认定为孟姜女传说故事的五大流传区域。2006年6月2日,国务院公布了首批518项国家级非物质文化遗产名录,山东淄博的孟姜女传说捷足先登,有幸获此殊荣。

(三) 民间故事

中国古代四大美女西施、王昭君、貂蝉、杨玉环,又被称为"沉鱼""落雁""闭月""羞花",这其中流传着四个美丽动人的故事。

1. 沉鱼

春秋战国时期,吴越战争,吴国兵强马壮,很快打败越国,把越王勾践和宰相范蠡押作人质。越王为报灭国之仇,暂时栖身于吴王的膝下,装得十分忠诚老实。一次吴王肚子痛,请来郎中也没看出什么病。越王勾践得知此事后,就当着吴王夫差的面亲口尝了他的粪便,说:"大王没有什么病,是着了凉,喝点热酒暖暖就会好的。"吴王按照勾践说的,喝了点热酒,果然好了。吴王看到勾践这样忠心,就将他放回越国。勾践回国后接受了范蠡献上的复国三计:一是屯兵,加紧练武;二是屯田,发展农业;三是选美女送给吴王,作为内线。当时,有一个叫西施的,是个浣纱的女子,姿容秀美,相貌迷人。她在河边浣纱时,清澈的河水映照她俊俏的身影,使她显得更加美丽,这时,鱼儿看见她的倒影,忘记了游水,渐渐地沉到河底。从此,西施这个"沉鱼"的代称,在附近流传开来。西施被选送到吴国后,吴王一看西施长得如此漂亮,对西施百依百顺,终日沉溺于游乐,不理国事,国力耗费殆尽。越王勾践乘虚而入,出兵攻打吴国,达到了复国报仇的目的。

2. 落雁

汉元帝在位期间,南北交兵,边界不得安宁。汉元帝为安抚北匈奴,选昭君与单于结成姻缘,以保两国永远和好。在一个秋高气爽的日子里,昭君告别了故土,登程北去。一路上,马嘶雁鸣,撕裂她的心肝;悲切之感,使她心绪难平。她在坐骑之上,拨动琴弦,奏起悲壮的离别之曲。南飞的大雁听到这悦耳的琴声,看到骑在马上的这个美丽女子,忘记摆动翅膀,跌落地下。从此,昭君就得来"落雁"的代称。

3. 闭月

闭月是貂蝉的代称,她是三国时汉献帝的大臣司徒王允的歌妓,能歌善舞,很受王允的宠爱。当时,董卓专权,挟天子以令诸侯,大臣们敢怒不敢言。王允每天闷闷不乐,茶不饮,饭不进。貂蝉很为主人担忧,在一个月明星稀的夜晚,她在后花园烧香跪拜,为主人祈祷,"月亮啊月亮,你虽然清白如洗,可哪知我们老爷心中的烦恼!苍天啊苍天,你虽然那样深邃,却难容我们老爷如火如焚的心情。我是老爷的婢女,愿为国为民,万死不辞。"忽然轻风吹来,一块浮云将那皎洁的明月遮住。恰巧这时王允也来花园散心,闻言顿时感情激动,赶忙走上前去,将貂蝉扶起,对她说,"你能为我分忧,我忧在何处,你知道吗?""知道,大人。""那你能帮助我讨伐国贼,杀掉董卓吗?""只要大人信得过奴婢,奴婢愿意肝脑涂地。"王允听罢,双手一合,当即给貂蝉一拜。从此,二人以父女相称。后来,王允到处宣扬他的养女长得如何漂亮,逢人就说,我的女儿和月亮比美,月亮比不过,赶紧躲在云彩后面,因此,貂蝉也就被人们称为"闭月"了。一年以后,王允将美女貂蝉许给董卓,后又许给吕布。董、吕二人争风吃醋,发生火并,董卓被杀。

4. 羞花

羞花中的花指的是含羞草,是一种小巧玲珑的花卉,它的复叶酷似芙蓉枝。唐朝开元年间,唐明皇骄奢淫逸,派出人马,四处搜寻美女。当时寿邸县的杨元琰,有一美貌女儿叫杨玉环,被选进宫来。杨玉环进宫后,思念家乡。一天,她到花园赏花散心,看见盛开的牡丹、月季……想自己被关在宫内,虚度青春,不胜叹息,对着盛开的花说:"花呀,花呀!你年年岁岁还有盛开之时,我什么时候才有出头之日?"声泪俱下,她刚一摸花,花瓣立即收缩,绿叶卷起低下。哪想到,她摸的是含羞草。这情景被一宫娥看见。宫娥到处说,杨玉环和花比美,花儿都含羞低下了头。宫女们也议论纷纷说这是杨玉环的美貌,使得花草自惭形秽,羞得抬不起头来。唐明皇听说宫中有个"羞花的美人",立即召见,封为贵妃。从此以后,"羞花"也就成了杨贵妃的雅称了。

二、外国重要的民间口头文学

(一) 神话

1. 创世(北欧)

最初世界上只有两个区域,一冷一热。这两个区域之间有一条又宽又深的大裂缝,叫作"金侬加裂缝"。当冷热相遇,即当火焰和冰块碰到一起时,烟雾和水蒸气冉冉升腾,随即产生了一个巨人伊米尔。后来的一天,突然从盐块中露出带有光泽的长发。第二天,现出美丽的男性头部。第三天,雄壮的身躯也由盐块中浮现出来,这就是称为布里的神祇,神族的祖先。

伊米尔与布里发生战斗,布里受到伊米尔致命的一击,倒在冰原上气绝而死,巨人获得了胜利。布里的儿子布尔娶了女巨人贝斯特拉(Bestla)为妻,并生有三子,奥丁、威利和维。这三位神祇为报祖父被杀之仇,继续和巨人作战。

奥丁好不容易才把巨人伊米尔杀死,接着奥丁开始创造世界。首先他把伊米尔的尸体放入深渊的中央,用伊米尔的肉创造了大地,将其血液变成无涯的海洋,骨骼变为山脉,数不清的毛发变成树木。奥丁又把巨人的头盖骨凿成苍穹,以脑髓造云,还有霰和雪堆积其中。巨人的尸体不久长出蛆虫,这些蛆虫引起神祇的注意,并赐予他们人形。由于苍穹需有强而有力的支撑,因此神祇就由这些新生物中挑选具有怪力的四个来支撑,他们的名字分别为挪德瑞(Nordri)、桑德瑞(Sudri)、奥斯特瑞(Austri)及威斯特瑞(Westri),所以便称呼他们分立的四个方向为——北方(North)、南方(South)、东方(East)和西方(West)。

奥丁和他的兄弟又用其中的梣树枝创造出男人,用榆树枝造出女人。虽然人类始祖出现了,有了肉体但还是缺少了点灵性,于是,奥丁便赐给人类生命和灵魂,威利给了他们理性和动作,维则给他们感情、仪表与语言。于是这对原本是树枝的男女就成了有爱、有希望、有生、有死的生物,他们便带着诸神赐予的种种居住在"中庭"里繁衍族群,成为人类的始祖。

2. 阿波罗与达芙妮(希腊)

有一次,阿波罗看到小爱神丘比特正拿着弓箭玩。他不客气地警告丘比特说:"喂!弓箭是很危险的东西,小孩子不要随便拿来玩。"原来小爱神丘比特有两支十分特别的箭。凡是被他用那支用黄金做成的利箭射到的人,之后遇见的第一个人,不管是谁,他都会疯狂地爱上;要是那支铅做的钝箭射到的人,之后见到的第一个人,他就会十分厌恶、反感。

丘比特被阿波罗这么一说,心里很不服气。他趁着阿波罗不注意的时候,"嗖"的一声把金色之箭射向阿波罗。正巧这时候,来了一个名叫达芙妮的美丽少女。调皮的丘比特把那支铅做的钝箭射向达芙妮。阿波罗就对达芙妮产生了疯狂的爱慕,而达芙妮却对阿波罗有一种莫名其妙的厌恶。这时候,被爱情之箭射中的阿波罗已经深深爱上了达芙妮,立刻对她表示爱慕。可是达芙妮却很不高兴地说:"走开!我讨厌你,离我远一点儿!"说着,就像羚羊似的往山谷里飞奔而去。阿波罗特别迷茫,但他对于追求达芙妮并不灰心,他拿着竖琴,弹出优美的曲子。不论谁听到阿波罗的琴声,都会情不自禁地走到他面前聆听他的演奏。躲在山里的达芙妮听到了这优美的琴声,也不知不觉陶醉了。"哪来这么动人的琴声?我要看看是谁弹奏的。"说着说着,达芙妮早已经被琴声迷住了,向阿波罗这边走来。躲在一块大石头后面弹竖琴的阿波罗立刻跳出来,走上前要拥抱达芙妮。达芙妮看到阿波罗,拔腿就跑。达芙妮跑得再快,也跑不过阿波罗。眼看阿波罗就要追上了,达芙妮急得大叫:"救命啊!救命啊!"河神听见了达芙妮的求救声,立刻用神力把她变成一棵月桂树。只见达芙妮的秀发变成了树叶,手腕变成了树枝,两条腿变成了树干,两只脚和脚趾变成了树根,深深地扎入土里。阿波罗看到了,懊悔万分。他很伤心地抱着月桂树哭泣,可是月桂树却不停地摇摆。虽然达芙妮已经变成了月桂树,但是阿波罗依然爱着她。他很痴情地对月桂树说:"你虽然没能成为我的妻子,但是我会永远爱着你。我要用你的枝叶做我的桂冠,用你的木材做我的竖琴,并用你的花装饰我的弓。同时,我要赐你永远年轻,不会老。"

变成月桂树的达芙妮听了,深深地受了感动,连连点头,表示谢意。也许是受到了阿波罗的祝福,月桂树终年常绿,是一种很受人们喜爱的植物。后来人们就给胜利者头上戴桂冠。

(二) 传说

1. 阿拉丁和神灯(阿拉伯)

从前,有一个贫苦的少年叫阿拉丁。有一天,他碰见一个法师,这个法师要带他到都城去学点儿手艺。阿拉丁相信了他的话,就跟他走了。法师带着阿拉丁到了都城附近的一座山上,在地上生了一堆火,念了几句咒语。只听见"隆隆"的一阵响声,地上出现了一扇石门。法师抓住石门上的扣环,把石门拉开,说:"阿拉丁,这下面有一盏油灯,你去把它拿上来,我们就发财了。"石门下面有一条地道。这条地道只有阿拉丁的身子那么宽,里面很黑。阿拉丁害怕,不敢下去。法师取下手上戴的戒指,说:"这是能避邪的戒指,给你。你戴上它,什么妖魔鬼怪都不能伤害你。你放心下去吧!"阿拉丁走完地道,到了一个地窖里。地窖里除了有一盏点着的油灯以外,还有许多美丽的珠宝,看得他两眼发呆。过了好一会儿,他才抓了几把珠宝塞进口袋儿,吹熄油灯,倒掉灯油,拿起油灯往回走。法师等得不耐烦,气得"砰"地一声把石门关上了。阿拉丁推不动石门,急得直喊。无意中,他的手擦了戒指一下,眼前突然出现了一个巨人。巨人说:"我是戒指神,谁有你戴的戒指,我就听谁的指挥。你要我做什么?"阿拉丁定定心,说:"请你带我回家吧!"说完就发觉自己到了家里。过了几天,阿拉丁想把油灯擦干净。不料他刚擦了三下,忽然又有一个巨人出现。巨人说:"我是灯神。谁有了我,我就听谁的指挥做事。"阿拉丁起先吃了一惊,后来说:"你给我办一桌酒席来!"话还没说完,眼前就出现了一桌酒席。阿拉丁跟他母亲吃完,心里很高兴。以后的日子里,他们需要什么,就擦油灯,叫灯神去做。这样过了些日子,阿拉丁听说国王要给公主找一个丈夫,就叫灯神给他变了一座城堡,把自己打扮成王子一样,请母亲带着他从地窖拿来的珠宝,去献给国王,向国王求亲。国王见阿拉丁长得英俊,又有钱,就把公主嫁给了他。法师知道了这件事,化装成卖油灯的,天天在阿拉丁的城堡附近叫:"旧油灯换新油灯!"公主听到,想起了阿拉丁当宝贝一样珍藏的旧油灯,就叫仆人拿去换了一盏新油灯。法师一拿到神灯,立刻擦了三下,变出灯神,吩咐灯神说:"把整个城堡给我搬到非洲去!"灯神把城堡搬走了。国王发觉阿拉丁的城堡和公主都不见了,非常生气。他限阿拉丁在30天内把公主找回来,不然就要处死刑。阿拉丁问遍了所有的人,谁也不知道他的妻子和城堡到哪儿去了。到了第三天早上,他洗手的时候擦到戒指,戒指神又出现了。他要戒指神帮他把公主找回来,可是戒指神没有那么大的法力,只能把他送到非洲。阿拉丁到非洲找到了他的妻子和城堡,但是没办法拿到那一盏油灯。因为法师不管到哪儿去,都把油灯带在身上。他的妻子想到了一个主意,说:"这个坏人想要我嫁给他,我一直没答应他。你去拿点儿安眠药来给我。然后我假装对他好,跳舞给他看。等他不注意的时候,就把药放在酒里,骗他喝下去。这样我们就可以拿到油灯了。"法师不知道是计,见公主对他那么好,高兴地喝下那杯酒,倒在地上睡着了。于是,阿拉丁拿到了油灯,叫灯神把整个城堡搬回原来的地方。国王见公主回来了,心里很高兴。他原谅了阿拉丁,并把坏心眼的法师关进了地牢。随后阿拉丁又把母亲接来,一块儿过着快乐幸福的日子。

2. 罗宾汉的传说(英国)

在英国的传说中,罗宾汉的名字是极为响亮的。关于他的故事并非史实,不过英雄通常都是夸张或者虚构出来的。他的传奇有很多种说法,大致是说在12—13世纪著名的十字军东征的时候,英格兰的理查王被俘,留在国内的约翰王子趁机篡权,拒绝赎回理查王。而与他狼狈为奸的诺丁汉郡长也趁机强占了忠心于理查王的罗宾汉家的领地,更试图染指他的心上人玛丽安。罗宾汉被迫躲进舍伍德森林,以此为基地,领导一支农民起义军到处劫富济贫,最终成功赎回理查王,粉碎了约翰王子等人的阴谋。罗宾汉最突出的就是射箭术高超。据介绍,现在射箭比赛里就有"罗宾汉"这一术语,指射中另一支已中靶心的箭。

还有说是大约公元1190年,英国狮心王理查率领英国军队参加十字军东征,罗宾汉也随军前行。可是当战争结束,罗宾汉从战场返回家乡的时候,发现自己的庄园和财产已经被诺丁汉郡治安官以莫须有的罪名没收。此时,英国正在被借着狮心王东征而趁机弄权的约翰王子所统治,他的横征暴敛让人民苦不堪言。为此,罗宾汉聚集了一帮绿林好汉,凭借着自己的机智和勇敢,带领大家劫富济贫,对抗昏君的暴政。

罗宾汉的故事发生在英国诺丁汉市。诺丁汉是一座拥有着传奇色彩的古老城市。诺丁汉也是英国历史最悠久的城市之一,公元6世纪,盎格鲁撒克逊人定居在此,9世纪又受到外族的入侵,11世纪为诺曼人所统治。大约700年前,在诺丁汉以北广阔的舍伍德森林中,有一伙以罗宾汉为首的劫富济贫的绿林好汉,揭竿而起,反抗诺曼人的压迫。罗宾汉的故事就像中国的水浒故事一样,广为流传。

(三)民间故事

1. 桃太郎的故事(日本)

从前,在一个偏僻的小村子里住着一对老夫妇。虽然生活并不富裕,但省吃俭用倒也过得平平静静的。有一天,老婆婆到河边去洗衣服,正巧看见河的上游好像漂来了一个大桃子。老婆婆将桃子捞了起来,费了很大的力气才抬回家。

黄昏的时候,老公公也从山里回来了,老婆婆拿出菜刀,想将桃子切开给老公公吃。可是当她将桃子剖开的时候却听到"哇!哇!"的哭声。原来,桃子中间迸出了一个健康可爱的男宝宝,正在大声地哭着。老夫妇心里非常地高兴,为他取名叫"桃太郎"。桃太郎在老夫妇的小心照顾之下,长得又健康,又可爱,几天之后已经变成一个强壮的少年。

有一天,有一个从港口来的老伯伯,告诉桃太郎:"这些天,对岸的小岛上,来了一个很坏的妖怪,这妖怪喜欢欺负岛上的百姓。它破坏了人们的屋子,抢走了人们的东西,大家都对这家伙又恨又怕。"桃太郎听了这番话之后,决定除掉这个大坏蛋。桃太郎在去除妖的途中,遇到了饥饿的小白狗、小猴子、雉鸡,并把老婆婆给自己做的糯米丸子给它们吃,于是,它们愿意追随桃太郎一起去除妖。他们终于来到了海边,从这儿望去,可以看到对岸的魔鬼岛,于是他们便准备渡海过去。桃太郎从一个渔夫那里借来了一艘渔船,扬起风帆,向魔鬼岛驶去。那妖怪所住的城堡有一个铁铸成的门,非常坚固。小猴子挽住了雉鸡,然后跳入城墙里边,打开城门,让桃太郎和同伴冲进去。妖怪头目拿起一根棒子,气急败坏地追了过来。桃太郎不慌不忙地掏出了一个糯米丸子,从容地吞了下去。"臭妖怪!叫什么叫!我已经吞下了天下第一的糯米丸子,身上已经增进了百倍的力气!谁怕谁啊!来啊!来啊!"桃太郎英勇地迎战妖怪头目。那妖怪没两三下的工夫便让桃太郎给制服了。桃太郎他们回到村子以后,村民们都围了过来,欢迎这些小勇士。县太爷也听到这个消息,把桃太郎请到官府去,并把女儿许配给他,桃太郎便在村民的祝福之下和县太爷的女儿结婚了。县太爷的女儿也是一个知书达理、孝顺父母的好女孩。从此以后,桃太郎便和县太爷的女儿过着幸福快乐的日子。

2. 假头发的故事(法国)

故事发生在古代。小让同父母一起住在大森林的边缘,房屋很简陋,草盖的屋顶。有一天,小让趁妈妈不注意时走了,决心要痛痛快快享受一下森林里浆果的味道。当他吃饱想回家时,发现自己迷路了。这时,他面前出现了一个褐色头发的巨人,个子同树一样高,他最喜欢从树上把树叶吹下来。"哈哈,饭送来了!"巨人把小让放在手掌上,好像玩天牛一样。"我是那么小,"小让劝他说,"您一口吞吃我,甚至连味道也不知道。不要弄死我,我对您是有用处的。""你那么小的人对我有什么用?""我为您在森林里找到最好看的石子,最美丽的花。"巨人沉思了一会儿说:"你看,我几乎秃顶了,但我还只有150岁。如果你能在森林里找到我头上掉下去的头发,我就保护你的生命,让你成为我的同伴,那时你就不用怕任何野兽了。要是你找不到,你就完了,或者我吃掉你,或者让狼、豹吃掉你。""我尽力量去做。"小让说着,仔细地观察巨人的稀稀头发,只见头发都很硬,很短。巨人放下小让,小让就马上开始找头发了。不管他怎么努力,还是一根头发也没找到。当他来到大松树中间时,他因筋疲力尽跌了一跤。当他站起来时,发现他的脚边粘着许多针叶,针叶上盖满了松脂。小让想出了个主意,他收集了一些最粗和最长的针叶,从松树的树干上采了松脂,涂在针叶上像一缕缕的头发,虽然不十分牢,但样子看起来怪不错的。小让结束了自己的工作后去见巨人。"你找到我的头发了?"他问。

"爷爷,找到了。但您的头发由于潮湿,变得硬了,有黏性,颜色也不是那么好看了。但我以为,它们长在您头上很合适。"巨人头脑很简单,他只知道,这些东西可以遮住他头上难看的秃顶,所以努力把它们装在头上。然后他朝水塘里看了一看,发现很好看,顿时高兴得叫了起来。"小家伙,你要受到奖励。"巨人说这话时,从袋里拿出一块金子,交给了小让。孩子把金子拿在手里后,立即跌倒了,原来,金块太重了!这时,巨人把小让连同金块一起放在手掌上,小心地把他在森林边放下。天已经晚了,小让平安地回到爸爸妈妈身边,给他们带来了整整一大笔财富。

3. 赤身裸体的国王(西班牙)

《皇帝的新装》是安徒生从中世纪西班牙的一个民间故事移植过来的。它最早见于14世纪堂·曼纽埃索的《卢卡诺伯爵》的第七章,说的是一个国王被人整治的故事,篇名即《赤身裸体的国王》。故事梗概是这样的:

从前有三个流氓来见一位国王,说他们是织布的能工巧匠。他们特别会织一种料子,这料子人人都能看得见,只要他有一个世人公认的父亲,他又真是这个父亲的儿子。但谁要不是他想象中的父亲的儿子,那他就看不见。这使国王大为喜欢,因为他以为借着这种纺织品的帮助,可以知道自己的王国里,哪些人是法定父亲的儿子,哪些人不是。这样,他便能调整王国中的许多事情。因为如果他们不是父亲真正的儿子,便不能继承他们父亲的遗产。于是他下令召那三人进宫来工作。三人告诉国王,为确保不搞欺骗,可以把他们锁在皇宫里,直到织完那段料子。这使国王非常高兴,国王由于对新布的"图案"和"色彩"什么也看不出,被一种死亡般的恐怖震惊了,因为他相信他不可能不是他认作父亲的那位国王的儿子。他穿上了那看不见的衣服,骑着马在城中巡游,亏他运气好,那时正是夏天。

最后是一位照管御骑而自身又不担心损失什么的黑人走到国王跟前,说出了真话。

《皇帝的新装》同原型相比,有三处重要的改动:一是在塑造人物方面。原作中的皇帝只是一个在故事情节中起穿针引线作用的人物,缺乏典型性,而安徒生童话中的皇帝则是一个典型形象。二是原作中说凡是私生子看不见衣服,安徒生把它改为"任何不称职的或者愚笨得不可救药的人,都看不见这衣服"。三是原作中由一个没有财产继承权的黑人来点破真相,安徒生则通过一个孩子之口来戳穿骗局。后面的两处改动,加强了童话细节描写的典型性。总的来说,《皇帝的新装》中的这些改动,使人物塑造和细节描写更加典型化,这样就增强了作品的教育性和艺术魅力。正因为如此,所以直到现在,人们批判那些自欺欺人的行为,往往还要引用那个没有穿什么衣服,还自以为穿得很漂亮的皇帝的愚笨相来作比喻。

从西班牙的民间故事到《皇帝的新装》,不难发现作者在原有故事的基础上,充分发挥了想象,精心进行了再创作。单从上述三处改动,也可见出安徒生在创作上的一番匠心。

案例分享

孟姜女传说的流传

据《左传》"襄公二十三年"载：公元前550年（春秋时期，齐庄公四年）秋，齐国将军杞梁率兵攻打莒国（今山东莒县），不幸身亡。其妻孟姜女迎柩至郊外（齐长城与淄水交汇处，今淄博博山源泉镇北）。齐王欲在此处吊唁，孟姜女抵制，要求按仪节到宫舍祭祀。杞梁安葬后，孟姜女仍悲痛万分。过了200年，《檀弓》记载曾子对此事的说法谓："其妻迎其柩于路而哭之哀。庄公使人吊之。"到西汉刘向的《说苑·善说篇》中出现了"其妻悲之，向城而哭，隅为之崩，城为之阤"的记载。《列女传》里出现了杞梁妻赴淄水（今源泉北）而死的情节。杞梁妻的事迹是孟姜女传说原初的内容。孟姜女传说因其深厚的群众性，流传两千五百多年而不衰，流传地区遍及全中国，内容上也多有演变，本来是春秋齐国的杞梁妻（孟姜女），最终其悲惨命运却与秦始皇和秦长城联系了起来。但追根溯源，杞梁妻哭崩的杞国都城、投身自尽的淄水都在山东淄博一带。

孟姜女传说流传的范围极广，据顾颉刚20世纪20年代的研究统计，该传说流传的省区包括：北京、河北、辽宁、山东、山西、河南、陕西、江苏、上海、安徽、浙江、湖北、湖南、福建、广东、广西、云南、四川、甘肃。有孟姜女相关遗迹的地方也很多，如山海关的孟姜女祠庙、孟姜女坟，辽宁绥中县孟姜女祠，河南杞县孟姜女庙，陕西哭泉及孟姜女庙，上海万喜良石像，山东博山姜女泉（4处）等。

孟姜女的形象使人们认识到古代妇女的善良性格和战争带给人们的悲惨苦痛，表达了古代人民对战争的厌恶之情。孟姜女的故事在博山世代流传，"孟姜女哭长城"的民歌至今仍在博山民间传唱。西汉以前形成的"悲歌哀哭"这一与孟姜女传说有关的民俗，在博山民众中被一代代传承下来，至今博山中老年妇女仍是长歌代哭，以孟姜女传统曲调来寄托哀思。孟姜女式的哭腔在农村广泛流传，可以说形成了一种哭文化。

2006年6月2日，淄博孟姜女传说入选国务院首批国家级非物质文化遗产名录。目前，山东淄博、河北秦皇岛、江苏苏州和上海松江、湖南津市以及陕西铜川，被学术界认定为孟姜女传说故事的五大流传区域。

【问题分析】

1. 孟姜女的传说对于旅游者的吸引力如何？
2. 孟姜女的传说作为五大流传区域的民俗旅游资源存在，是无须质疑的，然而，如何避免民俗旅游产品开发的雷同，却是一个值得当地政府和旅游管理部门深

3.深入了解孟姜女的传说对于旅行社旅游产品设计有何积极意义?
4.深入了解孟姜女的传说对于导游工作有何重要意义?

 创意项目

女娲故里文化旅游

平利,西晋太康元年(公元280年)始立县治。随着文化中国建设的全面推进,平利文化事业也在飞速发展。城乡公共文化基础设施逐步配套完善,女娲文化广场、五峰楼、女娲庙、八仙悟真观是标志性人文景观。社会文化事业机构和群众文化组织现已全覆盖。平利坚持生态立县大计,以女娲故里为根基,深入挖掘女娲文化丰富内涵,在女娲文化、群众文化、民间文化和茶文化研究方面均取得重大成果。文化艺术研究主要成果有《女娲文化研究》《平利戏剧志》等,其中《女娲传说》(5篇)于2007年被公布为安康市首批非物质文化遗产保护项目。

近年来,平利以"女娲故里、绿色茶乡、休闲家园"为主题,以建设"中国最美丽的乡村"为目标,精心打造"美丽乡村游"精品线路。其中,最为有名的旅游线路是"安康—女娲山—平利县城"人文景观游。这条线路以女娲山为核心景区,途中包括黄洋河漂流、西河朝阳度假村、琵琶岛等景点,平利县城为游客接待服务中心。在2003年"中国·平利女娲文化研讨会"上,国内20多名著名专家学者一致考证女娲山景区是女娲圣母的居所,平利是女娲信仰的原发地,就是"女娲故里"。女娲山作为陕西范围内的一座始母圣山和文化名山,与黄帝陵比肩,是华夏子孙寻根祭祖、访古探幽的绝好去处。

平利的地域文化和民俗风情独具特色。平利是"弦子腔"音乐的发源地,弦子腔配合皮影戏演唱,已经入选陕西省首批非物质文化遗产代表作保护名录;中国平利"茶之旅"文化节已连续举办了三届,国家歌舞剧团加盟演出,央视三套、七套全程录播,明星云集,盛况空前,每年都吸引了大量的游客参加。

美食文化也是平利旅游的重要组成部分。平利地处秦头楚尾,在饮食上相近湖北、四川风味。主食米饭,喜食酸辣,擅长风味食物的储藏和制作,木耳、香菇、干笋、辣椒、豇豆、萝卜等五花八门的食品,或晒晾风干,或盐腌水泡,风味独佳。全县推出十大金牌菜肴,尽显陕南菜肴风味。品尝完平利美食,别忘了带上平利土特产品,富含硒的"女娲银峰"贡品绿茶和绞股蓝等。

经过多年的发展,平利旅游业已经具备了良好的接待能力。已经能够满足游客"吃、住、行、游、购、娱"的旅游需求了。越来越多的游客来到平利旅游观光,朝圣女娲故里,休闲绿色平利,体验农家生活,享受健康美食,畅游"中国最美丽的乡

村"。

（注：平利是传说中的女娲故里之一。）

（引自：http://www.pingli.gov.cn"陕西省安康市平利县人民政府网站-走进平利-文化旅游",2017年3月1日）

 思考与练习

一、填空题

1.(　　)是洪水和人类再繁衍神话的基本母题。

2.图腾神话主要讲述(　　)。

3.在文字尚未发明的时代，人们要对历史做记录只能利用口耳相传的方式，此即为(　　)的由来。

4.(　　)并不是一种文体，它是通过叙述的方式讲一个带有寓意的事件。

5.笑话的人物很少，一般不超过(　　)个。

6.(　　)故事的意义在于它能制造一种快乐的气氛，给人以欢乐。

二、不定项选择题

1.神话属于下列哪种口头民俗形式(　　)。

A.民间口头文学　　　　B.民间歌谣　　　　C.民间语言

D.民间文艺　　　　　　E.口头民俗

2.民间口头文学包括哪几种形式(　　)。

A.传说　　　　　　　　B.歌谣　　　　　　C.民间语言

D.神话　　　　　　　　E.民间故事

3.无论是世界文明发生最早地区的原始社会民族，还是当今世界上还处在原始社会的民族，他们流传的许多神话故事都(　　)。

A.完全相同　　　　　　B.明显不同　　　　C.明显相同

D.没有可比性　　　　　E.大同小异

4.下列属于神话讲述内容的有(　　)。

A.开天辟地和人类起源　B.自然起源　　　　C.洪水和人类再繁衍

D.图腾　　　　　　　　E.神和神性英雄以及文化起源

5.幻想故事又称为(　　)。

A.神奇故事　　　　　　B.民间童话　　　　C.魔法故事

D.神话故事　　　　　　E.虚幻故事

三、名词解释

1.口头民俗

2.民间口头文学

3.神话

四、问答题

1.神话是怎样产生的？

2.传说分为哪几种类型？

3.民间故事的种类有哪些？

五、应用题

1.你的家乡有哪些耳熟能详的传说？它对家乡的旅游发展起到了什么作用？

2.阿凡提的故事家喻户晓，数百年来在新疆维吾尔自治区各少数民族中流传。请你以阿凡提的故事为主题，设计一个独具民俗特色的新疆旅游线路。

第三章 民间歌谣

引 言

民间歌谣是指民众以口头歌唱或吟诵形式流传和保存的传统韵文。民间歌谣主要起源于人们的生产劳动。民间歌谣的类型多种多样,主要有民歌、民谣和故事歌。民间歌谣作为重要的民俗旅游资源,已经被广大民众普遍接受,特别是在民间歌谣发达的地区,它已经作为一种旅游资源被开发出来了。旅游者在观赏和参与民间歌谣表演的过程中,可增强个人的旅游体验。

学习目标

1. 掌握民间歌谣的定义、特点及分类。
2. 了解民间歌谣的产生。
3. 了解中外不同国家和地区主要的口头民俗的形式与内容。

第一节 民间歌谣概述

一、民间歌谣的内涵

(一) 民间歌谣的定义

民间歌谣简称歌谣。歌和谣是两个不同的概念,早在两千多年前,中国古人就开始认识和研究歌谣,还对歌和谣分别进行了定义。[1] 在中国古代,人们称有乐曲、有伴奏的吟唱为民歌;称无乐曲、无伴奏的吟唱为民谣,这与我们现在对歌谣的认识和理解是一致的。

---

[1] 王娟.民俗学概论[M].北京:北京大学出版社,2002:100.

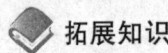 **拓展知识**

歌、谣分称,最早见于《诗经·园有桃》:"心之忧矣,我歌且谣。"歌与谣的存在方式不同,歌因为配乐和受曲谱制约,歌词有与之相适应的句法章法结构,节奏一般比较徐缓。谣不配乐,没有固定曲调,取吟诵方式,章句格式比较自由,节奏一般比较紧促。

现代的歌谣,作为民俗学的一种主要类型,其定义和内容已远非古代"歌谣"二字所能概括。关于当代民间歌谣,杨堃的定义是:"民间歌谣是可以歌唱和吟诵的一种韵文形式的民间文学。它一般比较短小,且带有抒情的性质。"①

钟敬文的定义是:"歌谣属于民间文学中可以歌唱和吟诵的韵文部分。"因此,歌谣所研究的内容必须具备三个特点:一是韵文体,二是可以歌唱或吟诵,三是必须以口头形式流传和保存。②

根据上述观点,我们认为民间歌谣是指民众以口头歌唱或吟诵形式流传和保存的传统韵文。

(二)民间歌谣的起源

民间歌谣的历史很长,产生的年代可以追溯至人类语言产生的年代。这就是说,民间歌谣几乎是和人类的语言同时产生的。

中外民间歌谣的出现,主要源自以下几种情况:

1.劳动的需要

劳动创造了一切,自然也就包括歌谣。一般认为,原始人在劳动过程中,为了协调集体动作,提高劳动效率,减轻疲劳,交流感情,鼓舞劳动情绪,常常按照一定的拍子,并且在生产动作上伴以均匀的歌唱和挂在身上的各种东西发出的有节奏的响声,当原始人把这种有节奏的劳动呼声和声响与包含一定意义的语言结合起来时,就产生了最早的歌谣。皮契尔也认为,音乐起源于人类劳动之节奏。工人砍树、挑夫挑担或纤夫拉纤的呼喊声,有规则地反复而成歌声。

有些劳动界人士创作的歌谣,还可以用来减轻劳动过程中的辛苦。从某种角度看,这种观点代表了民众对歌谣的认识。在他们看来,山歌就是为人解闷解乏的。一年到头辛苦耕作的人们几乎没有什么是属于自己的,只有山歌总是在人们最苦最累的时候陪伴人们。

2.感情抒发和情感宣泄的需要

民间歌谣起源于原始人类感情冲动时的一种发泄。比如在对异性的吸引方

---

① 杨堃.民族学概论[M].北京:中国社会科学出版社,1984.
② 钟敬文.民间文学概论[M].上海:上海文艺出版社,1980.

面,达尔文就认为,人类到了青春期,就自然欲以优美的姿态和富于魅力的歌声去吸引异性。这种欲望和冲动,产生创造音乐的动机,而成为爱情歌谣。

一种流传较为广泛的观点认为,情感宣泄的需要是民间歌谣产生的主要原因。既然人类都有七情六欲,那么一旦心有所感,就一定要表达出来。这就是所谓的"诗言志,歌咏言"。总之,原始民族有所思,有所感,有所触,有所动,有所表示,有所发泄,均可以成为歌谣。

3. 宗教活动的刺激

巫术是伴随着人类最初的生产和文化活动而产生的,是人类希望通过自己的行为改变自然界和自然规律,迫使自然界屈服于人类的意志活动的一种行为。巫术活动的一个最重要的组成部分就是在一定的仪式下吟唱、吟诵咒语。一些学者认为,咒语就是最早的诗歌,原始巫师就是最初的歌手。

4. 语言交流的需要

国外学者史顿伏(Stumph)认为,音乐的产生,是因为原始人类与站在远处的人高声谈话的结果,或者起源于人类模仿自然现象(学鸟叫虫鸣)的结果。斯宾赛认为,人类使用语言时,由于表情的需要,常极端强调抑扬效果,因而产生旋律,唱成歌谣。

5. 娱乐说

歌谣的功能类似于游戏自娱自乐的举动。因为歌谣所包含的内容非常广泛,不同的歌谣由于其功能和目的的不同,产生的方式也就不同,如劳动歌、巫术歌、游戏歌、情歌等就可能分别来源于劳动、巫术仪式、娱乐和言志的说法。总之,歌谣产生于生活,是民众情感的真实流露。①

(三) 民间歌谣的特点

1. 真实性

歌谣是真实的,因为它是真正民间的自然文学,是一个民族自然而共同心声的表现。

第一,歌谣反映了民众的真实情感。有人说,歌谣与一切诗词比较起来,得算是最上品。其原因就在于歌谣都是自然流露的,都是民众放情而唱的,歌谣是民众情之所至的产物。与后来古典诗词的矫揉造作和脱离现实相反,歌谣的长处就在于它能用最自然的语言和声调,来表达最自然的情感。歌谣的创作几乎没有任何功利的目的,皆天籁自鸣,直抒己志。歌谣也没有任何格律的限制,或者说格律的存在根本不会影响人们情感的表达。当人们需要借助于歌谣发泄自己的情感时,歌谣就出现了。一切就是那么简单,犹如风行水上,自然成文。

---

① 王娟.民俗学概论[M].北京:北京大学出版社,2002:103-105.

第二，歌谣是民族个性的真实表现。歌谣可以代表一切民族的特性，是民族精神的体现。有人说相对于诗歌创作而言，歌谣是没有个性的。这是一个错误的观点。歌谣是以民众地方为单位的，不是以个人为单位的，因此，歌谣的个性，应该从一个地方的人群看起。要想彻底了解一个民族，最扼要和最真实的材料便是民间歌谣俗曲。因此，歌谣是研究人民人情道德、生活形态、风俗习惯、制度文化、宗教信仰，乃至国民性的宝贵材料。

第三，歌谣是研究历史的宝贵资料。郭沫若曾经指出："民间文艺给历史学家提供了最正确的社会史料。过去的读书人只读二十四史，只读一些官家或准官家的材料。但我们知道，民间文艺才是研究历史的最真实、最可贵的第一手材料。因此，要站在研究社会发展史、研究历史的立场来加以好好利用。"其实，历史上很多重大的政治和历史事件都在歌谣中有所反映。

第四，歌谣是观民风、察政事的重要途径。陶元珍认为，歌谣可以分为两种类型：一种是描述生活的；另一种是歌颂或讽刺时政得失的。因此，政治歌谣应该在歌谣中占有相当大的一部分，它们或为德政之颂谱，或为政治人物之抨击。百姓的歌谣常常包含了社会上和政治上的重大问题和对施政者的褒贬。聪明的政治家，由歌谣可以看出民情的向背，有心的史家更可以由歌谣解释一代的兴衰。

2. 口语化

歌谣属于口头民俗学，最大的特征便是口头性，表现为口头创作、口头流传、口头保存，而大量的歌谣都是以方言为载体的，所以，歌谣又被称为方言的文学。一方面，许多歌谣中的方言、方音和口语令人费解；另一方面，正是这些方言歌谣，大量保存了地方风俗、习惯、信仰，以及与人民生活密切相关的历史事件，具有独特的地方色彩。另外，也正是因为方言的存在和使用，使得这些歌谣流传更为广泛，更加亲切、生动和具有活力。歌谣如果不用方言，也就失去了生命力。刘复曾谈到，我认为有一种可以深深打动我们，并且优胜于其他类型语言的语言，那就是方言。正是这种方言，才是文学创作的活的源头。

（四）民间歌谣的价值

1. 民间歌谣是我们考察人类生活史、社会史、思想史的重要材料

歌谣是民众生活的百科全书，是了解民众生活的镜子。歌谣的历史也就是人类的历史，是我们考察人类生活史、社会史、思想史的重要材料。很多学科，包括民俗学、教育学、社会学、文学、语言学、历史学、考古学、哲学、宗教学等都可以从歌谣中找到自己需要的研究资料，而且是不可忽视的重要资料。早在20世纪初，学者们便注意到了这一点。

2. 民间歌谣可以用来改造国民精神

歌谣的口语化特点使得一些歌谣通俗易懂，极易被人们模仿和传诵，歌谣中所

蕴含的思想和观念也就非常容易被人们所接受。因此,歌谣的教育功能也越来越为学者们所看重,特别是儿歌,对于儿童思想性格的形成有深刻的意义。有人认为,没有任何媒介能比民间文学更易于用来改造国民精神的。顾颉刚说,既然民歌,尤其是情歌,最能表达民众的真实情感,那么它就可以用来当作拯救国家命运的武器。还有人说,民间文学在社会民众中有这样强大的影响,是完全能够用来改造社会、挽救国家的。

谈到教育,人们首先想到的就是儿童,因此一些学者提出将童话和儿歌的内容纳入教科书来改善儿童的教育状况。褚东郊认为,儿童教育的重要教材是儿歌。儿童几乎天天与儿歌打交道,他们自然受儿歌的影响最深。因此,儿歌对于儿童思想性格的形成有深刻的意义:如果一个民族的儿歌充满了冒险精神,那么这个民族的大多数成员的性格就是冒险型的;如果一个民族的儿歌的倾向是自私的,那么这个民族的基本性格就是自私的。虽然儿童在后来的成长中也要受到大量通俗读物和其他文学作品的影响,但他们的思想基础的奠定,主要依赖儿歌。

一般认为,儿歌有这样一些功能:作为儿童获取知识的途径,如从儿歌中获得关于色彩、季节、植物和动物方面的常识;激发儿童的想象力,促进儿童智力的发展;培养儿童良好的生活习惯和道德品行;培养儿童的集体主义观念,为进入社会做好准备。在学者们看来,儿歌既能帮助儿童走进自己的世界,也能让孩子们凭直觉初识人类社会的一般状况。儿歌的教育绝不亚于学校的课本。

3. 民间歌谣是民俗旅游的重要资源

民间歌谣在民俗旅游中占有重要地位,是民俗旅游的色彩所在。现代旅游者的旅游需求是全方位的,他们在旅游目的地不仅希望欣赏那里的美景,更加关注的是当地的民族风情文化活动。比如蒙古族的那达慕大会、傣族的泼水节,既欣赏到了蒙古族或云南当地的风光,又参与到了他们的节庆活动当中,和当地人一起载歌载舞。实质上,民间歌谣作为一种旅游资源,已经被开发出来了。广西南宁国际民歌节是当地重要的旅游文化产品。此外,如侗族大歌、纳西古乐、陕北的信天游以及各地的民歌民谣,都可以成为旅游产品。由于民间歌谣具有很强的即兴性和参与性,有相当成分的自娱自乐性质,这为增强旅游者的旅游体验、提高旅游的娱乐性提供了支持。

二、民间歌谣的分类

这里介绍民间歌谣的三种主要类型:民歌、民谣和故事歌。

(一)民歌

1. 民歌的定义

民歌指的是以口头歌唱形式流传和保存的传统韵文,篇幅短小,其内容主要以抒情为主。民歌虽有固定的曲调,但一般情况下为即兴演唱,演唱者根据环境、场景和演唱对象的不同随时填改歌词。民歌形式主要有山歌、爬山歌、花儿、信天游和民间小调等。山歌的形式比较自由,歌词大都是七字句,句中可加有衬字。爬山歌一般是两句一首,每个乐句八拍,共两句。花儿多为对歌,四句一首。民间小调一般为五言或七言,曲式自由多样。少数民族的民歌形式主要有勒脚歌(壮族)、信歌(瑶族)、鲁体歌(藏族)等。

 特别提示

人们对民歌这一概念内涵的认识,经历了一个变化的过程。古人对歌与谣,也常连用,统称为"歌谣",并简称"民间歌谣"为"民歌"。也就是说,在过去,民间歌谣与民歌在内涵上是一致的,曾经被视为一类。现在,民歌被视为民间歌谣的一个组成部分,它与民谣一起,共同存在于民间歌谣的宝库之中。民歌起源于人类维持生存的物质活动,特别是生产劳动。它是人类社会最早出现的口头创作形式。初期民歌创作,往往与音乐密不可分,有的还与舞蹈、音乐三位一体。后来的民歌,仍然与音乐有密切关系,如歌词的重叠、衬字等,都是因为歌唱的关系而形成的特点。

2.民歌的分类

民歌的分类说法不一,一直是歌谣研究中的一个热门话题。例如周作人主张将民歌分为情歌、生活歌、滑稽歌、叙事歌、仪式歌、儿歌(包括事物歌和游戏歌);顾颉刚主张将民歌分为儿童的歌、乡村妇女的歌、闺阁妇女的歌、男子的歌、杂歌。当代学者钟敬文主编的《民间文学概论》,对歌谣的分类如下:劳动歌、仪式歌(诀术歌、节令歌、礼俗歌、祀典歌)、时政歌、生活歌(农民生活歌、妇女生活歌、新生活歌)、情歌、儿歌(游戏儿歌、教诲儿歌、绕口令)。各家的分类,各有合理的地方,但也都存在着一些问题。如"绕口令"应该是一种独立的民俗事项,不能放在儿歌里面;乡村妇女的歌和闺阁妇女的歌可以统称为"妇女歌";"叙事歌",现在称故事歌,也应该是一种独立的民俗事项等。

其实,中国民歌有多种分类法。按体裁形式分类,大致可分为号子(包括搬运号子、船工号子、作坊号子等)、山歌(包括一般山歌、放牧山歌、田秧山歌等)、小调(包括谣曲、时调、风俗仪式歌曲、舞歌等)三大类。在有些学者的论著中将民歌细分为号子、山歌、牧歌、田秧歌、船歌、童谣、小调、风俗仪式歌等。体裁分类法,有助于认识和研究民歌与人民生活的关系、民歌的社会功用,以及音乐表现方法、特点等问题。

还有按民族和区域的风格色彩分类。中国有 56 个民族,由于各民族历史传统、语言特点、生活风俗等的差异,致使各民族民歌的风格色彩相距甚远。一些人数较多、居住地域较广的民族,如汉、蒙古、藏、壮、维吾尔等族,还可根据其不同地区民歌的音乐特色划分为若干色彩区。如汉族民歌大致可分为西北、华北、东北、西南、江浙、闽粤台、湘鄂、江淮 8 个色彩区,其中前 3 个地区属北方片,第 4 至第 6 属南方片,第 7、第 8 属南北过渡地区。也有将南方片及过渡区分为云桂黔、川湘鄂、江浙、闽粤台 4 个地区。分法不一,各有各的依据。

风格色彩分类法有助于认识和研究民歌的风格色彩、音乐与民俗的关系等问题。按题材内容分类有助于认识、研究民歌内容与形式的关系等问题。此外,还有根据历史发展时期分类,或出于某一专题研究的需要而进行的特殊分类。

现在,我们把民歌分为仪式歌、情歌、时政歌、儿歌、生活歌、滑稽歌等几种类型。①

(1)生活歌。生活歌主要指的是以现实生活为题材的民歌,包括家庭生活歌、社会生活歌和劳动生活歌。家庭生活歌主要是描写家庭生活的,包括婚姻、夫妻关系、婆媳关系等。社会生活歌包括人们生活中的饮食起居、衣食住行、风俗节令等。生活中的所有方面都可以是民歌的题材。如流传于安徽凤阳的《凤阳歌》:说凤阳,话凤阳,凤阳原是个好地方。自从出了朱皇帝,十年倒有九年荒。大户人家卖田地,小户人家卖儿郎。唯有我家没得卖,肩背锣鼓走街坊。

社会生活歌一方面反映了民众的生活状况;另一方面也是传播知识、进行传统教育的重要途径。如流传于江浙地区的《十字古人》:一字写来一画长,肩背琵琶赵五娘。雪娘刺死汤褙裱,莫成替主莫泰昌……三字写来三画长,刘备、张飞、关云长。曹操看得龙驹马,战鼓三通斩蔡阳。流传于辽宁等地的《东三省》:东三省,三宗怪,窗户纸糊在外,养活孩子吊起来,口子睡觉头朝外。

生活歌中很多都夹杂着历史和生产、生活知识,人们在娱乐过程中,又可以学习很多东西。劳动生活歌主要指的是伴随着劳动行为而唱的歌。各行各业都有自己的劳动歌,如农歌、渔歌、船歌、樵歌、采茶歌、商人歌、军人歌、劳动号子、脚夫歌、矿工歌等。如流传于北京地区的《水工歌》:张飞出马一杆枪,二郎担山赶太阳,三度林英韩湘子,四弟赵云保皇娘,五郎怕死当和尚,镇守三关杨六郎。此歌为水工所唱,既可以记数,又可以调节劳动过程中的紧张和疲劳。

(2)情歌。情歌以表现男女之间的爱情生活为题材。情歌涉及的内容很广,有表达爱慕之情的,如流传于江西省的情歌这样唱道:新做屋基四四方,细细石子来打墙。哥哥会盖大瓦屋,问妹要廊(郎)不要廊(郎)。歌者借题发挥,而且运用

---

① 王娟.民俗学概论[M].北京:北京大学出版社,2002:107.

了双关语,委婉地表达出了对姑娘的爱慕之情。

情歌中还有表达相思之苦的,如流传于云南弥渡的《小河淌水》:月亮出来亮汪汪,想起我的阿哥在深山。哥像月亮天上挂啊,山下小河淌水清悠悠。月亮出来照半坡,望见月亮想起我阿哥。一阵清风吹上哥啊,你可见阿妹叫阿哥。歌曲借月、水、清风描绘出一幅缠绵、幽静的画卷,一位美丽的痴情少女跃然纸上。

有表达离别之情的,如流传于宁夏各地的《十里亭》共十段,描写了一位姑娘为情人送行时依依不舍的情景。其中有这样的诗句:送情人送在七里亭,一双棉鞋送情人。棉鞋好比是登云路,穿在脚上腾了空。送情人送在八里亭,八宝丝带送情人。丝带本是千条线,系在腰中挂在心。

有表达山盟海誓的,如流传于安徽各地的《铁树开花郎才丢》:相爱大姐在九州,父母要我把她丢。若要丢掉九州姐,除非改天换日头。长江里边长河藕,风吹石磙满江游。黄鳝长鳞蛇长角,铁树开花郎才丢。

(3)仪式歌。仪式歌指的是在各种仪式上唱的歌,如婚礼、丧礼、请神仪式、巫术仪式、寿诞仪式等。流传在四川各地的《哭嫁歌》总共有十个部分,包括恋家、开头、穿衣、搭帕、盼望、怨爹妈、嘱哥哥、望嫂嫂、劝妹妹、恨媒人。如《娘哭女》中有这样的词句:柑子叶儿绿茵茵,娘把女儿叫几声。从今以后要独立,我儿现已长成人。从今走到婆家去,随你丈夫百年生。头上青丝要挽紧,不可拗性惹是非。身上衣服要洗净,烂了早点打补丁。脚下鞋袜穿端正,莫现半截脚后跟。说话轻言又细语,切莫大喊放粗声。对待公婆要恭敬,对待小姑要细心。妯娌之间要和气,一家和气把财生。对中国人来说,女儿出嫁就是一种生离死别,《哭嫁歌》的重要功能之一在于帮助女性实现身份角色的变化,即从女儿变为人妇,从娘家进入婆家,从少年时代进入成年时代,从被保护对象变为保护者并肩负传宗接代重任等。因此,人们选择了一种极端的形式,即"哭",并在哭的过程中一遍又一遍地重复婚后的责任和义务,以达到帮助实现角色转换的功能。

在做很多事情之前,中国人都要举行一个仪式,甚至包括许多看起来非常普通的事情,如裁衣服、剃头、上梁、安门等,如流传于四川宜宾地区的《剃胎头歌》:金盆打水面前放,好比水田映月亮。选定良辰并吉日,主家请我剃小郎。一把刀子白如银,我今拿来剃贵人。三刀两刀头上过,无灾无病长成人。

(4)滑稽歌。滑稽歌又称诙谐歌,内容大都滑稽可笑,或唱一些颠倒黑白的事情,或唱纯粹的大实话,字面上看,几乎没有什么意义,但却具有重要的研究价值,尤其是在研究民众心理方面。诙谐歌主要包括颠倒歌、扯谎歌、趁韵歌、大实话歌等。例如流传于湖南的《扯白歌》:无事唱个扯白歌,风吹石头滚上坡。麻雀子窝里生鸡蛋,树尖子上马咬窝。砍柴砍出鲤鱼蛋,耙田耙出野鸡窝……

(5)时政歌。时政歌都是以褒贬时政为主要目的的。中国的历朝历代都有大量的时政歌,人们往往借助于时政歌谣表达对统治阶层及其各项政策和制度的关注。时政歌大都带有讽刺、贬抑的倾向。相比较而言,时政谣要比时政歌更为普遍。参见后面的"民谣"部分。

(6)儿歌。儿歌指的是为儿童创作的歌曲,包括为儿童唱的歌和儿童唱的歌。为儿童唱的歌包括"摇篮曲""弄儿歌"等,一些学者也称为"母歌"。例如流传于湖南湘西的摇篮曲:我儿睡觉了嗡嗯,我儿睡得乖嗡嗯。鸡儿你莫叫哟儿你莫咬哟,麻猫你莫来哟嗡嗯。儿童唱的歌包括"游戏歌""知识歌""教诲歌"等。流传较为广泛的如《小白菜》,唱的是失去亲生母亲的儿童的悲惨生活。"小白菜啊,地里黄,两三岁上,没了娘。好好跟着爹爹过,就怕爹爹娶后娘。娶了后娘三年整,生了个弟弟比我强。弟弟吃肉我喝汤,拿起碗来泪汪汪。"

(二)民谣

1.民谣的定义

民谣是指民间以口头形式或书面形式流传和保存的传统韵文。民谣一般形式短小。"谣"在古代有"谣言""风谣"等名字,具有强烈的政治讽刺和迷信色彩。早在秦汉时期,统治阶层就已经开始用采集民谣的形式考察时政,了解民情。现代学者注重民谣也是偏重民谣的社会讽刺性。段宝林认为,民谣虽然比较短小,但战斗性很强,各种重大的社会矛盾和历史事件,差不多在民谣中都有强烈的反映。

当今社会,民谣也被广泛地运用到旅游活动之中,一些人还创作了一些有关旅游的民谣。如旅游教育出版社就出版了《旅游城市怪闻顺口溜》一书,以朗朗上口的民谣形式介绍各个旅游城市的奇山异水、奇风异俗、奇人逸事,展现当地山水风光的精华和民族风情特有的韵律,探寻各个旅游城市蕴含的自然奥秘和历史文化渊源,感悟它们鬼斧神工的自然造化、千姿百态的民俗以及跌宕起伏的社会变迁,在旅途中收获许多有关祖国美好河山的自然和社会方面的知识。

2.民谣的分类

关于民谣的分类,美国民俗学家布鲁范德在《美国民俗学》中对"谣"的分类如下:育儿谣、游戏谣、玩笑谣包括猜拳谣、跳绳谣、时政谣、模仿谣、无意义谣等。一般认为,劳动谣包括"市声"(吆喝声)、耕种谣等。书写传统谣包括墓志铭、扉页题词、墙壁涂鸦、课桌涂鸦、留言谣等。我们认为,中国民谣可以分为口头民谣和书写民谣两种基本类型。

(1)口头民谣。口头民谣是指以口头吟诵形式流传和保存的传统韵文。它包括童谣、时政谣、仪式谣等。

①童谣。童谣以反映儿童生活为主,主要传承者也是儿童。童谣的主要类型有:游戏谣、知识谣、滑稽谣、生活谣等。

游戏童谣,一般是为游戏而设的,边玩边说,以增加节奏感。常见的《拍手谣》

在我国各地都很流行。你拍一,我拍一,一个小孩开飞机。你拍二,我拍二,两个小孩梳小辫。你拍三,我拍三,三个小孩爬大山……《拍手谣》一般要从一数到十,是儿童在玩拍手游戏时吟诵的,既是一种娱乐活动,同时又锻炼了儿童的识数能力和反应能力。

知识谣以增长儿童的认知能力和知识面为主,如流传于河北的《纺织娘》:青草窝里小螳螂,一心要娶纺织娘。先托蜜蜂来说合,再请蚕娘织衣裳。大萤虫对对来高照,蝉蛉子奏乐好悠扬。蚊子唱的文曲星,苍蝇吹箫引洞房。多少蚊虫蚂蚁来恭贺,都来恭贺小螳螂。宾朋济济堂前坐,吃酒奏乐真快乐。看新娘!看新娘!好一个娇滴滴的纺织娘!这首童谣里描述了很多种类的昆虫,包括他们的形象和特征,能够帮助儿童了解和认识昆虫。

生活谣以反映生活为主,但大部分都是从儿童的视角来表现儿童或成年人的生活的。如流传于河北等地的生活谣:东山岭上种毛桃,哥哥挑水弟弟浇。桃儿长得真是好,卖了桃儿娶嫂嫂。嫂嫂手儿不太巧,半个月做不成一件袄。哥哥面上过不去,关门假装闹脾气。哥哥拉倒吧,光打枕头做什么。童谣以儿童特有的天真和诚实,描述了哥嫂的性格特点和他们之间的关系。语言形象,生动幽默,令人开怀。

育儿童谣:是成年人在逗弄幼儿时说的民谣。这类民谣一般都反映了老百姓的人生观,反映了老百姓挣钱、娶妻、居家等生活内容,幼儿从小就在无形当中接受到了这种教育,对儿童的世界观和人生观的形成具有重要意义。流传于河北等地的《小小孩》就属于这一类童谣。

②时政谣。时政谣以评判时政为己任,这也是民谣最早引起统治者关注、重视和研究的主要原因之一。时政谣以其敏锐的洞察力和犀利、尖刻的语言对各种不良社会现象和制度进行无情的嘲讽和贬斥。同时,由于韵律和节奏上的特点,使得时政谣朗朗上口,传播速度非常快,影响范围极广。

中国历代都有大量的时政谣,早在秦代,民间就流传着大量关于秦始皇赋、征和统治政策之苦的民谣。例如:秦始皇,何强梁。开吾户,锯吾床。饮吾酒,唾吾浆。餐吾饭,以为粮。张吾弓,射东墙,前至沙丘当灭亡。传说秦始皇焚书坑儒,曾挖开孔子的墓取儒家的经书,在墓室的墙壁上发现了这首民谣。后出行时,远避沙丘一地,但途中看见小孩子们玩堆沙丘的游戏,还是没有逃脱死亡的命运。民谣中夹杂着的谶语增加了民谣的神秘性,可能是文人加工的结果,但还是反映了民众对秦始皇暴政的痛恨。

当代时政谣多涉及各种腐败现象和官僚作风。如上级来电话,腰杆变成虾;同级来电话,谈话打哈哈;下级来电话,声音像雷炸;群众来电话,秘书去挡驾。社会上的各种行业包括政界、教育界、娱乐界、餐饮服务等行业的所有不良现象都可以成为讽刺对象。时政谣是我们察时政、察民心和百姓情感宣泄的主要途径。

③仪式谣。指各种仪式上的民谣,如婚礼上拜天地:一鞠躬,感谢天,终于等到这一天;二鞠躬,感谢地,今晚她是他的;三鞠躬,感谢天为媒地为妁,比翼齐飞,喜结连理!

(2)书写民谣。书写民谣主要指的是以书面的形式流传的民俗事项。它包括扉页题词、墙壁涂鸦、课桌涂鸦、留言谣以及在网上流传的网络民谣等以非正式、非官方的形式流传的书写韵文。它们都是以书写的形式传播的,在反映民风、民俗、民心以及时代变革背景下的文化及社会心理的变化等方面都具有重要的参考价值。[①] 其实,早在20世纪前期,一些学者在进行歌谣收集的活动中,就已经意识到了书写民谣的存在。但是在现代,很多民俗学者都没有意识到它们的重要性。

(三)故事歌

1.故事歌的定义

故事歌就是以口头形式流传和保存的歌体故事。从某种意义上说,故事歌与民间故事相对应,唯一的差别是民间故事为散文叙事体,故事歌为歌体。

中国传统故事歌最早可见于《诗经》,如《生民》《公刘》《氓》和《谷风》等。乐府诗中也有一些故事歌如《孤儿行》《陌上桑》《上山采蘼芜》《十五从军征》等。出现于汉魏、南北朝时期的《孔雀东南飞》和《木兰辞》可以说是中国古代被文字记录下来的故事歌的杰出代表。虽然在被记录下来的过程中,免不了要被文人们加工润色,但仍不失民间口头传唱的特点。《孔雀东南飞》全诗为五言体,共三百五十三行,主要描写了一对恩爱夫妻焦仲卿和刘兰芝誓死不负,最后共赴黄泉的感人故事。

2.故事歌的分类

故事歌主要包括历史故事歌、爱情故事歌、神奇故事歌和生活故事歌。

历史故事歌指的是以历史事件为题材的故事歌。例如流传于内蒙古地区的蒙古族故事歌《嘎达梅林》,《嘎达梅林》共有六百多行,描写的是20世纪20年代发生在哲里木盟科尔沁旗的真实事件。嘎达梅林原为达尔罕王爷的属下,但因为不满王爷勾结军阀张作霖出卖民族利益的行径,仗义执言、屡遭迫害,最后被打入死牢。妻子牡丹得到消息后,忍痛杀死自己的孩子,然后率众劫狱起义。虽奋战多年,终因寡不敌众,惨遭失败,义军全部壮烈牺牲。

爱情故事歌以歌颂青年男女的爱情为主。古代汉族有《孔雀东南飞》,土族有《拉仁布与且门索》。《拉仁布与且门索》流传于青海土族,全诗共五百多行,讲述了且门索和拉仁布感天动地的爱情故事。且门索爱上了贫穷善良的拉仁布,但是遭到了哥哥的坚决反对。一次,两人的约会被哥哥发现,哥哥一怒之下杀死了拉仁

---

① 王娟.民俗学概论[M].北京:北京大学出版社,2002:116.

布。拉仁布的尸体在火化时怎么也点不着,三天三夜过去了,尸体仍然无损。且门索伤心地将自己的衣服一件件投入火中,尸体仍然不着。最后,且门索纵身跳入火海,两人瞬间化为灰烬。且门索的哥哥将两人的骨灰分别埋在河的两岸。谁知两岸各长出一棵树,枝叶相交于河上。哥哥又将树砍倒,用火来烧。瞬间,从火焰中飞出两只鸳鸯,啄瞎了哥哥的眼睛,然后双双离去。

神奇故事歌有彝族的《阿诗玛》、傣族的《金羚羊》、汉族的《魏二郎》等。《金羚羊》讲的是一对羚羊夫妇的离奇故事。传说一对羚羊夫妇彼此十分恩爱,后母羚羊被杀,死前误以为是公羊丢下自己独自逃跑了,所以发誓来世要变成一个公主,杀尽天下所有的男人。后母羚羊果然投胎于皇室家庭,成为一个美丽的公主。公主十六岁时持刀去见国王,称如果不让她杀人,便自杀。后来公主杀了五千五百个小伙子,一时间,人人自危。其实,公羚羊当时也被杀掉了,后投胎于一个穷人的家庭,当他了解到公主杀人的真相后,以图画的方式告诉了公主事情的真相,公主幡然醒悟,不再杀人,并与小伙子结为良缘。

生活故事歌如壮族的《马骨胡之歌》,白族的《鸿雁带书》《青姑娘》,汉族的《郭丁香》等。流传于豫南地区的《郭丁香》共有九部分,1200多行。歌中讲述了贤惠、善良而又能干的郭丁香经人说合嫁给了张万良,张万良好吃懒做,不安于开荒种地,出外谋生。郭丁香凭借自己的勤劳和贤惠使得家境渐富,谁知张万良落魄归来后,不但不感激郭丁香,反而听信谗言,休掉了妻子,另娶王妙香为妻。郭丁香投河自尽,被范三郎救起。二人结婚,不久后得子。正当郭丁香夫妻遍请乡亲以示庆贺时,早已沦落为乞丐的张万良乞讨至此,了解事情的真相后,羞愧难当,钻进灶膛自焚身亡。《郭丁香》的故事歌在中国北方一些地区有以民间故事的形式流传的异文,还有一些民间传说讲张万良死后被玉皇大帝封为灶王爷,后又封郭丁香为灶王奶奶。

中国的民间故事歌虽然历史悠久,采集和研究工作也就是近几年才开始的。关于故事歌的异文、文本、分类、特点、曲调、歌手情况,以及故事歌的演唱情景、功能等都亟待我们进一步研究。

第二节 中外重要的民间歌谣

一、中国重要的民间歌谣

(一)民歌

根据不同的民族文化背景以及民歌的不同风格色彩,中国民歌大体可以分为六个不同的风格色彩区:北方草原文化民歌区、西部受伊斯兰文化影响的新疆民歌区、西部受佛教文化影响的藏族民歌区、西南高原多民族古老原始文化民歌区、东北受萨满教影响的狩猎文化民歌区、西北高原多民族半农半牧文化民歌区、中原及东部沿海有着古老传统文化的汉族民歌区。每个民歌区都具有其鲜明特色的代表民歌。

1. 北方草原地区民歌

这个民歌区主要处于现在的内蒙古自治区,以蒙古族民歌为代表。蒙古族历来有"音乐民族""诗歌民族"之称。民歌可分"长调""短调"两大类,"长调"民歌主要流行于东部牧区以及阴山以北地区,特点是字少腔长,富有装饰性,音调嘹亮悠扬,节奏自由,反映出辽阔草原的气势与牧民的宽广胸怀。牧歌、思乡曲、赞歌等大多属于长调。闻名的曲目有《辽阔的草原》《牧歌》等。"短调"主要流行在西部、南部半农半牧区,其特点是结构短小,节奏规整,不少叙事歌、情歌、婚礼歌都属于"短调"。著名的短调民歌有《森吉德马》《小黄马》等。草原文化民歌的共性是表现出草原牧民的质朴、爽朗、热情、豪放的情感与性格。此外,在西蒙还有一种"蒙汉调"(蛮汉调),它是蒙、汉两个民族的音乐文化相互吸收、相互交流的产物。流行于河套一带的"爬山调"也是蒙、汉民族共同喜爱的歌种。

2. 新疆地区民歌

这个民歌区地处新疆,以维吾尔、哈萨克民歌为代表,它受过来自中亚伊斯兰传统文化的影响,与阿拉伯音乐文化有着一定的联系。维吾尔民歌在音调方面包括中国、阿拉伯、欧洲三种音乐体系,它是中国民歌音调多元化来源最突出的一种。有不少民歌是与舞蹈相结合的,具有活泼、风趣的格调。闻名中外的民歌有《阿拉木罕》《半个月亮爬上来》《达坂城》《送我一朵玫瑰花》等。哈萨克族的民歌以情歌数量最多,大都表现情人离别的痛苦和祝福,闻名全国的有《玛依拉》《等我到天明》等。

3. 藏族地区民歌

这一民歌区包括西藏自治区和青海、四川的部分藏族聚居地区。民歌包括山歌(牧歌)、劳动歌、爱情歌、风俗歌、诵经调五大类。民歌演唱活动大都与佛教节日有关,民歌中不少是与舞蹈结合在一起的,如"囊玛""堆谢""果谢""锅庄"等歌舞品种。音乐属于中国音乐体系,民歌一般特点为热情、开朗、诚挚、动人,极富高原特色,节奏律动性强。闻名的民歌有《北京的金山上》等。《北京的金山上》原来是一首箭歌(狩猎歌),最初流传在西藏的东南部林区,如今成了流传全国的新民歌。

4. 西南高原多民族民歌

这一民歌区包括云南、贵州、广西等地的少数民族地区一带。有二十几个不同民族聚居在这里。该区民歌有着不同层次的古老文化特征,具有特殊的社会功能,民歌大多为"诗、歌、舞"相结合的演唱形式,内容复杂多样,同时存在着不同历史阶段的民歌。由于许多民族没有文字,民歌成了他们记载历史、传播知识以及进行社交活动的重要手段,已成为日常生活中不可缺少的一部分。所有这些都反映出特殊的、多层次的文化现象。这一地区代表性民歌是多声部民歌。多数民族都有二声部、三声部民歌。民歌的分类有"大歌""小歌"。大歌以侗族、布依族、壮族等民族的最闻名,大歌又分男声、女声、童声三种,男声大歌一般节奏性较强,曲调明快。女声大歌节奏较自由,旋律细腻、柔和。小歌除二声部外也有单声部民歌,内容以爱情为主,一般是青年男女在室内用小嗓轻声唱。此外还有古歌,以苗族的古歌历史最悠久。内容叙述天地的形成、人类的起源、游方的起因等。曲调富有吟诵性,歌唱者多为老人。侗族大歌20世纪50年代即闻名全国,其他民歌如《桂花开放贵人来》《阿细跳月歌》等,也都是有代表性的曲目。

5. 东北地区民歌

这个民歌区主要包括东北大、小兴安岭一带,以鄂伦春族民歌为代表(包括鄂温克、赫哲、达斡尔、满族等),鄂伦春族在1949年以前还保留着不少原始社会的痕迹。这是一个喜爱歌舞的民族,过去以狩猎为生,每当狩猎满载归来,或者民族节日,都要进行歌舞狂欢。他们的民歌可分为三大类:山歌、歌舞曲、萨满调。山歌又分"长调""短调","长调"高亢刚健,节拍自由;"短调"曲调平稳,节奏规整。歌舞曲大多为一领众和形式。萨满调是请神、跳神、祭祖、葬礼时唱的歌,曲调吟诵式,多为领和。鄂伦春民歌为五声音阶,以宫调式、羽调式居多。他们最喜爱的民歌有《额呼兰·德呼兰》,是一首歌颂大自然的歌。此外《鄂伦春族小唱》在全国也很闻名。

6. 西北高原地区民歌

这一民歌区包括甘肃、青海、宁夏的黄河上游地区,是汉、回、土、撒拉、保安、东乡、藏、裕固等民族聚居的区域,自古以来属于半农半牧文化范畴。历史上曾经是"丝绸之路"必经之地,东西文化交流较早,由于长期的多民族文化交融,产生了八个民族并有的歌种——"花儿"。该区民歌可分"家曲""野曲"两大类,"家曲"包括各种酒曲、宴席曲、小词、秧歌等;"野曲"包括"花儿"在内的各种山歌、牧歌等。野曲只能在室外唱。"花儿"为代表性歌种,曲调高亢悠长,格调深沉婉转,气质粗犷、淳朴。不论哪个民族都使用汉语演唱,而各民族有自己的衬词,中外闻名的曲目有《上去高山望平川》。

7. 中原及东部沿海地区民歌

汉族民歌区在六个区中属于最大的一个,从寒冷的北方到亚热带的南方,从西北高原、西南高原到东部沿海平原,地理条件、风俗习惯、生活、生产方式多种多样。语言虽同属汉语,但各地方言不同。东、西、南、北差异很大,民歌的风格特点也呈现出多种特征。

（1）东北部平原民歌使用东部北方方言,这里民歌以小调为主,其次是秧歌、号子,山歌极少。代表性民歌有《小白菜》《画扇面》《沂蒙山小调》《小看戏》等。

（2）西北部高原民歌,该区包括山西、陕西大部、河南西北部、内蒙古河套地区以及甘、青、宁汉族聚居地区。东面以太行山为界与东北部民歌区分开,南北各为阴山以南,秦岭以北,属于黄河中上游地区。过去交通不便,民间音乐较少与外地交流,使用西北部北方方言。民歌以山歌最为突出,包括"信天游""山曲""爬山调"以及"花儿",其次为秧歌、小调。全国闻名的曲目有《走西口》《赶牲灵》《兰花花》《推炒面》《五哥放羊》《刨洋芋》《绣金匾》等。

（3）江淮民歌,该区包括淮河流域的苏北、安徽大部以及河南东南部地区,西面以大别山与江汉民歌区为界。该区处于黄河、长江流域之间,音乐文化兼融南、北因素,带有过渡性的特征,使用北方方言。民歌以田歌、小调突出,秧歌、山歌次之。闻名的曲目有《凤阳花鼓》《王三姐赶集》《打麦歌》《拔根芦柴花》等。

（4）江浙平原民歌,该区包括江苏南部、上海以及浙江大部,地处长江下游,是古代的吴、越之地。文化比较发达,人民生活较富裕,历来有江南鱼米乡之称。使用方言为吴语。民歌以小调为主,闻名的曲目有《紫竹调》《无锡景》《茉莉花》《哭七七》《对鸟》等。

（5）闽、台民歌,该区包括福建大部、台湾大部以及广东潮汕地区。福建与台湾自古以来就有文化的渊源关系,台湾当地汉族一直使用闽南语,此外,两地还有一些共同的地方戏曲、说唱音乐等。民歌以山歌、耘田诗、小调突出,闻名的曲目有《采茶扑蝶》《茶童歌》《天乌乌》等。

（6）粤民歌,该区包括珠江流域的广东大部,广西东南部,以及海南部分地区,北面以南岭为界与赣民歌区相邻。这里地处亚热带,珠江横贯东西,文化与海外交流较早,使用粤方言。过去广大渔民成为该区一个重要的社会阶层。民歌以渔歌——咸水歌最为突出。闻名的曲目有《落水天》《春牛调》《哩哩美》等。

（7）江汉平原民歌,该区包括湖北、河南西南部以及湖南北部的部分地区,为古代楚文化的中心地带。使用西南方言。古文化比较发达,民间艺术源远流长,至今在许多方面仍保留着古色古香的地方特色。民歌以田歌最突出,其次是灯歌、小调、风俗歌、山歌。闻名的曲目有《黄四姐》《洪湖渔歌》等。

（8）湘民歌支区,该区包括湖南以及广西东北角上的几个县。地处长江中游南岸,这里也是古代楚地。民尚楚风,地袭楚俗,它与江汉民歌区有着千丝万缕的内在联系,不过使用的方言不同,本区通用湘语方言。民歌最有代表性的是山歌、田歌。闻名曲目有《马桑村儿打灯台》《一塘荷花一塘莲》《上四川》等。

（9）赣民歌支区,该区以江西中、北、东部为基本范围,使用赣语方言。地处古代吴、楚之间,吴楚文化对其都产生过一定的影响,具有长江流域东西部文化交流的过渡地带性质,民歌交融性强。以茶歌最有特色,其次为小调、灯歌。田歌中"打鼓歌"也很突出。闻名的曲目有《杜鹃花开》《摘茶籽》《送郎当红军》等。

(10)西南高原民歌,该区包括四川、云南、贵州、陕南以及广西西北部分地区。北以秦岭为界,通用西南方言。代表性民歌是山歌,其次是灯歌。此外川江船夫号子也很有特色。闻名的曲目有《小河淌水》《赶马调》《槐花几时开》《我住贵州贵阳府》等。

(11)客家民歌,客家人分布较广,全国有八千余万人口,民歌区域主要指包括广东东北部、福建西南部以及江西东南部三省交界地带。这里客家人比较集中,客家系古代因战乱由北方中原一带迁来的移民,保留有古老遗风,使用客家方言。民歌主要为山歌,闻名的曲目有《灯红歌》《风吹竹叶》等。

(二)民谣

1.传统民谣

(1)《神鸡童谣》:生儿不用识文字,斗鸡走马胜读书。贾家小儿年十三,富贵荣华代不如。能令金距期胜负,白罗绣衫随软舆。父死长安千里外,差夫持道挽丧车。

这首民谣所述的事件发生在唐朝长安的华清池等地,其内容是:生儿子不用教他读书识字,让他学斗鸡走马远远胜过读圣贤书。你看那贾家的孩子年纪不过十三岁,可是他所享受的荣华富贵世上无人能及。这都是因为他善于玩斗鸡游戏,因此便得到了皇帝的宠幸。他穿着皇帝赏赐的华贵衣服,出出进进,跟随在皇帝身边,十分得意。他的父亲死在离京城很远的地方,皇帝还特意派人将他父亲的棺木运回京城安葬。这不是很荣耀的事吗?

民谣是在民间创作流传的歌谣,往往针对社会时弊而发,讽刺、批判当时社会出现的一些不合理现象,具有一定的社会批判意义。这首民谣反映的是唐玄宗开元时期,社会经济得到发展,社会财富较为丰富,统治阶级更加刻意追求享乐,生活上日益骄奢淫逸。唐代清明节有斗鸡的游戏。玄宗李隆基特别爱看斗鸡。当时长安宜阳里有一个十三岁的小孩叫贾昌,擅长玩斗鸡的游戏,被玄宗选入宫中任斗鸡坊五百小儿长,常为宫中表演斗鸡的游戏。开元十三年(公元725年)玄宗登泰山朝圣,贾昌父子随行。他们穿着白罗绣衫,带着三百只雄鸡,一路为玄宗表演取乐。贾昌的父亲病死于途中,玄宗命地方官为他准备"葬器丧车",并沿途差官挽扶着灵车回长安,仪式异常隆重。开元十四年三月,贾昌穿着斗鸡服在华清池受到玄宗的接见,被人号为"神鸡童"。由此可见,当时朝廷昏庸玩乐到何等地步。这首民谣的传唱,为西安、华清池等地的民俗文化旅游,又增添了几分色彩。

(2)《捣练子》:孟姜女,杞梁妻,一去燕山更不归。造得寒衣无人送,不免自家送征衣。长城路,实难行,乳酪山下雪纷纷。吃酒则为隔饭病,愿身强健早还归。

这首民谣所述的内容是:孟姜女是杞梁的妻子,杞梁到燕山去筑长城,就再也没有回来。她精心为丈夫做好了防寒的棉衣,却没有人能帮她送去。她不辞辛劳,决定自己千里迢迢把征衣送到亲人手中。通往长城的路,实在难走,祁连山下大雪纷飞,这使她想起了丈夫会不会因吃酒御寒而得病,她默默地为丈夫祈祷,希望他保重身体,早些回家。

孟姜女的故事在我国民间流传很广,几乎家喻户晓。这首《捣练子》选自《敦煌曲子词》,作者不可考。这是较早的关于孟姜女到长城送寒衣的一首民间歌词。词中表现了对孟姜女悲惨命运的深厚同情,反映了中国劳动妇女的传统美德,同时又是对秦暴政的无声控诉和抗议。这首词作于唐代,当时的统治者也曾开疆拓土,或大兴土木,大量征发民夫,破坏了人民的安定生活,给多少个无辜的民间妇女带来了像孟姜女那样的悲惨命运。因此,这首民间曲子词实际上是借咏孟姜女的故事,而抒发当时劳动妇女的心声。

(3)《天井湖谣》:湖水浅,今年旱。水满湖,禾不枯。

这首民谣所述的内容是:湖水浅,今年干旱。湖水满,禾苗不会干枯。本篇选自清代史梦兰编《古今风谣拾遗》。天井湖在江西南城西南高山上,水色蓝碧。这里的人们用它来推算晴雨,观察湖水的深浅情况就能预知一年的天气状况,雨水多寡。天气状况决定着农作物的生长,在水利条件较差的情况下,水简直就是农业的生命线,农民对之十分重视,积累下了丰富的察天观象的经验,人们把这种经验以民谣的形式传颂。这首民谣告诉人们看到天井湖水浅,说明今年干旱;看到湖水满,说明今年雨水充足。这样的民谣是人们长期观察自然后的经验总结,即民谚。民间此种歌谣很多,它们是历代劳动人民生活经验的总结和智慧的结晶,是前人留给我们的一批宝贵财富。它们指出了许多自然现象,并反映了一定的规律性,其中的原理值得我们去探索去解释,其中有些民谚中的经验是解开许多自然之谜的第一步。此类民谣通俗明快,简洁易懂,农业旅游、乡村旅游的导游词中加入这样的民谣,旅游的文化性就凸显出来。

(4)《渔童谣》:水流鹅,莫淘河。我鱼少,尔鱼多。竹弓欲射汝,奈汝会逃何。

这首民谣所述的内容是:水流鹅,不要逃。我捕的鱼少,你捉的鱼多。我欲举竹弓射你,无奈何你会逃跑。

这是一首打鱼时渔童唱的歌谣,选自清代史梦兰编《古今风谣拾遗》,流传于广东阳江一带,富有浓郁的生活气息,活泼欢快,充满童趣。形象化的语言在读者眼前浮现出一个清新可人的画面:一个渔童在河里打鱼,看到了水中游戏食鱼的美丽的鹈鹕,便歌咏吟唱道:水流鹅啊,你不要逃,我捕的鱼这样少,你捉的鱼这样多,我欲举弓射你,无奈何你跑得这样快。渔童对着鹈鹕歌咏,童心可鉴,充分表现了儿童天真烂漫的性格特点。"水流鹅"即广东阳江人对鹈鹕的称谓。"我鱼少,尔鱼多"流露了儿童对鹈鹕的羡慕和嫉妒,我捕得这么少,原来都是被你给提走吃掉了,娇憨可爱,惹人发笑。"竹弓欲射汝,奈汝会逃何"再现了渔童的勤劳勇敢形象和失望遗憾的心情。我们相信,通过这首民谣的吟诵,旅游者的脑海里会浮现出一幅诙谐灵动的渔舟风情画。

(5)《青萍儿》:青萍儿,紫背儿,娘叫我织带儿。带儿三丈长,把爹看,"好女儿。"把娘看,"一枝花。"把哥哥看,"赔钱货。"把嫂嫂看,"活冤家。"我又不吃哥哥饭,我又不着嫂嫂衣;开娘盒儿搽娘粉,开娘箱子着娘衣。

这首民谣所述的内容是:青色的浮萍衬着紫色的底子,那是娘叫我织的丝带。带儿有三丈长呢。送给爹看,爹夸道:"好女儿。"送给娘看,娘夸我:"一枝花。"送给哥哥看,哥哥说我是"赔钱货"。送给嫂嫂看,嫂嫂骂我是"活冤家"。我又不吃哥哥的饭,我又不穿嫂嫂的衣裳;我打开娘的盒儿搽娘的脂粉,打开娘的衣箱穿娘的衣裳。

这是一首表现封建家庭关系的儿歌,选自清郑旭旦编《天籁集》。这类儿歌在《天籁集》中占有很大部分,表现得也最为真切。在封建社会里,小儿女见闻所及的,自然不出于家庭亲戚之间,然而在旧礼教、旧习惯底下的家庭亲戚关系,有许多痛苦,许多问题,大人们因种种关系,不便说出,而小儿女们心到嘴到,毫不顾忌地直喊出来,使人听了浑身松爽,将封建家庭之中人情的冷暖,人与人之间的复杂关系清楚地再现了出来:女儿是娘的心头肉,到任何时候,为娘的也改不了对女儿的疼爱,何况又是这样一个聪明灵巧能干的女儿呢,所以娘的回答是"一枝花"。而哥嫂却说她是"赔钱货""活冤家",反映了哥嫂害怕妹妹带走家财而对她憎恶嫌弃的自私心理。这个封建大家庭之中人与人之间的人情冷暖便不道自明了。这首儿歌以简洁的人物语言将不同人物的情态性格逼真地描绘出来,格调清新朴实,读来令人耳目一新,是我们了解封建家族民俗制度的一个视角。

(6)无题民谣:墙头上,一株草,风吹两边倒。"今日有客来,舍子好?""鲫鱼好。"鲫鱼肚里紧愀愀,"为舍子不杀牛?"牛说道:"耕田犁地都是我,为舍子不杀马?"马说道:"接官送官都是我,为舍子不杀羊?"羊说道:"角儿弯弯朝北斗,为舍子不杀狗?"狗说道:"看家守舍都是我,为舍子不杀猪?"猪说道:"没得说。"没得说,一把尖刀戳出血。

这首民谣所述的内容是:墙头上有一株草,风吹草儿两边倒。"今天有客人来到,以什么待客为好呢?""鲫鱼好。"鲫鱼听了心里直紧张:"为什么不杀牛?"牛说道:"耕田犁地都靠我。为什么不杀马?"马说道:"接官送官都靠我。为什么不杀羊?"羊说道:"我的角儿弯弯能够指向北斗。为什么不杀狗?"狗说道:"看家守舍全靠我。为什么不杀猪?"猪说道:"我无话可说。"既然无话可说,一把尖刀将猪戳出血。

这是一首关于生活常识的民谣,歌选自清郑旭旦编《天籁集》。民谣通过一问一答的形式,展开讲述内容。同时,采用了"舍子好""为舍子"这类方言土语,听起来亲切、真实,具有浓郁的乡土气息。通过一问一答,我们看到了其他动物的机警狡黠和各自对人类的用途,也突出了猪的憨厚和它唯一的用途便是以身待客,杀它无话可说。这首民谣实质上反映了我国一些地区民间的待客习俗。

(7)《六盘山转饷谣》:马足蹩,车轴折,人蹉跎,山岌业,朔雁一声天雨雪。舆夫舆夫尔无嗔,官仅用尔力,尔胡不肯竭,尔不思车中累累物,东南万户之膏血?呜呼!车中累累物,东南万户之膏血!

这首民谣所述的内容是:马脚扭伤了,车轴折断了,人失足跌倒了,山高路陡,忽听北雁鸣叫天又下起了大雪。车夫车夫你不要生气,官府只用你的力气,你为什么不肯竭尽全力呢?你不明白车中累累的东西乃是东南之地万户百姓的血和汗吗?哎呀!车中累累的东西乃是东南之地万户百姓的血和汗呀!

这首歌谣描写车夫转运粮饷之辛苦,从而反衬出清王朝对人民残酷剥削和压榨的累累罪行。选自清代抄本《商余琐录》。六盘山位于宁夏南部和甘肃东部,山路曲折盘旋六次,才到山顶,故而得名,可见在六盘山中转运粮饷是非常艰难不易的。这首歌谣便描写了在六盘山转运粮饷的车夫悲苦的生活。全诗可以分为两层:第一层具体描写车夫运粮的艰难情形。第二层抒发歌者的感慨、愤激之情,从侧面揭露清朝统治者不顾百姓死活,榨取人民血汗的罪恶行径。慈禧太后行万寿大典之时,更是奢华得无以复加,耗费的钱财无以计数。这首民谣,正是千千万万劳苦大众在她祝寿时发出的切齿诅咒。传说在慈禧太后万寿大典之时,有人唱此歌。[1] 这首民谣的出现增强了六盘山旅游开发的历史文化内涵。

2.旅游民谣

旅游民谣是指旅游活动中产生或引用的民谣,它包括为旅游活动需要而新创作的民谣,也包括在旅游活动中引用的传统民谣。旅游民谣将旅游目的地的旅游资源、风土人情集中表现出来,方便了旅游企业的生产、销售活动,也方便了旅游者的旅游消费活动,有利于旅游活动的顺利进行。如《云南十八怪》:你说奇怪不奇怪,云南就有十八怪。四个竹鼠一麻袋,蚕豆花生数着卖;袖珍小马多能耐,背着娃娃再恋爱;四季衣服同穿戴,常年能出好瓜菜;摘下草帽当锅盖,三个蚊子一盘菜;石头长在云天外,这边下雨那边晒;鸡蛋用草串着卖,火车没有汽车快;小和尚可谈恋爱,有话不说歌舞代;蚂蚱当作下酒菜,竹筒当作水烟袋;鲜花四季开不败,脚趾常年露在外。《云南十八怪》将云南的特色民俗高度概括出来,使旅游企业和旅游

---

[1] 叶桂刚,王贵元.中国古代歌谣精品赏析[M].北京:北京广播学院出版社,1993.

消费者明确了到云南旅游的活动中心。类似的民谣还有很多,如《中国旅游顺口溜》:到北京看墙头,到西安看坟头,到苏州看桥头,到南京看石头,到上海看高楼,到桂林看山头,到广州看桌头,到香港看湾头,到海南看水头(潜水)等。

(三)故事歌

1.《嘎达梅林》

蒙古族长篇叙事民歌《嘎达梅林》是科尔沁草原人民为了纪念用生命保卫家园的蒙古族英雄嘎达梅林而创作的蒙古族长篇叙事民歌,用口头演唱的形式,富有鲜明的地方特色和浓郁的民族特色,长达2000余行,全部唱完需要花费4个小时。

《嘎达梅林》是蒙古族叙事民歌一张具有代表性的"名片",主要流传在内蒙古东部的科尔沁草原上。长篇叙事民歌的故事完整,情节复杂,人物形象生动,歌词优美而且富有哲理,在蒙古族民歌中占有相当大的比重,所叙述的事件、塑造的人物形象、歌颂的英雄业绩,大都产生于近、现代。《嘎达梅林》是蒙古族人民集体创作而成的,又经过无数优秀民间艺人的整理和加工,使情节更加丰富,语言更加精彩生动,已成为中国民间文学宝库中的经典之作。

现在广为传唱的民歌《嘎达梅林》,最初创作人是著名民间说唱艺人桑杰胡尔奇。每次故事会开始之前,他就先唱起《嘎达梅林》,原歌词是:"南方飞来的大鸿雁要落南湖还是落到北湖,要说惹事的嘎达梅林是反抗王爷还是造反出走。北方飞来的小鸿雁,要落北湖还是落到南湖,要说嘎达梅林是为反抗军阀还是为了蒙古族的土地。"后来,《嘎达梅林》就慢慢地传唱开了。新中国成立后,经过几代人不懈努力,《嘎达梅林》不仅成为科尔沁人民爱唱的民歌,而且在各族人民中间广为流传,成为我国民间宝贵的精神财富。《嘎达梅林》现歌词是:"南方飞来的小鸿雁啊,不落长江不呀不起飞,要说造反的嘎达梅林,是为了蒙古人民的土地;北方飞来的大鸿雁啊,不落长江不呀不起飞,要说造反的嘎达梅林,是为了蒙古人民的土地。天上的鸿雁从南往北飞,是为了追求太阳的温暖,反抗王爷的嘎达梅林,是为了蒙古人民的利益;天上的鸿雁从北往南飞,是为了躲避北海的寒冷,造反起义的嘎达梅林,是为了蒙古人民的利益。"

2.《孔雀东南飞》

这是一首国人皆知的长篇爱情故事歌。最早见于徐陵《玉台新咏》,题作《古诗为焦仲卿妻作》,有序云:"汉末建安中,庐江府小吏焦仲卿妻刘氏,为仲卿母所遣,自誓不嫁。其家逼之,乃投水而死。仲卿闻之,亦自缢于庭树。时人伤之,为诗云尔。"宋代郭茂倩《乐府诗集》载诗及序入《杂曲歌辞》,题为《焦仲卿妻》,称"古辞",并说"不知谁氏之所作也"。近人则多取本诗首句拟题,作《孔雀东南飞》。它大致创作于东汉献帝建安年间,是当时人据庐江郡(今属安徽)实有其事的一个婚姻悲剧写成的,后来在民间口头流传。

这首叙事诗共350多句,1700多字。它通过焦仲卿、刘兰芝这对恩爱夫妻的悲剧遭遇,控诉了封建礼教束缚、家长统治和门第观念的罪恶,表达了青年男女要求婚姻爱情幸福的合理愿望。刘兰芝是个平民家女子,17岁嫁给焦仲卿为妻。焦仲卿是个衰落了的大家子弟,在太守府充任小吏。他们结婚3年,夫妻恩爱,相誓"黄泉共为友",但仲卿的母亲不忘自家是"仕宦于台阁"的大家,歧视兰芝"人贱",嫌她"无礼节""自专由",蓄意为儿子另攀"东家",逼迫仲卿出妻。兰芝被遣回娘家后,在兄长的逼迫下答应再嫁而暗自决定以身殉情。在新婚之夜,兰芝赴水自尽;随后仲卿也自缢身亡。他们以自己的生命向吃人的封建礼教进行了最后的抗争,表明了至死不渝的忠贞爱情。作者描述上述悲剧后,又添以浪漫的结尾,在枝叶相通的墓木上栖落一对鸳鸯鸟,夜夜相鸣到天明,仿佛告诫后世人"戒之慎勿忘"。

从汉末到南朝,《孔雀东南飞》在民间口头传唱中经过不断地加工润色,吸收了丰富的民歌叙事艺术手法和技巧,使它成为汉代乐府民歌中最杰出的长篇叙事诗。它是整齐的五言诗,而通篇运用精练的口语,适于歌唱,便于描述,表达灵活。

千百年来,《孔雀东南飞》始终为人民喜爱,传诵不衰。到五四时期,更被改编成各种剧本,搬上舞台,以揭露、抨击封建礼教的罪恶。

近年来,由于旅游开发的需要,一些地方政府就《孔雀东南飞》故事发生地展开争论,希望争取其作为本地的民俗文化旅游资源进行开发,以促进地方建设和发展。

二、外国重要的民间歌谣

(一)民歌

外国经典民歌众多,不胜枚举,其中,经典又不乏现代气息的民歌,大致列举以下数首:阿尔巴尼亚民歌《含苞欲放的花》,埃及民歌《尼罗河畔的歌声》,爱尔兰民歌《夏日里的玫瑰》,奥地利民歌《顽皮的小杜鹃》,巴基斯坦民歌《美丽的国土》,巴西民歌《在路旁》,波兰民歌《小鸟》,朝鲜民歌《阿里郎》《卖花姑娘》《小白船》,丹麦民歌《在森林和原野》,德国民歌《小星星》,格鲁吉亚民歌《萤火虫》,加拿大民歌《红河谷》,捷克民歌《红罗兰》,罗马尼亚民歌《祖国大地美如花冠》《照镜子》,美国民歌《奥勒莉》《白兰鸽》《哆来咪》《老黑奴》《老人河》《辽阔的密苏里河》《绿袖子》《契奎蒂塔》《什锦歌》《苏珊娜》,墨西哥民歌《鸽子》《黄昏放牛》《美丽的天使》《小板凳》,南斯拉夫民歌《织渔网》《深深的海洋》,日本民歌《四季之歌》《北国之春》《风继续吹》《海滨之歌》《红蜻蜓》《襟裳峡》《拉网小调》《五木催眠歌》《星》《樱花》《邮政马车》,斯洛伐克民歌《牧童》,苏格兰民歌《友谊天长地久》,西班牙民歌《西波涅》《美丽的西班牙女郎》,希腊民歌《快乐的年轻人》,叙利亚民歌《你呀你呀》,牙买加民歌《小黄鸟》,意大利民歌《桑塔露齐亚》《我的太阳》《西班牙女郎》,印尼民歌《哎哟妈妈》《划船歌》《梭罗河》《甜蜜蜜》《星星索》,英国民歌《可爱的家》,苏联民歌《莫斯科郊外的晚上》《喀秋莎》《三套车》《纺织姑娘》等。

(二)民谣

1.英格兰和苏格兰民谣

英格兰和苏格兰的大多数民谣是15世纪后期和以后的作品,至18世纪才有文人学士加以搜集、出版。美国学者弗兰西斯·查尔德于1882年出版《英格兰和苏格兰民谣》一书,可以说集英国民谣之大成,大约有1000首。

民谣中的故事最常见的题材是海上冒险、家庭纠纷和不幸的爱情,多数是一个悲剧性的事件,如谋杀或意外的死亡,往往包含神奇的因素,而这些故事大多来自欧洲民间传说。属于悲剧类型的英国民谣有《兰德尔爵爷》《爱德华》《巴巴拉·阿仑》《厄席尔井的妇女》《三只乌鸦》《帕垂克·斯本斯爵士》等。叙述谋杀事件的民谣,例如《爱德华》,爱德华在母亲的唆使下杀死了父亲,受到良心的谴责,因而诅咒他母亲入地狱。叙述爱情悲剧的民谣,例如《巴巴拉·阿仑》,约翰·格雷穆爵士和农村姑娘巴巴拉相爱,不幸病故,巴巴拉痛不欲生。《帕垂克·斯本斯爵士》叙述海上暴风雨中沉船的故事。苏格兰英雄帕垂克·斯本斯精于航海,苏格兰国王听信谗言,命令他在暴风雨的季节出海航行。帕垂克·斯本斯爵士深知这时出海危险,但他不能违抗国王的命令。他和伙伴们出海后,遇上了可怕的暴风雨,悲剧终于发生。民谣也叙述神怪的故事,例如《厄席尔井的妇女》,这个富家妇女打发她的三个儿子出海经商,一周后全都在海上遇难,而母亲仍日思暮想,盼望儿子归来。到了圣马丁节11月11日那天晚上,夜又黑又长,三个儿子头上戴着白桦树的枝叶,回到了家里。老妇人以为儿子们活着归来,非常高兴。她让女仆把火生旺,举行宴会,准备卧室。但当黎明前鸡啼时,三个儿子匆忙和母亲告别,回到阴间去了。

此外,还有许多民谣叙述绿林好汉罗宾汉和伙伴们的故事。例如,《罗宾汉和三名随从》叙述罗宾汉化装成一个行脚僧,劫了法场,救了他的三名随从,并把诺丁汉的地方官处死。民谣中把罗宾汉说成是一个仗义疏财、劫富济贫的英雄,深受人民的爱戴。还有一些内容幽默的民谣,类似中世纪的法国滑稽故事,以《农夫的恶毒妇》和《起来把门闩上》为代表。英国最有名的古民谣是《查维狩猎》。这是一首史诗民谣,它的故事有历史事实的根据。1388年,苏格兰军队在道格拉斯伯爵率领下,围攻英格兰纽卡斯尔城三日,和英国的英雄波西交战,结果道格拉斯阵亡,波西也被对方俘虏。《查维狩猎》民谣却把波西写成故意侵入苏格兰境内狩猎,向道格拉斯挑衅,道格拉斯不愿让无辜的战士们牺牲,要求和波西单独交锋。波西杀死道格拉斯,但又向他的尸体默哀致敬。这首民谣写得非常真诚、动人。1581年,菲利普·锡德尼写道:"每当我听人歌唱关于波西和道格拉斯的古老歌曲时,我的心灵就激动得比我听见战场上的军号声还要厉害。"18世纪英国散文作家艾迪生称赞这首民谣具有荷马史诗的雄伟风格。英格兰和苏格兰的古老民谣对英国浪漫主义诗歌影响很深。例如,柯尔律治的杰作《古舟子咏》(1798年)和《克里斯特贝尔》(1816年)就有意识地模仿古民谣的诗体和风格。

2.法兰西民谣

法国的民谣,通常都充满着放荡不羁的情感和世俗的幽默。从他们的民谣之中,不但可以了解法国人民的习性,好像还尝到了他们的美酒佳肴,看到了他们的轻盈妙舞。

3.德意志民谣

流行歌曲和风土音乐的旋律,对于德国的民族音乐产生的影响很大,而且流行歌曲和风土音乐都是他们户外生活及团体活动的一部分。

4.挪威民谣

众所熟知的挪威民谣,曾被遗忘了一段漫长的时期,直到1840年左右才被人重视而复苏过来。当今被传颂的约有一万余首,其内容多为叙述该国美丽的湖光山色。

5.西班牙民谣

西班牙的民间音乐,可说多半是舞曲的一部分,而舞曲也往往是民谣的一部分。此外,所有的西班牙民谣,都含有浓厚的乡村情调,这就是西班牙民谣的一种独特的风格。

6.瑞典民谣

瑞典的民谣,据说在1631年才被人们搜集起来,其中以叙述古代战士英勇的故事为多,曲调雄壮、激昂、奋发。

案例分享

流金溢彩的桑植民歌

桑植,地处湘鄂川黔边境的东部,有28个民族,少数民族人口占总人口的92.6%。2006年5月桑植民歌被列入国家级第一批非物质文化遗产名录,2008年,桑植县被中国文联及中国民间文艺家协会命名为"中国民歌之乡"。

桑植民歌是桑植人民在漫长的历史长河中抒发情感,表达对幸福生活的追求和向往的重要载体。用桑植人的话说,一天不吃饭可以,半天不唱歌受不了。歌声像空气、像雨露、像阳光一样,无处不在,无处不有。

桑植民歌在类别上有山歌、小调、花灯、风俗歌、劳动号子、薅草锣鼓、儿歌、红色民歌等；演唱方式上有独唱、对唱、盘唱、联唱、串唱、合唱、赛唱等。可以自由自在地吟唱，也可以在节庆中郑重地演唱；可以愉悦地歌唱，如山歌、情歌，也可以哭唱丧唱，如哭嫁歌、丧事歌；可以载歌载舞流淌欢乐，也可以如诉如泣抒发情感，因而有很强的普遍性和群众性。

桑植的地理环境是九山半水半分田，桑植人吸天地之灵气，桑植民歌既有高山的雄伟粗犷，又有水乡的温柔缠绵。人们依山而居，出门爬山，劳动在山，顺水而行，弯弯的山道，纯净的泉水，渗入到他们的身体和生活。邻里隔山一声问候，行人山径一声吆喝，情侣坡上一曲对唱，穿越森林流水，山的灵气，水的清凉，泥土的芬芳，花的鲜艳，叶的飘香，都一并传递到了对方。如最新之作《最美还是八大公山》：泉水叮咚石上流，鸽子花开天下安/锦鸡拍翅林中飞呀，大鲵啼叫在溪水边/万物和谐共日月，牵手相约大自然/祖宗留下的歌和舞，灿烂辉煌到今天。音律婉转优美，充满着山音水韵泥土芳香。

在生产生活中，男女之间，互相爱慕，出口成歌，以歌传情。他们表达爱情，讲究含蓄，意味深长。如：送妹送到十里坡，手捧泉水送妹喝/今年秋天喝一口，明年春天还不渴。又如：郎在高山打一望，姐在河边洗衣裳/唱个山歌丢个信，棒棒捶在心头上。

桑植人淳朴而机灵，善于用歌声表达自己的心声，又善于用浅显的语言表达出特殊的效果，其修辞手法是学者研究不尽的课题。如：大田栽秧行对行，芹菜韭菜种几行/郎吃片菜勤想姐，姐吃韭菜久想郎。其比兴、谐音、音韵等表现手法的运用都恰到好处。

桑植民歌也记载民族的迁徙，见证历史的发展。如700多年前因战事而定居桑植的云南白族人，现已发展到10万人，桑植成为中国第二大白族人聚居地。他们承上启下地传唱："家住云南喜洲睑，苍山脚下有家园。""五送郎的鞋，鸳鸯二面排/我郎穿起走四海，莫忘大理街。"大革命时期，《门口挂盏灯》《马桑树儿打灯台》是革命民歌的代表。新中国成立以后，群众创作了《土家唱起跃进歌》等。

桑植民歌产生于劳动，来源于生活。桑植人民无论男女老少，尽是歌手，表达喜怒哀乐，随口对答，应付自如，犹如天籁之音，扣人心弦，感人肺腑，令人如痴如醉。船工、木工、岩工、铁工有高亢激越的号子；种地有山歌助兴，采茶有采茶的歌，插秧有插秧的歌，薅草有薅草锣鼓，随编随唱，在劳动中快乐，在快乐中劳动。唱着小调抒情，唱着灯跳起舞……春夏秋冬，暑往寒来，日积月累，根深蒂固，桑植民歌像一座高山巍然耸立，像一汪海水宽广无边。更像漫山遍野的马桑树，风吹不断，雪压不弯，火烧枝叶，根仍顽强，春风一吹，又吐新芽！

桑植民歌已成为桑植山水泥土的一部分。

桑植民歌也成为桑植人民生活和生命的一部分。

白族民歌手谷兆庆能讲300多个故事，唱500多首民歌，82岁时仍面对数万名观众，引吭高歌，85岁时躺在病床上，哼着民歌离开人间。

人们说桑植民歌是从泥巴中长出来的，是从青山绿水中流淌出来的，是从马桑树上结出来的，是从苞谷酒中浸泡出来的，是从火塘和烟斗中熏出来的，是从姑娘出嫁中哭出来的，是从情侣的眼神中传出来的，是从战争的烈火中炼出来的。丰富多彩而又酸甜苦辣的生活造就了桑植民歌，使之在历史上、艺术上，在民族学、民俗学、社会学、人类学、语言学及文学等方面都产生了重要的价值和作用。如今，当地政府已经把桑植民歌作为一种旅游资源进行开发，桑植民歌正在为当地的旅游事业做出重要贡献。

【问题分析】
1. 桑植民歌作为旅游资源对当地旅游发展的重要意义有哪些？
2. 试着为当地政府制订一个民歌旅游资源开发方案。
3. 桑植民歌对于桑植旅游的导游工作有何重要意义？

 创意项目

广西民歌资源的旅游开发

一、从"壮族歌圩"到"南宁国际民歌艺术节"的旅游开发

1. 组织多种形式的歌圩喜迎八方宾朋

壮族歌圩是壮族民众在特定时间和地点举行的周期性、集体性、传统性聚会对歌活动形式。其活态传承中基本上没有中断过，由"娱神"向"娱人"过渡，由"舞化"向"歌化"发展，从而形成群体性传唱的歌圩活动。歌圩的主体内容是唱山歌，大歌圩聚集上万人，小歌圩有数百人，一次大的歌圩往往要持续两三天，在白天唱称为"日歌圩"，在晚上唱称为"夜歌圩"。近年来，广西政府主导的歌圩活动引起了广泛的关注，产生了全国性甚至国际性的影响，主要有"武鸣三月三歌圩""横县三相庙会歌圩""宾阳露圩歌会"等；歌圩这一壮族文化的瑰宝，通过文化搭台，经济唱戏的方式，具备了越来越高的文化品牌价值。

2. 举办"南宁国际民歌艺术节"宣传广西旅游

"南宁国际民歌艺术节"是一个具有独特审美意义、观赏价值和传承价值的民歌文化品牌，是对民歌文化进行多维度展示的有效载体。首场南宁国际民歌艺术节由宋祖英演唱的《一声所爱·大地飞歌》轰动全国，以及逐年添加的系列节目和相关活动，南宁已经打造出属于其本身的独特的文化符号，造就了广西的第四个黄金周，而且已经走出广西，走向世界。

二、从"刘三姐"到"印象·刘三姐"的旅游品牌升级

"刘三姐"文化品牌经历了民间传说、史书文献、彩调剧、电影、舞台艺术、香烟品牌、大型山水实景演出"印象·刘三姐"等,多渠道的文化传播和多元化的形象建构,成为广西最重要的文化品牌之一。开发《刘三姐》民俗旅游品牌,大型实景表演类项目"印象·刘三姐"就是典型的代表。用张艺谋本人的话说:"它是一场秀",它秀的是桂林山水,秀的是民俗风情,秀出了那种天人合一的境界。将刘三姐的山歌,民族风情,漓江渔火,山水圣地等元素组合,能带给实地旅游者强烈的视觉及听觉冲击;剧中优美的音乐,能给人很大的想象空间。"印象·刘三姐"自2004年3月正式亮相以来,其为旅游业带来高的回报,获得全国文化产业示范基地的殊荣。

三、通过《坐妹》文化开发拓展旅游品牌体系

《坐妹》——中国侗族大型原生态实景风情演出,展现了浓郁的侗族文化艺术和情操。三江侗族的行歌坐妹婚恋习俗,也成为行歌坐夜,即农忙之后,当地年轻男子和女子会通过唱歌了解彼此,然后男子和女子会通过游戏的方式进行互动,游戏的过程中男子会坐在女子腿上,以此来判断和选择自己所喜欢的女子。这是侗族青年男女独特交际和恋爱的方式,因而又称为"行歌坐妹""行歌坐夜"。

《坐妹》分为以下几大篇幅:一更走姑娘,二更闹姑娘,三更坐妹,四更破晓之喜,当然为了更好地诠释侗族文化的魅力,《坐妹》中增添了《蝉虫歌》《牛腿琴琵琶歌》《侗夜蜜语》等篇章情节,随着《坐妹》情节的发展和完善,其中也将赶坡节、多耶节等丰富的侗乡民俗文化进行展现,广大旅游者在欣赏的同时,也能对侗族文化有一定的了解和认知,是广西侗族民歌文化资源与旅游有效结合的典例。

(引自:姜飞.民歌对广西旅游形象塑造的作用[D].广西大学,2016.)

 思考与练习

一、填空题

1.歌谣最大的特征是(　　)。
2.大量的歌谣都是以(　　)为载体的。
3.云南情歌《小河淌水》表达了恋人之间的(　　)之情。
4.流传在四川各地的《哭嫁歌》属于(　　)歌。
5.《嘎达梅林》属于(　　)歌。

二、不定项选择题

1.民间歌谣的口语化表现为(　　)。

A.口头重复 B.口头创作 C.口头流传
D.口头保存 E.口头吟唱

2.以下属于民间歌谣的形式有( )。
A.传说 B.歌谣 C.民歌
D.民谣 E.故事歌

3.仪式歌指的是在下列哪些仪式上唱的歌( )。
A.婚礼 B.丧礼 C.请神仪式
D.巫术仪式 E.寿诞仪式

4.童谣的主要类型有( )。
A.游戏谣 B.知识谣 C.滑稽谣
D.生活谣 E.儿歌谣

5.故事歌主要包括( )。
A.历史故事歌 B.爱情故事歌 C.英雄故事歌
D.神奇故事歌 E.生活故事歌

三、名词解释
1.民间歌谣
2.民歌
3.民谣

四、问答题
1.中外歌谣源自于哪几种情况？
2.歌谣的价值有哪些？
3.歌谣的类型有哪些？

五、应用题
广西南宁国际民歌节是当地重要的旅游文化产品，谈谈你对这一现象的看法。

第四章 游艺民俗

引言

游艺民俗是一种以消遣休闲、调剂身心为主要目的,而又有一定模式的民俗活动。它是人类在具备起码的物质生存条件基础上,为满足精神的需求而进行的文化创造。从简单易行、随意性较强的游戏,到竞技精巧、有严格规则的竞技;从因时因地、自由灵便的戏耍,到配合各种特殊需要的综合表演,都属于游艺民俗的范围。

学习目标

1. 掌握游艺民俗的内容和类型。
2. 了解中外国家和地区主要的游艺民俗形式与内容。

第一节 民间游戏娱乐

一、民间游戏娱乐概述

(一) 民间游戏娱乐的定义

民间游戏娱乐是一种闲暇适意的生活调剂,流传于民间,以休闲、娱乐为主的娱乐活动。既有节令性游乐活动,也有充满竞技色彩的对抗性活动,更多的则是不受时间、地点、条件制约的随意方便的自娱自乐活动。其中有的继承性极强,规则较严格;有的则是无拘无束的即兴自娱;有的是一种与生产紧密结合的小型采集和捕捉活动;有的是广大民间阶层表演的活动;有的是半职业化或非职业化的民间文艺家表演的活动。这些丰富多彩的民间游艺活动使得广大劳动人民特别是青少年无论在精神生活、智力开发还是身体素质诸方面得到有益的充实和锻炼,也成为最普及的农村文化活动形式。

（二）民间游戏娱乐的主要类型

古今中外的研究者对休闲娱乐游戏的研究，大体上也是从如何合理分类入手的。分清类别之后，抉择流行较广、影响较大、比较受民间欢迎的内容加以研究，从而揭示人们休闲生活，游戏娱乐的特征。著名人类学家罗伯茨将游戏娱乐分为了三类：体育技巧类游戏，比如赛马、拔河、摔跤等；策略类游戏，比如灯谜、象棋、酒令等；投机类游戏，比如掷骰子、推牌九、打麻将等。德国著名哲学家叔本华则认为应该分为三种形态：第一种形态是为生存的享乐，也就是为培养再生产的享乐，即满足饮食、休息、睡眠的生理方面的需求；第二种形态是为了寻求体力刺激的享乐，比如狩猎、骑马、舞蹈、运动竞技等；第三种形态是认识过程中的享乐，比如欣赏、作画、奏乐等。本书比较认同根据民间游戏娱乐的内容和性质而进行的分类，即民间游戏、民间竞技、民间杂艺三大类。

1. 民间游戏

民间游戏是指流传于广大民众生活中的嬉戏娱乐活动，俗称"玩耍"，主要流行于少年儿童中和节日里成年人娱乐节目之中。民间游戏具有浓厚区域文化气息，玩法简单易学，趣味性强，材料简便，不受人数、场地、环境限制，需要我们去传承。从游戏的组织和取材角度来说，民间游戏具有一定的规则，但又具有随意性，一些游戏可以就地取材。民间游戏能够代代流传是因为具有极强的趣味性。民间游戏种类众多，形式多样，从游戏的性质上可划分为智能游戏、体能游戏和智能体能兼而有之的助兴游戏。

2. 民间竞技

民间竞技是一种以竞赛体力、技巧、技艺为内容的娱乐活动。"竞"是比赛追逐的意思，"技"是指技能、技艺或技巧。民间竞技活动在我国有悠久的历史，最早的竞技与狩猎和征战活动有着紧密的联系。在旧石器时代的文化遗址中发掘出许多石球，这些石球是距今约万年前的人类狩猎时用的投掷物，这是迄今为止，我们知道的最早的投掷活动，后来逐渐发展为民间的竞技活动"击壤"。进入阶级社会以后，民间竞技活动更加丰富，经过传承演变和发展，形成了多样的民间竞技类别，主要变现为三大类竞技内容：力量竞技、技巧竞技和技艺竞技。

3. 民间杂艺

民间杂艺古代称为"百戏""把戏"，是流传于民间以杂耍性表演为主的娱乐活动，它包括民间艺人的杂手艺、动物表演及诸多斗戏。民间杂艺是以观赏为主的表演性娱乐活动，在民间拥有大量观众。它适应了社会中下层民众的欣赏口味，观赏杂艺表演无疑是他们的一种休闲方式。这些杂艺是古代百戏中最有生命力的一部分，是一种为人民所喜闻乐见的形式。民间杂艺处在游戏和竞技的边缘状态，包括的内容广泛，根据主要表现形式可以划分为两大类别：民间艺人杂耍表演、动物斗戏表演。

二、中外民间游戏娱乐活动的主要表现

(一)中国民间游戏娱乐活动的主要表现

1.民间游戏

(1)智能游戏。智能游戏是指以训练开发人们的智力和技能为目的的游戏活动。智能游戏小型、灵活,富有趣味性,形式多样,包括两方面内容:口头语言表达能力的游戏、数理游戏。

①绕口令。是学习语言艺术(如相声、快板等)的必修课,可以锻炼人"舌""唇""齿"相互配合的技巧,被形象地称为"口腔体操"。由于它是将若干双声、叠词词汇或发音相同、相近的语、词有意集中在一起,组成简单、有趣的语韵,要求快速念出,所以读起来使人感到节奏感强,妙趣横生。绕口令是民间语言游戏,将声母、韵母或声调极易混同的字,组成反复、重叠、绕口、拗口的句子,要求一口气急速念出。绕口令形成一种读起来很绕口,但又妙趣横生的语言艺术。值得一提的是,绕口令是语言训练的好教材,认真练习绕口令可以使头脑反应灵活、用气自如、吐字清晰、口齿伶俐,可以避免口吃,更可作为休闲逗趣的语言游戏。如"山前有个严圆眼,山后有个杨眼圆,二人山前山后来比眼;不知严圆眼比杨眼圆的眼圆,还是杨眼圆比严圆眼的眼圆。"有一首《算卦的和挂蒜的》,听起来也很有韵味:"街上有个算卦的,还有一个挂蒜的。算卦的算卦,挂蒜的卖蒜。算卦的叫挂蒜的算卦,挂蒜的叫算卦的买蒜。算卦的不买挂蒜的蒜,挂蒜的也不算算卦的卦。"听罢这两段绕口令,定然会使人感到妙趣横生。

拓展知识

绕口令的结构方式有对偶式和一贯式两种。对偶式两句对偶,平行递进,如《四和十》:"四是四,十是十;要想说对四,舌头碰牙齿;要想说对十,舌头别伸直;要想说对四和十,多多练习十和四。"对偶式的绕口令最有名的是民间流传的绕口联,如"童子打桐子,桐子落,童子乐;丫头啃鸭头,鸭头咸,丫头嫌。"这副绕口联同音异义,颇为绕口,实属巧对妙联。"求自在不自在,知自在自然自在;悟如来想如来,非如来如是如来。"上联下联各列出四个"自在"和"如来",而四次出现的含义各不相同,耐人寻味。一贯式的绕口令一气呵成,环环相扣,句句深入,如"远望一堆灰,灰上蹲个龟,龟上蹲个鬼。鬼儿无事挑担水,湿了龟的尾,龟要鬼赔龟的尾,鬼要龟赔鬼的水。""黑化肥发灰,灰化肥发黑。黑化肥发灰会挥发,灰化肥挥发会发黑,灰化肥发黑挥发会发灰。""一面小花鼓,鼓上画老虎。宝宝敲破鼓,妈妈拿布补,不知是布补鼓,还是布补虎。""墙上一根钉,钉上挂条绳,滑落绳下瓶,打碎

瓶下灯,砸破灯下盆。瓶打灯,灯打盆,盆骂灯,灯骂瓶,瓶骂绳,绳骂钉,钉怪绳,绳怪瓶,瓶怪灯,灯怪盆。叮叮当当当当叮,乓乓乓乓乓乓乓!"

②猜谜语。也叫猜灯谜,亦称射虎。在中国已经有2500年历史了,到清代其体系已经完备,是广大人民群众非常喜爱的一种益智、休闲、娱乐活动。不仅在书面上广为传播,在口语中的流传更为广泛,几乎每个人都能说出几个甚至几十个谜语。通常所说的谜语包括"灯谜"和"语谜"两类。前者是书面的,后者是"口头"的,很多谜语是两者都可以的。谜语由"谜面"和"谜底"两部分构成,前者是题,后者是答案。一般人都以为猜谜难,其实出题更能体现一个人的才智。许多较好的谜是经过不断优化的结果。谜语的猜法多种多样,比较常见的有二十多种。属于会意体的有会意法、反射法、借扣法、侧扣法、分扣法、溯源法;属于增损体的有加法、减法、加减法;属于离合体的有离底法、离面法;属于象形体的有象形法、象画法;属于谐音体的有直谐法、间谐法;属于综合体的有比较法、拟人法、拟物法、问答法、运典法。

③七巧板。也称"七巧图""智慧板",是汉族民间流传的智力玩具,是一种智力游戏,顾名思义,是由七块板组成的。它是由唐代的"宴几"演变而来的,原为文人的一种室内游戏,后在民间演变为拼图板玩具。据清代陆以湉《冷庐杂识》说:"宋黄伯思宴几图,以方几七,长段相参,衍为二十五体,变为六十八名。明严澂蝶几图,则又变通其制,以勾股之形,作三角相错形,如蝶翅。其式三,其制六,其数十有三,其变化之式,凡一百有余。近又有七巧图,其式五,其数七,其变化之式多至千余。体物肖形,随手变幻,盖游戏之具,足以排闷破寂,故世俗皆喜为之。"现七巧板系由一块正方形切割为五个小勾股形,将其拼凑成各种事物图形,如人物、动植物、房亭楼阁、车轿船桥等,可一人玩,也可多人进行比赛。利用七巧板可以阐明若干重要几何关系,其原理便是古算术中的"出入相补原理"。而这七块板可拼成1600多种图形,例如,三角形、平行四边形、不规则多边形,玩家也可以把它拼成各种人物、形象、动物、桥、房、塔等。

七巧板是由七块板组成的,完整图案为一正方形,其中有五块等腰直角三角形、一块正方形和一块平行四边形。

(2)体能游戏。体能游戏是指游戏中以锻炼发展儿童少年的身体素质为目的的娱乐活动。这种体能游戏没有严格的时间限制和规则,注重的是游戏中的娱乐,以动作见长。体能游戏还因地理环境、生产、生活方式及文化传统的差异,表现各异。

①捉迷藏。是中国传统的民间儿童游戏,流行于全国各地。在不同的地区有不同的称谓,又被叫作"藏猫儿""藏模糊""藏迷""蒙老瞎"等。不同孩子学习捉迷藏的方式是相似的,这反映在不同年龄阶段、具有不同认知发展水平的孩子对此

游戏的反应是基本相同的。

通过对文学作品的考证,认为捉迷藏为民间儿童游戏,且早已形成;因其娱乐性,还受到了成人的欢迎。自唐代起,就有了正式的文字记载。没有记载的,可能更早。民间儿童游戏长期占据着儿童游戏市场,受到孩子们的欢迎。他们玩过和知道怎么玩捉迷藏,也有美好的回忆。那是一种不可言传的感觉,喜欢那种刺激感,可以到处找人,然后在某个意想不到的地方找到小伙伴。被人找是一种被人关注的感觉,找人是一种寻找幸福的感觉,体会到童年的纯真、无邪,不会拉帮骗人,没有利益追求。和同伴合作好,配合默契,可以获得小朋友的友谊和成功的感觉。据心理学家分析,捉迷藏的"藏匿起来不让别人发现"和"经历多方寻找终于发现"二者都能引起孩子的快感;它要求参与者耳要尖、眼要明、奔跑要及时,要用某种巧妙的方法和策略找到藏者,这是对孩子的综合考验。由此可见,民间游戏在带给孩子精神愉悦的同时,还可促进其认知、体能、情感、社会性等各方面的发展。

捉迷藏有两种方式:其一,是将一个参加游戏者的双眼绑起来,令之不能视物,其他的游戏参加者就在他的身边奔跑,引他来捉;另一种方式,用约定俗成的方法选出一个小孩儿做逮者,另一小孩儿用手绢、布条蒙住他的眼睛,其余的小孩儿则分别躲起来做被逮者;待藏的小孩儿藏好了后,被蒙眼的小孩儿则拿掉蒙眼睛的物品,去寻找藏好的人。在后一种方式的捉迷藏游戏中,最适合的游戏地点,是一幢古老而巨大的屋子,在这样的大屋中,有许多可以藏身的地方,可以不被人找到。

②抖空竹。空竹是中国民族文化苑中一株灿烂的花朵。空竹古称"胡敲",也叫"地铃""空钟""风葫芦",济南俗称"老牛"。抖空竹亦称"抖嗡""抖地铃""扯铃"。抖空竹原是庭院游戏,后经加工提高,有了竞技性质,并成为传统的杂技项目。空竹分双轴、单轴,轮和轮面用木制成,轮圈用竹制成,竹盒中空,有哨孔,旋转发声,中柱腰细,可缠绳抖动产生旋转。玩的人双手各拿两根两尺长的小竹棍,顶端都系一根长约五尺的棉线绳,绕线轴一圈或两圈,一手提一手送,不断抖动,加速旋转时,铃便发出鸣声。抖动时姿势多变,绳索翻花,表演出串绕、抢高、对扔、过桥等动作,称作"鸡上架""仙人跳""满天飞""放捻转"等。也有用壶盖、酒瓶等器具代替空竹的。

空竹最初为宫廷玩物,后传至民间并广为流行。特别在中国北方地区曾风靡于城乡百姓之中,成为家喻户晓的健身娱乐玩具。抖空竹在我国有着悠久的历史,早在三国时期,曹植写过一首诗《空竹赋》;宋朝时期,宋江写过一首七言四句诗:"一声低来一声高,嘹亮声音透碧霄,空有许多雄气力,无人提挈漫徒劳。"

抖空竹的动作,看上去似乎是很简单的上肢运动,其实不然,它是全身的运动,是靠四肢的巧妙配合完成的。一个小小的上下飞舞的空竹,玩者用上肢做提、拉、抖、盘、抛、接,下肢做走、跳、绕、落、蹬,眼做瞄、追,腰做扭、随,头做俯仰、转等动作,要在最有利的一刹那间来控制它,在空中完成各种动作,过早过晚都要失败,这就需要做到反应快、时间准、动作灵敏、协调。而跳跃时,则不但要跳,腰部动作也很重要,上肢随同摆动,有时颈部也要运动。

抖空竹运动量可随意控制,可视自己的体能来确定运动量,不必与人争抢冲撞,不受场地限制,占地小,器具简单,投资少,男女老少都可参加。其抖法多种多样,有单人抖、双人抖、多人抖;有正、反、花样抖等一百多种玩法。抖空竹寓游戏于运动之中,只要玩得开心,合理掌握运动量,不但能够达到强身之目的,还能享受到其中的乐趣,其锻炼效果堪与慢跑、游泳、骑车、划船、爬坡、越野和徒手体操相媲美。青少年可以对高难动作进行练习,增加户外活动量,老年人和慢性病患者可以通过不十分激烈的动作进行练习,坚持下去大有好处。尤其老年人腰腿不便是常见的慢性病,如经常适度抖空竹,对舒筋活血、益寿保健有一定的效果。曾有许多由于坚持抖空竹,恢复了健康和延缓衰老的实例。

抖空竹是我国独有的民间休闲娱乐项目之一,它不仅是锻炼身体的手段,也是一种优美的艺术表演,很具观赏性。它同武术一样,应该加以挖掘、整理、继承和发展。

③斗草。斗草又叫"打官司""斗百草",在北京叫作"拔根儿"。以草相斗决输赢,是我国民间一种广为流传的游戏风俗。

斗草起源非常早。宋人龚明之在《中吴纪闻》中提到,吴王夫差和西施经常玩斗草这个游戏。唐代诗人刘禹锡也有"若共吴王斗百草,不应如是欠西施"的诗句,可见早在先秦,斗草就已经出现了。梁朝宗懔在《荆楚岁时记》中写道,"五月五日,四民并踏百草,又有斗草之戏。"在宋代之前,"斗草"是仅在端午节进行的一项传统活动,专指"文斗"(比赛谁采的花草种类多)。到了宋代,"斗草"逐渐发展为了平日随时可玩的游戏,"武斗"(比赛草的韧劲)也在孩童中盛行起来。斗草风俗有武斗和文斗之别,春夏两季随时可斗。

武斗,就是双方以草茎相拉拽,每人两手各持草茎的一端,然后用力去拉,谁先断谁就是输家,反之则为赢家,这种斗法较简单,玩起来兴致勃勃。唐人白居易很喜欢这种斗草,曾写诗咏道:"抚尘复斗草,尽日乐嘻嘻。"故宫博物院收藏一幅清代画家金廷标《群婴斗草图》,形象刻画了儿童这种斗草场面。

文斗,双方就像吟诗答对那样互对草名,当一人报出草名,别人对不上时,就算赢了。如"月月红"应对"星星翠";"鸡冠花"可对"狗尾草",唐人王建有一首生动描绘文斗情景的《宫词》写道:"水中芹叶土中花,拾得还将避众家。总待别人般数尽,袖中拈出郁金芽",采集时需将名贵花草藏好,以防别人看见,等到别人花草斗尽,再拿出袖中的郁金香,最后终于压倒群芳而获胜。

斗草游戏,民间至今流传。人们通过斗草游戏,可辨识花草之名,增长植物知识,又在大自然的风光里,呼吸新鲜空气,跑跑跳跳,锻炼了身体,不失为一项有趣又有益的游戏风俗。

(3)助兴游戏。助兴游戏是指流传于民间的,以嬉戏、消遣为主的娱乐活动,一般来说是需要智力反应与体能动作协调结合的游戏。最为典型的助兴游戏就是猜拳行令了。

宴席上猜拳是一项颇受欢迎的助兴取乐游戏。席间的两人各出拳伸指,同时各喊一数字,符合双方指数之和者胜,负者饮酒。

如同围棋和麻将,"石头、剪刀、布"或"猜拳",也是由中国人发明的。按照明朝人谢肇淛所写的《五杂俎》这本书,猜拳的传统可以追溯到汉朝的手势令。在与亚洲交往之前,西方没有任何有关"石头、剪刀、布"的记载。19世纪后期的西方作家在提到它的时候总认为是一种亚洲游戏。中国人和韩国人一般都叫"石头、剪刀、布",而日本人则改成了"石头、剪刀、纸"。这个事实暗示着"石头、剪刀、纸"是从19世纪的日本传入美洲的。

时至今日,猜拳的内容从简单的"石头、剪刀、布"到各种口令猜拳,此项娱乐游戏可谓是发展得淋漓尽致。比如适合多人一起玩,比较简单轻松的明七暗七,按自然数按顺序数下来,1、2、3、4、5、6、7……遇到7、17、27、37等以7结尾的数字称作明七,7的倍数如14、21、28等称作暗七,到明七暗七的人都不能发声,只能敲一下桌子,然后按顺序再继续数下去,到27、28时最容易出错。出错的人就得一饮而尽,增添了席间的乐趣,活跃了气氛。

2.民间竞技

(1)力量竞技。是以比赛力量为主的对抗性活动。作为传统的竞技项目,既有单个的力量竞技,也有团体性对抗竞技。

①摔跤。被公认为是世界上最早的竞技体育运动。相传,神话中的英雄捷谢伊——雅典民主奠基人,从雅典女神那里学来了摔跤规则,从而发展了摔跤运动。两运动员徒手相搏,按一定的规则,以各种技术、技巧和方法摔倒对手。根据文字记载和传说,早在四千年前我国的原始社会就有了摔跤活动。当时,人们为了求得生存,在与自然界进行斗争时,在部落之间的冲突中,利用自己的力量、技巧取得食物和进行自卫,从而产生了古代的摔跤。摔跤运动由于清代皇帝的大力提倡,满族、蒙古族和汉族跤手相互学习,取长补短,使摔跤技术不断提高、不断完善,最终发展成近代中国式摔跤,所以说,中国式摔跤是我国各族跤手共同创造和发展起来的。

摔跤要练习扎实的基本功,特别要加强腰腹和腿部的力量和灵活性练习,还要注意动作迅速和上下肢的协调配合,"眼似闪电,腰如盘蛇,脚似钻"。"动作要像打闪纫针"。这都说明摔跤必须要以快取胜。因为快可使动作突然,使对方猝不及防,从而争得主动。摔跤还强调手脚动作要密切配合,上边用两手把对方捆住,下面再用脚和腿使绊。每个人的身高、体重和身体素质等条件都不同,因此应选择适于自己练习和使用的技术动作,以便更快地掌握技术,形成自己的特点。例如身材矮小、动作比较灵活的人,可着重选练小得合、捞、磨、端踢、掐撮、躺刀、入、蹩、掏、耙、刀勾、豁、揣、捆等技术动作;身高、体重、力气大的人,可重点练勾、别、缠、踢、掰、叉、涮、拧、锓、挂、撮、肘、拍、撒、装、错、披以及大得合等技术动作。

②投掷。常见的投掷活动是一些自然、简单的滚、抛、掷动作。投掷玩具可以锻炼孩子双臂和肩部肌肉,促进孩子手眼协调能力的发展。几个孩子可以用套圈在一起玩"看谁套得多"的游戏,在前面摆上几个玩具,让孩子轮流用套圈一个一个向前投,看谁套得准、套得多。开始玩时,可离近一点,使孩子容易套中,增强信心。训练一段时间后,再适当增加难度,让孩子离玩具远一点。如用竹条或藤条自制套圈,最好用彩条或塑料带子把圈绕一道,以免刺伤孩子的皮肤。

③拔河。是人数相等的双方对拉一根粗绳以比较力量的对抗性竞技娱乐活动。拔河起源于中国,古代称为"牵钩",源于春秋战国时期。最初拔河主要用以训练兵卒在作战时勾拉或强拒的能力,后来被水乡渔民仿效,成为一项民间体育娱乐活动。唐宋以后,拔河渐在民间盛行。公元712—756年,唐玄宗在位时曾做过千人参加的拔河比赛活动。拔河活动不仅在民间流传,而且在皇宫中也有举行。近代学堂出现之后,拔河被列入教学与课外活动内容。新中国成立后拔河活动更为普遍,机关、工厂、学校、部队、农村都把拔河活动列入主要的比赛内容。拔河的场地要求很简单,只要有宽5米以上,长20米左右的一块平坦土地,就可进行拔河活动。现代一般的拔河方法是:在地上划两条平行的直线为河界,由人数相等的两队在河界两侧各执绳索的一端,闻令后,用力拉绳,以将对方拉出河界为胜。

④龙舟竞渡。又称"赛龙舟""划龙船""龙船赛会"等,是一种具有浓郁的民俗文化色彩的群众性娱乐活动,同时也是一种有利于增强人民体质,培养勇往直前、坚毅果敢精神的体育运动。龙舟,与普通船只不太相同,各地大小不一,桡手人数不一。如广州黄埔、郊区一带龙船,长33米,桡手约80人;南宁龙舟长20多米,每船约五六十人;湖南汨罗县龙舟则长16~22米,桡手24~48人;福建福州龙舟长18米,桡手32人。龙船一般是狭长、细窄,船头饰龙头,船尾饰龙尾。龙头的颜色有红、黑、灰等色,均与龙灯之头相似,姿态不一。

龙船竞渡前,先要请龙、祭神。如广东龙舟,在端午前要从水下起出,祭过在南海神庙中的南海神后,安上龙头、龙尾,再准备竞渡。并且买一对纸制小公鸡置龙船上,认为可保佑船平安。闽、台则往妈祖庙祭拜。有的直接在河边祭龙头,杀鸡滴血于龙头之上,如四川、贵州等个别地区。在正式竞渡开始时,气氛十分热烈。除了比赛速度外,划龙舟期间还有其他一些活动。比如龙舟游乡,是在龙舟竞渡时划着龙舟到附近熟悉的村庄游玩、集会。有时龙舟还有各种花样的划法,具有表演的含义。如广州的龙舟,桡手用桨叶插入水中,再往上挑,使水花飞溅;船头船尾的人则有节奏地顿足压船,使龙舟起伏如游龙戏水一般。

（2）技巧竞技。是以比赛技巧为主要内容的娱乐项目,大致可分为单一技巧竞技活动和综合技巧竞技活动。

①蹴鞠与踢毽子。毽子也叫"毽儿""鸡毛毽儿",据考证是从古代蹴鞠变化而来的。蹴鞠就像现代踢足球,不过所踢的球是用黄泥团裹牛毛而成的"毛丸"和缝成的"气球"。蹴鞠有一种踢法与踢毽极为相似,只是一个踢的是毽,一个踢的是球。

踢毽子究竟在何时出现,现在已经很难考证,不过最迟在宋代,踢毽已经非常流行,集市上已经有专卖毽子的小商人。到明清时期,无论是毽子的做法还是踢法,都有很大的发展。明代时,北京童谣说"杨柳死,踢毽子","杨柳死"是指初冬时节,说明踢毽子是冬天的游戏。清代人阮葵生在《茶余客话》卷十八中记述了北京踢毽的盛况:"京师杂技,千态万状,以踢毽为最。三四人同踢,高低远近,旋转承接,不差铢兮。其中套数家们,凡百十种。"

在清代,踢毽子在民间发展为一种专门的技艺,踢毽高手在庙门前、广场上或街口巷口表演自娱,许多人站着围观、喝彩,热闹非凡。清代人潘荣升在《帝京岁时纪胜》中说:"都门有专艺踢毽子者,手舞足蹈,不少停息,若首若面,若胸若背,团转相击,随其高下,动和相宜,不致坠落,亦博戏中之绝技矣。"

毽子的踢法花样很多。旧时,踢毽子的招式都有专用名称,例如,用脚的内侧与外侧轮流踢毽,称为"里外连";用膝盖撞毽高飞,称为"耸膝"等。现在,最普通、最常见的踢法是:用脚的内侧连续踢,不让毽子落地,一边踢,一边数,越多越好。还有一种"三六九攻毽"的踢法:三五人轮流踢一个毽子,如果毽子落地时的数目恰逢尾数含三、六、九,或数字三、六、九,如三十一、六十二等,那么这个人就需要向参与游戏的同伴"攻毽",即把毽子掷向任何一个对象。被攻的对象必须及时踢到毽子,如果踢不到或者虽然踢到但是又被攻毽者踢回,那么,攻毽者即告成功,可以接着刚才落地的数目继续下去;如果失败,或被罚下场,或轮空一轮。做这种游戏,人数不限,气氛热烈活跃,非常有趣。

踢毽子作为一种历史悠久的民间游戏,深得历代儿童和成人的喜爱。发展到今日,已经成为民间强身健体的娱乐游戏。茶余饭后,几人相约空地上,消食休闲。田间野外,又是娱乐的好项目。冬春踢毽,不仅可以驱寒活血,锻炼身体,而且有助于培养矫健灵敏的作风。

②放风筝。放风筝是中国民间广为盛行的一项传统体育运动,是汉族及部分少数民族传统的娱乐风俗。风筝起源于中国,中国风筝有悠久的历史,据说汉朝大

将韩信曾利用风筝进行测量。梁武帝时曾利用风筝传信,但未成功。南北朝有人背着风筝从高处跳下而没有跌死。唐朝的张丕被围困时曾利用风筝传信求救兵,取得了成功。这些都说明中国风筝的历史至少有2000多年了。从唐朝开始,风筝逐渐变成玩具。到了晚唐,风筝上已有用丝条或竹笛做成的响器,风吹声鸣,因而有了"风筝"的名字。也有人说"风筝"这名字起源于五代,从李邺用纸糊风筝,并在它上面装竹笛开始。

唐代时,风筝传入朝鲜、日本等周边国家;元代时,风筝传入欧洲诸国。风筝品种繁多,结构有硬翅、软翅、伞形、桶形、长串等,而且题材广泛,形式多样。民间还创造了风筝上的附加物,如有音响的"鹤琴""锣鼓",有灯光装置的"灯笼",有散落携带物的"送饭儿的"等,独具特色。

特别提示

放风筝前要先知道风的方向和速度强弱,如果附近有旗帜或炊烟,看它飘浮的方向就能知道。或者,拾起枯草或一些小纸片向空中抛去,也可以测出风的正确方向。在风力适足的时候,放风筝可以不必请人帮忙,自己拿风筝的提线,逆风向前边跑边看,还要注意风筝飞升的状况,直到感觉风劲够,风筝向上爬升时,可停下来,慢慢放线。当风力不继时,快速向后收线,给予人工加风;如感觉风筝线有拉力时,就要把握时机放线;若风筝有下降的趋势,有时尚须迅速收回一部分风筝线,直到风筝能在天空挺住不坠。放风筝时最好有助手帮忙,将风筝线拉长约10米,逆风而站,双手拇指和食指轻扶着风筝后面的骨架拿正不动,施放者待阵风一来,将风筝轻拉脱离助手之手,边跑边放线,直到风筝升起至相当高度时,前后轻抖,使风筝稳定。

③赛马。比赛按参赛马的年龄分几个档次,决定赛程,如成年马赛程为25~30公里,5岁马为20公里,4岁马为18公里等。赛场是未经修整的大草地,或直跑,或绕跑。参赛的马匹都会在比赛前几天得到细心的调养,减少喂草、饮水的次数,修剪鬃毛,在其鬃毛和尾巴上系扎各种彩色布条等。

赛马"姑娘追",哈萨克语叫"克孜库瓦尔",是哈萨克族的马上体育、娱乐活动,也是男女青年相互表白爱情的一种别致方式,多在婚礼、节日等喜庆之时举行。"姑娘追"有这样一个故事:从前有一只白天鹅化为女子,和一位猎人结为夫妻,成为哈萨克人的始祖。他俩结婚那天,骑着两匹白色的骏马,像白天鹅一样,飞来飞去,互相追逐。据说这就是"姑娘追"最早的由来。

(3)技艺竞技。是以比赛技艺为主的娱乐活动,这类竞技的特点是搏击度较弱,竞技娱乐性强、雅俗共赏,以民间棋类为代表。

3.民间杂艺

(1)民间艺人杂耍表演。主要有杂技和戏法两种:

①百戏杂技。是各种各样的表演性的杂耍、魔术、小品、技艺乃至特异功能等的统称,属于表演性、观赏性的游戏娱乐活动。"百戏"一词产生于汉代,据《汉文帝纂要》载:"百戏起于秦汉曼衍之戏,技后乃有高纽、吞刀、履火、寻橦等也。"可见百戏是对民间诸技的称呼,尤以杂技为主。

秦汉时期称百戏,隋唐时叫散乐,唐宋以后为了区别于其他歌舞、杂剧才改称为杂技。百戏源于夏商,始于春秋战国,秦代形成,两汉时期广泛发展。西汉之前主要在宫廷表演,东汉在民间广为流传。百戏包括各种杂技、幻术、装扮人物的乐舞。

中国的杂技艺术历史悠久,源远流长,是中华民族珍贵的优秀文化遗产。中国杂技自古重视顶功。汉代画像砖石和壁画、陶俑中,有许多拿顶和翻筋斗的形象。中国杂技艺人,即使是表演古代戏法的演员也要有扎实的功夫基础,所谓"文戏武活",即是指此。险中求稳、动中求静,显示了杂技的冷静、巧妙、准确的技巧和千锤百炼的硬功夫。如"走钢丝"中种种惊险的表演,都要求"稳";"晃板""晃梯"之类,凳上加凳,人上叠人,但顶上的人必须在动荡不定的基础上求平求静,这必须有极冷静的头脑、高超的技艺与千百次刻苦训练相结合才行,这显示了对势能和平衡的驾驭力量,表现了人类在战胜险阻中的超越精神。"蹬技"是杂技中最常见的表演形式,蹬技多数是女演员表演,演员躺在特制的方台上,以双足来蹬。至于所蹬物体,几乎包罗万象,从绍兴酒罐、彩缸、瓦钟到桌子、梯子、木柱、木板和喧腾带响的锣鼓等,轻至绢制的花伞,重到一百多斤重的大活人;被蹬物体,或飞速旋转,或腾越自如,从光滑的瓷制彩缸,到笨重的木制八仙桌子,都可以蹬得飞旋如轮,只见影子不见物象。此外,中国杂技是超人的力量和轻捷灵巧的跟斗技艺相结合。《叠罗汉》的底座负重量是惊人的。唐代《载竿》有一人顶十八人的记载。现藏日本,作为国宝级文物的唐代漆画弹弓,弓背上就有一个顶六人的形象。近世的《千斤担》,一位老演员手举脚蹬同时举起四副石担和七八个演员,负重达千斤以上,表现了超人的力量。传统的"拉硬弓""耍关刀"都是负重极大的节目。大量运用生活用具和劳动工具作为杂技道具,富于民间杂技的生活气息。碗、盘、坛、盅、绳、鞭、叉、竿、梯、桌、椅、伞、帽等,这些平凡东西,在中国杂技艺人手里,变幻万状,显示了中国杂技与劳动生活的紧密关系。有些节目就是劳动技能和民间游戏结合的产物,如绳技、神鞭等,就是牧民套马、赶车和儿童跳绳的艺术化。中国杂技有极大的适应性,表演形式、场所多样化,广场、剧场、街巷、客房均可,多至百人大荟萃,小至一人的现场即席献艺。正是这种广泛的适应性使其能千古犹存,成为民间主要的观赏性娱乐活动。

②戏法。又称为魔术、幻术。它是以巧妙而隐蔽的手法变化出奇幻的效果。我国古代几千年来,习惯于穿长袍大褂,戏法儿的服装即遵循传统,一直穿大褂表演,而魔术的服装为穿西服或制服。戏法儿的道具,大部分是劳动人民司空见惯的日常生活用品或生产工具,如盆、碗、碟、勺、笼、箱、柜、刀等;而魔术道具大部分观众不熟悉,全靠特制而成,如魔术棍、魔术枪、铁皮筒、魔术缸等。戏法儿的手法是"上下翻亮,内外交代",意思是表演前向观众交代双手时的姿态,必须上、下、反、正都要亮明,把盖布里外让观众看过。而魔术的手法是"上指下掏,左亮右操"。当演员用手指向上空时,趁机用另一只手掏出下面所埋伏的东西,故为"上指下掏";当演员让观众看左手时,迅速将埋伏物用右手操出,名曰"左亮右操"。

(2)动物斗戏表演。是一种带有对抗性、表演性的动物游戏,指动物们经过主人的调教蓄养后参与的活动。比如斗鹌鹑,在北方又叫作咬鹌鹑,在鹌鹑们十分饥饿的时候,它们就会争食而战。咬鹌鹑一定是在早晨举行,早晨的鸟禽肚子饿。咬鹌鹑需要在一间房子的门内,并且需要一个大长方形的藤条编的簸栏,那就是鹌鹑的战场。开始之前,围观的人们开始下注,并且找到有利观看的最佳地点,或者蹲着,或者站着,也有弯腰的、半蹲半站着的,但不论是什么姿势,在看鹌鹑打斗的时候都不可以移动、换位或者举手挠痒,否则就会被驱逐或挨骂。正式开始,双方主人分别蹲在簸栏的左右两侧,各位掏出鹌鹑置于靠近自己一侧的簸栏中,丢下三五粒谷子,同时以手遮拦着,不让彼此看到。饿了一夜的鹌鹑,三五粒谷子自然不够充饥。于是,继续寻找,就在此时,双方主人同时收回手掌,鹌鹑为了争食就打斗了起来。它们互相痛啄对方的头部或是颈部,并发出一种咕咕的发威叫声。一对咬斗的鹌鹑,通常三五分钟就可以分出胜败。一只好鹌鹑在过去,叫价二十亩田的,也有人会买,当然,这是富人的专利。此外,斗鸡、赛马等游戏娱乐活动与斗鹌鹑形式相似。

(二)外国民间游戏娱乐的主要表现

以我国主要客源国为例,其民间游戏娱乐各有不同,各具千秋,且表现形式均为竞技活动。

1. 日本

(1)柔道。在日语中是"柔之道"的意思,就是"温柔的方式"。柔道部分起源于一种古代日本武士空手搏斗的技术:柔术。柔道通过把对手摔倒在地而赢得比赛,它是奥运会比赛中唯一允许使用窒息或扭脱关节等手段来制服对手的项目。柔道是一种对抗性很强的竞技运动,它强调选手对技巧掌握的娴熟程度,而非力量的对比。

柔道是一种以摔法和地面技巧为主的格斗术。日本素有"柔道之国"的称号。

柔道是日本武术中特有的一科,是由柔术演变发展而来的。它具有悠久的历史,从日本战国时期到德川时代,一直把柔道称为柔术或体术。现在所用的柔道这个词,是由"日本传讲道馆柔道"简化而来的。

(2)棒球。在日本真正为各个年龄段的人们所喜爱的全民运动项目是棒球。该运动在1873年前后由美国传入日本。在日语中,棒球的学名叫"野球"。日本人对于棒球的狂热与痴迷体现在他们生活的方方面面,而其中最主要的则是对职业联赛的关注。

日本的职业棒球联赛创始于1950年,由两个主要的职业联盟组成,即"中央联盟"和"太平洋联盟",每个联盟都拥有6支球队。每年的4月至10月是日本职业棒球的赛季。在赛季里,两个联盟的12支球队平均要参加大约135场比赛。有意思的是,这些队除了在自己的主场打球外,还要在没有职业队的区域性城市进行比赛。在赛季末,分别荣获本联盟冠军的两支球队还要通过相互比赛,争夺年度全国总冠军。

每当赛季到来的时候,许多日本人的生活内容都会随之发生一些变化。据统计,每年到体育场直接观看职业联赛的观众超过1500万人次,而更多的日本人则是通过电视现场直播或者次日的报纸来关注联赛。正是由于媒体和民众的广泛支持,使得职业棒球联赛成为当今日本体育产业中的赢利大户。优秀的职棒选手不但拥有高额的薪金,甚至会被当作"民族英雄"受到众人的爱戴与尊敬。

如果光是有热闹的职业联赛,那么棒球恐怕也不能算是全民运动。真正让每个日本人都能体会到棒球魅力的,其实是无所不在的业余棒球。业余棒球是相对于职业棒球而言的,基本上可以分为学校棒球和社会棒球两种。日本的学校棒球运动是学校教育的一部分。就学生参与程度来说,棒球是日本小学和初中男生中普及最广的运动。社会棒球泛指除学校棒球以外的所有业余棒球活动,是大多数日本人亲身参与棒球运动的主要形式。

(3)日本相扑。相扑是日本的国技,是一种类似摔跤的体育活动。在秦汉时期叫角抵,南北朝到南宋时期叫相扑。大约在唐朝时传入日本,现为流行于日本的一种摔跤运动。中国和日本两国在历史上都有相扑。从一些出土文物看,中国秦汉时期的角抵形象同日本现在流行的相扑很相似。至迟在西晋初年,中国已有相扑的名称。唐、宋、元、明、清各代,相扑活动一直盛行。到了清代中叶,相扑的名称才逐渐消失。现代,相扑一直被认为是日本的武技,其实,相扑原是我国古代"角抵"的一种。早在西汉初年,冀州(今河北)一带流行着一种民间游戏:人们戴着有角的面具互相比武、斗力。这种既是竞技又是表演的活动,被称为"角抵",又名"蚩尤戏"。古代的"角抵"范围很广,相扑仅是其中一部分。到宋代,"角抵"一词才专指摔跤一类活动,亦称相扑。

相扑来源于日本神道教的宗教仪式。人们在神殿为丰收之神举行比赛,盼望能带来好的收成。在奈良时期(710—784年)和平安时期(794—1184年),相扑是一种宫廷观赏运动,而到了镰仓战国时期(1192—1334年),相扑成为武士训练的一部分。相扑运动员不仅要有气力,而且还要有熟练的技巧,技巧是决定比赛胜负的关键。技术大致分为推、摔、捉、拉、闪、按、使绊等。运动员主要用颈、肩、手、臂、胸、腹、腰、膝、腿、脚等部位,灵活运用各种技术相互进攻。运动员(日本称为力士)按运动成绩分为10级:序之口、序二段、三段、幕下、十两、前头、小结、关胁、大关及横纲。横纲是运动员的最高级称号,也是终身荣誉称号。十两以上6级运动员的发型和腰带的质量与幕下以下4级不同。十两以上6级运动员比赛时,有入场式,穿化妆围裙。相扑裁判的等级叫作"格","横纲格"是裁判员的最高级称号。他们的等级用指挥扇上的缨带颜色为标志。裁判用以指挥的扇子称为"军配",扇子指向的一方为胜者。现在,古老的相扑在日本还颇为流行。

2.韩国

(1)荡秋千。是朝鲜族妇女喜爱的民间游戏,每逢节日聚会,人们便会看到成群结队的朝鲜族妇女,聚集在参天的大树下,或高耸的秋千架旁。身穿鲜艳民族服装的朝鲜族妇女,在人们的欢呼、叫好声中荡起了秋千,她们一会腾空而起,一会俯冲而下,尽情地欢乐,长长的裙子随风飘舞,大有飘飘欲仙之感。朝鲜族妇女荡的秋千,不仅高,而且还很飘,有的秋千几乎都荡平了,真可谓是触目惊心。荡秋千比赛分为单人和双人两种。比赛优胜者的评比方法,有的是以树梢或树花为目标,看谁能咬到或踢到;有的是在高处挂一个铜铃,看谁能碰响。具体的比赛方法各地也不尽相同,但有个共同点,那就是都以高度作为决定胜负的标准。现在有些地方在秋千蹬板下系一个标有尺寸的绳子,以此来测量高度,决定胜负。

(2)跳板。是朝鲜族姑娘们所钟爱的一项体育活动。跳板两端的姑娘踏动跳板,此起彼落,婀娜多姿,宛如空中芭蕾,别有一番情趣。

跳板讲究多种技巧姿态,有腾空而起,翻滚而下的动作;有跃身曲体,双腿伸开,落地垂立的动作;有挺胸展臂,双腿叉开,落地合拢的姿态。跳板靠两个人的协调合作进行。有时边跳边唱,一个唱一个和。比赛有比抽线比拉高和比表演技巧两种。比抽线,就是比拉出的线的总长度,以抽线的长短定胜负。表演道具有铁圈、花环等,比谁的动作最符合标准,谁的动作难度大,谁的动作更优美。

关于跳板运动的由来,还有一段富有浪漫神奇色彩的传说。相传很久很久以前,一个少女被她的父母幽禁在自家深宅之中,她日夜思念守候在院外的心上人。为了能见上意中人一面,她心生一计,逗引妹妹在院中与自己做跳板游戏。每当身体腾空而起越墙头的时候,她便向自己的心上人投去匆匆的一瞥。如今,青年人的恋爱自由了,有情人可以随时约会于花前月下,用不着再利用跳板的方式来偷看情人了。但这种既美丽又健身的活动却一直延续至今,成为朝鲜族人民热爱生活、憧憬未来的一种健身娱乐形式。

(3)拔河。也是朝鲜族所喜爱的一种能显示集体智慧和团结力量的民俗游戏和体育项目。朝鲜族在民间举行拔河游戏的历史很长。早在15世纪已盛行拔河比赛。过去,每逢正月十五,人们以村为单位进行拔河比赛。这一天,一早开始就热闹异常,方圆数十里的农民,各自组织农乐队从四面八方涌向拔河赛场,载歌载舞,锣鼓喧天。中午时分,双方壮丁各自扛着自己的绳子,进入赛场分界线接绳。拔河绳分"雄绳"和"雌绳",连接时把雄绳尖头插入雌绳圈头里,然后插上大木簪子固定。随着裁判员的一声令下,全场群情激昂,助威呐喊。雷鸣般的呼叫声、锣鼓声响彻云霄。比赛结束后,取胜的一方队员扛着拔河绳子,在农乐队的助兴下,欢天喜地凯旋。全村男女老幼,又载歌载舞,夹道欢迎,庆祝胜利。

3.美国篮球

美国是一个体育运动的国度,篮球运动更是位居各项运动前列,其流行程度恐怕仅次于美式橄榄球,而NBA比赛早已超越国界,成为世界各国民众所喜闻乐见的一项运动性娱乐活动。作为主要为NBA输送新鲜血液的NCAA篮球运动,自然也成为美国民众,特别是学子们最为关注的运动之一。美国还有街头篮球文化。关于街头篮球的起源,有好几种版本。普遍的说法是它来源于美国黑人的街头文化。可能它自由的组合、随性的发挥确实跟黑人的性格比较合拍。但据考证,作为一种正式的比赛,"3对3"的形式最早出现在欧洲。1992年在德国柏林,有人别出心裁地想出这种玩法。因为其设备要求低、比赛气氛简单轻松,所以这一全新的运动概念马上传遍欧洲。于是,找一个周末,在城市的中心广场放上篮球架,一场对抗就开始了,后来又渐渐融入了诸如说唱乐队现场伴奏、街舞、技巧和极限运动等元素。

4.西班牙的西红柿大战

西红柿节是西班牙闻名世界的传统节日,它最早开始于1945年,整个节日通常持续一个星期。每年的这个时候,来自世界各地的游客就聚集在布尼奥尔镇上,和当地居民一道庆祝这个别具特色的节日。在这里,西红柿给人们带来的不只是丰收的喜悦,还有狂欢的快乐。这就是一年一度的民间传统节日"番茄大战"。当地民众以及来自世界各地的游客3万多人用100多吨西红柿作武器展开激战,使整个市中心变成了"西红柿的海洋"。游戏规则是西红柿必须捏烂后才能出手。节日那天中午12点,随着一声令下,早已等候在人民广场及其附近街道上的人们,立即冲向满载西红柿的6辆大卡车,抓起这些"红色子弹"胡乱地向身旁熟悉或陌生的人们身上砸去。一个小时以后,斗士们个个"弹尽粮绝",筋疲力尽,"番茄大战"宣告结束。接着,布尼奥尔小城市民和成千上万的志愿者把所有能够利用的自来水龙头全部打开,纷纷投入另一场战斗——打扫街道。约一个小时后,整个广场和街道被打扫得干净如初,布尼奥尔城又恢复了往常的宁静。

第二节　民间艺术

一、民间艺术概述

民间艺术是各种民俗活动的形象载体,其本身便是复杂纷纭的民俗事象。各种民间艺术都有自身古老的传承渊源。不同地区、不同民族的广大民众,在漫长的历史发展过程中创造出多种多样、异彩纷呈的民间艺术。

(一)民间艺术的定义

民间艺术是艺术领域中的一项分类,是针对学院派艺术、文人艺术的概念提出来的。广义上说,民间艺术是社会中、下层民众为满足自己的生活和审美需求而创造的艺术,包括了民间工艺美术、民间音乐、民间舞蹈和戏曲等多种艺术形式;狭义上说,民间艺术指的是民间造型艺术,包括了民间美术和工艺美术各种表现形式。

(二)民间艺术的分类

民间艺术按照其表现形式可分为:民间音乐、民间舞蹈、民间戏曲和民间工艺美术四大类。

1.民间音乐

民间音乐是由广大民众创造并广泛传播于民间的音乐,包括民间歌曲、民间歌舞、说唱、戏曲、民间器乐在内的多种音乐。民间音乐与宗教音乐、宫廷音乐、文人雅士音乐共同构成中国传统音乐。这四类音乐存在着密切的内在联系,但是在传播范围和社会功用上却有着诸多区别。民间音乐是功能性很强的艺术,在数千年的积累和发展过程中,民间音乐先后形成了民歌、歌舞、说唱、戏曲、器乐五大门类,各具特色,体裁各异。在五大门类中,由唱词和曲调相结合而构成的民歌历史最为久远。由歌、舞、乐相互交融的艺术形式经历了漫长岁月发展形成了民间歌舞。而民间器乐是民间音乐中唯一不直接与文学相结合,仅通过乐器作为演奏工具构成的特殊类别。民间说唱音乐则融合了文学、音乐、戏剧于一体,"讲述故事、描写人物、状物写景、抒发感情",成为一种独具中国传统文化特色的民间艺术。在中国民间音乐艺术的历史发展中,戏曲代表了它的最高阶段。这是因为民间戏曲是文学、音乐、舞蹈、杂技、武术、美术等类别高度融合的产物。

2.民间舞蹈

民间舞蹈是属于大众的自娱自乐性艺术,在舞蹈艺术中占有的比重最大。它与宫廷贵族所欣赏的乐舞以及现代舞台上"表演性"较强的舞蹈相比较,随意性较多,在自娱中体现人类的自我生命价值,沟通人际间的纯真情感。参与者通过连贯的人体动态,传达丰富的心理情感,涵盖人与人、人与自然、人与社会之间的纷繁复杂关系,表达出人们的欲望、意志与理想。民间舞蹈演员用道具来渲染艺术效果、塑造形象。北方平原多,视野开阔,天气寒冷,元宵节前后,人在室外舞蹈,难以抵挡隆冬的严寒,因而舞蹈时只有激烈地跳、快速地转,以强劲的动作产生热量才可以抵御凛冽的风寒。而南方山多地窄、气候潮热,人口密集,很大程度上压缩了人的活动空间,因而人们跳舞时动作柔和,舞步轻盈,正与北方人舞蹈时的潇洒、豪迈、大线条不同。

民间舞蹈从远古时代的巫舞发展到现代以娱乐性为主的舞蹈活动,广泛地出现在各种民俗活动中,实用功能减弱,表达情感和满足审美需要的要求凸显,这种特点成为现代民间舞蹈最主要的功用。

3. 民间戏曲

民间戏曲是在民族土壤上萌生滋长的艺术。作为老百姓的艺术创造,民间戏曲一直保持其质朴生动的特色,为民众所喜闻乐见,与民众的生活思想息息相关。如今民间戏曲已经成为戏曲园中比较引人注目的形式,各种民间戏曲都以精彩的新老剧目和风格独具的表演艺术,受到人民群众的欢迎,成为现代民众生活中不可缺少的重要内容。

4. 民间工艺美术

民间工艺美术是指在宫廷美术、宗教美术和文人美术以外,由广大民众自发创造、享用并传承的美术,主要是农民和手工匠人的艺术。民间艺人使用简单的工具和材料进行创作,主要受到传统程式规范的约束,但是,也有个人艺术创造的发挥。由于这种非专业的、素朴的性质,民间美术品的表现技巧似乎不如宫廷美术、宗教美术和文人美术那样精湛,而呈现出质朴的艺术风貌。但这些作品却反映出广阔的社会生活,表达着广大民众的心声,具有较强的艺术生命力。大多数民间美术品多具有自作、自用、自娱的性质,是传统自然经济的产物。

二、中外民间艺术的主要表现

(一)中国民间艺术的主要表现

1. 民间歌舞

中国的民间歌舞大多是载歌载舞,歌舞并重。在众多的民间歌舞中,以秧歌的传播面最广,参与者最多。其实在我国古代秧歌就已经产生了,一听这个名字就知道和农业插秧联系紧密。中国自古就是农业大国,农业也被认为是民生的根本,秧歌的起源和"农作舞蹈"相关。流传下来的秧歌就是人们在插秧时搞的娱乐活动,如今已经成为民间最为普遍的群众性游艺活动。在北方,扭秧歌的习俗比较多。

除了最著名的东北大秧歌外,还有胶州的秧歌、陕西的秧歌和河北的秧歌。东北秧歌有五个特色:扭、走、唱、扮、耍。扭秧歌时讲究的是按照一旁锣鼓的节奏舞动,左手舞绸子,右手舞扇子,在一片唢呐声中穿梭前进。陕北的秧歌也很出名,在广场上进行大型秧歌游艺活动时一般要有耍狮子、舞龙灯、打腰鼓等。各地的秧歌虽然在演绎的过程中都加上了地域特色,但是其形式始终保持着一致。秧歌传承了千年,时至今日内容和形式变得更为丰富了,一直被民间当成最喜闻乐见的游艺活动之一。

2. 民间戏曲

民间戏曲是在民间曲艺和民间歌舞的基础上发展起来的,一般以歌舞形式出现,带有浓厚的歌舞成分,我国主要的民间戏曲有:傩戏、木偶戏和皮影戏。

(1)傩戏。又称傩堂戏、端公戏,是在民间祭祀仪式基础上吸取民间戏曲而形成的一种戏曲形式,广泛流行于安徽、江西、湖北、湖南、四川、贵州、陕西等省。多数地区的傩戏只使用锣鼓钹等打击乐器,傩戏的角色行当分为生旦净丑,戴着面具表演,演唱采用本地方言。傩戏是历史、民俗、民间宗教和原始戏剧的综合体,蕴藏着丰富的文化基因,具有重要的研究价值。

📖 拓展知识

傩堂戏面具民间俗称"脸壳",全堂戏面具有24面,半堂戏12面。面具多选用木质材料,雕刻精细,上面覆以彩绘。面具在戏中既是角色身份的象征体现,也是掌坛土老师地位的衡量标准。面具多即表示能够演出的剧目和请来的神灵多,土老师的威信亦越高。面具主要可分为3类:

正神面具:代表正直善良的神祇,相貌多为宽脸长耳,弯眉大眼,神态慈祥温和,敦厚亲切。如唐氏太婆、桃源土地、先锋小姐、减灾和尚等。

凶神面具:代表凶猛强悍、震慑四方的神祇,面目多为立眉突眼,翘嘴獠牙,狰狞怪异,凶煞可怕。如开山猛将、勾簿判官、押兵先师、钟馗、灵官、二郎神等。

世俗人物面具:有正面人物和丑角两种。正面人物形象端庄清秀,神态淳朴忠厚,如甘生、安安、姜师、庵主、鞠躬老师、卖酒娘子、龙女、梅香等。丑角形象怪诞滑稽,在戏中专事插科打诨、逗笑取乐,如秦童、秦童娘子、秋姑婆、唐二、撵路狗等滑稽角色。

(2)木偶戏。在我国民间,木偶戏历史悠久,种类繁多。这种戏种是由演员操作木偶以表演故事的民间戏曲。由于呈现在观众眼前的是只木偶,其幕后的演员赋予了木偶灵魂,把持着木偶呈现不同的状态,好似傀儡,因而民间也称"傀儡戏"。木偶戏的出现实际上是起源于陪葬物,远古的人是很讲究殉葬的,而俑就是最常见的陪葬物,这傀儡木偶就是俑的翻版。现在的木偶因操作方式的不同可以分为杖头木偶、掌中木偶和提线木偶三种形式。

(3)皮影戏。又称灯影戏、影戏。西汉时期就出现了皮影戏,历史悠久。皮影的原理被中国人发现虽然已有2000多年的历史,但是它真正成为一种民间的游艺活动,那还是在1000多年前。最初的皮影其实是纸做的。一般都是用白纸裹成一个小人,再根据想要的任务,给它画上脸孔,穿上衣服,但真正在屏幕上出现的时候,也就只能找出单色的影像。后来人们发现用兽皮制成的"影人",效果会更好一些,于是人们把兽皮削成了薄皮,涂上桐油再雕刻成任务的形状,再衬上有色的纸。这种影人头部和四肢都可以灵活摆动,这样艺人在台后就可以操控皮影人,而台下的观众也可以看到屏幕上生动的演出了。其角色也分为生、旦、净、末、丑,演出时靠杖头操纵,一人演一影。

现在的皮影,北方以滦州皮影为代表,影人结构分七大部分:头、上身、上臂(两件)及下臂(两件)、手(两件)、下身、腿(脚与腿相连,两件),共11个组件。中心控制是脖条。以杆子操纵。生旦脸部镂空,净丑则涂色,脸形棱角分明,尖下巴,平额头。皮影形体较小,多以驴皮雕镂。以黄牛皮雕镂的陕西皮影亦分11个组件。

南系以成都灯影戏为代表,影偶分大、中、小型。成都灯影全身共分14关节:帽、头、胸、腹、下肢二、上臂二、前臂二、手掌二。头可插进脖颈上用细铁丝缠绕的皮圈内,其余关节用细麻绳连接。

3.民间工艺美术

按照材质分类,有纸、布、竹、木、石、皮革、金属、面、泥、陶瓷、草柳、棕藤、漆等不同材料制成的各类民间手工艺品。它们以天然材料为主,就地取材,以传统的手工方式制作,带有浓郁的地方特色和民族风格,与民俗活动密切结合,与生活密切相关。一年中的四时八节等岁时节令、从出生到死亡的人生礼仪、衣食住行的日常生活中都有民间艺术的陪伴。

按照制作技艺的不同,又可以将民间艺术分为绘画类、塑作类、编织类、剪刻类、印染类等。

(1)绘画类。人类最早的绘画是距今约万年前的原始先民创作的岩画,民间绘画是相对于文人画、宫廷画、宗教画和现代的学院派绘画而言的。民间绘画的特点是它有着强烈的地域色彩、民族色彩、程式化色彩,与民间习俗相结合,造型古朴、夸张,色彩鲜明,既有工笔重彩之作,也有淡雅隽秀之作。

 特别提示

民间画的源头来自远古的岩画、彩陶装饰画等原始艺术。民间绘画不仅是独立的观赏性的艺术,还作为环境和器物等的装饰,成为附属性的装饰绘画,如皮影、木偶、脸谱、刺绣、剪纸、建筑装饰、陶瓷装饰等就大量采用民间绘画的语言或图案对其进行装饰。

①彩画。在各种实用性的器物和装饰性的摆设、供奉陈列中绘有优美的装饰画,那些造型优美的图案和丰富的色彩,有的是直接取自年画等民间绘画,有的则是将传统的民间绘画中的局部图案、传统吉祥图案运用在各种介质的装饰上,更多的是民间艺术家富有灵性的创作和构思的体现。这类彩画虽然依附于器物或其他媒介而存在,但又往往能为所装饰的器物和媒介带来更多的审美情趣,增加更多的观赏价值和经济价值,大大提升了原有器物和媒介的艺术性和技艺高度,它不是简单的"二次创作"和复制、转移,而是根据器物和媒介的特点有的放矢地进行选择的结果。如建筑彩绘,经常出现在长廊、房山墙、影壁、大门、房檐等处的建筑装饰画,也是典型的装饰性彩画。它增加了建筑的装饰美感,提高了建筑的工艺含金量。

②农民画。农民画是中国当代民间艺术中一个特有的术语,是中国特定历史条件下产生的一种绘画艺术形式,它起源于20世纪50年代末期,中国正值"大跃进"年月,在江苏省邳县、河北省束鹿县、陕西省户县等地先后搞起了农民"诗画满墙"活动。由于它及时地配合着当时的政治运动,很快就传遍全国许多乡镇。初期的农民画,大都是采用壁画形式,这也是各地文化馆站为配合运动、以宣传为主要目的而开展的群众艺术活动。画炼钢、画生产、画阶级斗争、画理想,是当时农民画的主要表现题材,流露出民间艺术淳朴美的特质。直到改革开放之后,随着农村经济的复苏,沉寂多年的农民画才又重新活跃起来。除原有的"画乡"外又出现了许多,不仅在农村,还出现在渔岛、牧区和少数民族地区。农民画再度兴起,面貌全然改变,农民画家吸取了剪纸、皮影、刺绣、染织、年画、陶瓷、雕刻等传统民间美术的营养,把它们运用到表现新生活的绘画创作中,创造出崭新的艺术样式,这就是由农民画演变而来的"现代民间绘画"。

③年画。是中国人春节期间用来装饰生活环境和居住场所的一种装饰画。古代就有过年贴画的风俗,只是不叫"年画"。直到清代道光29年,李庭光在《乡言解颐》一书中提到了"年画"一词,后来被广泛采用。年画的题材和内容包罗万象,有门神、神等各类神像;有节庆画、吉祥画;有故事、戏曲、小说内容的装饰画;也有保佑出行用的神像等。可以说年画是反映民俗生活和观念的百科全书,而且年画色彩鲜艳、构图饱满、造型生动,是独特的艺术形式。

(2)塑作类。塑作类民间艺术品是指以捏、塑、堆、纳等方法为主制作的民间艺术品,其内容包括了泥塑、面塑、陶塑、糖塑、米粉捏制品、纸浆拍塑、琉璃和玻璃等造型艺术。塑作类艺术往往靠艺人以手施艺,靠手工方法造型,由于采用了与雕刻不同的创作手法,它们的艺术效果也不同。塑作类艺术还常结合彩绘装饰方法,在塑形后再施以彩绘,以增加艺术品的欣赏性、象征性,烘托吉庆祥和的气氛。如泥塑中的典型作品有江苏惠山的"手捏戏文"、河南淮阳的"泥泥狗"、北京的面人张、面人郎的作品等;纳模玩具如泥饽饽、泥玩具中的耍货"阿福"、凤翔泥塑、北京兔儿爷、中秋月饼、巧果、糖人等都是典型的塑作类民间艺术。一些民间脸谱和器物采用纸浆拍塑而成,而玻璃类、糖人等则采用吹塑方法,趁热边吹边塑形,也属于塑作类艺术。

①泥塑。泥塑艺术是中国一种古老的民间艺术。它以泥土为原料,以手工捏制或磕模捺泥方法成形,或素或彩,以人物、动物为主。新石器时代到汉代,中国境内考古发掘的大量文物中有为数众多的陶俑、陶兽、陶马车、陶船等,其中有手捏的,也有模制的。汉代先民的丧葬习俗中大量使用陶泥偶像作为陪葬品。到了唐代,泥塑艺术达到了顶峰,被誉为雕塑圣手的杨惠之就是杰出的代表。泥塑艺术发展到宋代,不但宗教题材的大型佛像继续繁荣,小型泥塑玩具也发展起来。有许多人专门从事泥人制作,作为商品出售。元代之后,历经明、清、民国,泥塑艺术品在社会上仍然流传不衰,尤其是小型泥塑,既可观赏陈设,又可让儿童玩耍。天津、江苏无锡惠山、广东大吴、陕西凤翔、河南浚县、淮阳及北京等地仍是传统泥塑的重要产地。

②面塑。中国传统饮食文化源远流长,据文献资料记载,汉代早已有面塑存在了。宋代《梦粱录》中记载了把面塑用在春节、中秋、端午以及结婚祝寿的喜庆日子的习俗。现存最早的古代面人,是在新疆吐鲁番阿斯塔那古墓中发现的唐代永徽四年墓中出土的面制女俑头,男俑上半身像和面猪。清代,出现了以做面人为生的手艺人。到了今天,在中国北方大部分地区仍然保存着制作面人的手艺和习俗。面塑一般分为观赏的面塑和食用的面花。用于观赏的面塑通常用精面粉、糯米粉、盐、防腐剂及香油等制成,而用于食用的面塑则用澄粉、生粉等制成。材料的不同使这两种面塑在制作工艺上也有少许的不同。食用面花或节俗礼馍普遍流行于中国以吃面食为主的北方各地,沿黄河流域的青海、甘肃、宁夏、陕西、山西、河南、山东各省以及内蒙古、新疆、东北等地农村都有食用面花。面塑则以北京、山东、江苏、浙江为主要的产地。北京的面塑艺术水平最高。

(3)编织类。中国的竹、草、藤、柳、棕麻等编织工艺品像其他工艺品一样,有着悠久的历史。考古发现证明,中国早在距今六七千年前的河姆渡文化时期、四五千年前的仰韶文化时期和两三千年前的良渚文化时期都有苇、竹等类的编织物。1973年至1977年在浙江余姚县河姆渡文化遗址中,就发掘出以二经二苇法编织的苇席残片。1934年在浙江余杭县吴兴钱山漾良渚文化遗址发掘出二百多件竹器,上有一经一苇、二经二苇、多经多苇法编的人字及菱形花格等纹样,尤其产生了梅花眼、辫子口等较复杂的编织技法。藤至少在氏族社会时已用于编织胄和盾牌。在新疆曾出土的唐"线柳编长方盒"中,可以了解到柳编工艺在唐以前就已很发达。葵、棕、麻编织也有悠久的历史。

①草编。主要产地是浙江、河南、山东、湖南、广东、广西等地。浙江慈溪长河草编历史悠久,有"草编之乡"的美誉。湖南以动物草编、金丝草帽最著名。河南草编相传由山东莱州传入,已有一千二百多年历史。山东草编主要有草辫、日用品、杂品三大类。湖南临武龙须草席也有悠久历史,相传在唐代即有侍臣向杨贵妃进献龙须草席以供解热消汗。

②柳编。以河南、江苏、内蒙古、河北、陕北等地为主。

③竹编。主要集中在浙江、四川、湖南、河南、贵州、广西、安徽等地。顾名思义,竹编就是用竹子作为原材料,将竹筒破为竹篾,经过烤、泡、上色等工艺处理,编织成各种生活器皿和装饰品。浙江嵊州竹编久负盛名,以当地盛产的水竹为原料,主要有箕、盘、罐、盒、屏风、动物、人物、建筑、家具、灯具、棕壳等十几大类,三千多个花式。浙江东阳,早在南宋时已有竹编龙灯、花灯、马灯出现,它以动物装饰为主要特色。四川成都瓷胎竹编,以江西景德镇瓷器为胎,用优质慈竹加工编织,四川崇州竹编也很有名。浙江嵊州、东阳竹编以动物为主要内容,多取材于家养禽畜及珍奇禽兽,取材于民间神话的作品也很精致。浙江新昌竹编,品种多,以瓶、罐为佳。杭州竹篮底口紧密,罗口细密,牢固耐用。四川成都瓷胎竹编工精艺高,竹丝细如毫发,织时不露接头,织成的作品薄如绸绢,色调和谐,色泽清雅,美观大方。四川崇州竹编除各种日常用的竹兜、篮、盘、碗、扇、灯笼、盆等,还有许多新颖、精巧的生活用品,牢固,弹性强,能经受一定的压力,易于保护各种物品。湖南益阳水竹凉席质地纤细,编工细腻,平整滑爽,柔韧耐用,吸汗散热,清凉爽快,久用则愈显光亮平滑,最宜夏季消暑使用,以"薄如纸,明如玉,平如水,柔如帛"著称。

(4)剪刻类。剪刻类民间艺术品是指以剪、刻、凿等方法为主制作的民间艺术品。其内容包括了剪纸、刻纸、皮影、剪贴画、铁画、石刻线画、瓷刻画等。民族服饰和布艺的制作中也使用了大量的剪裁工艺。这些艺术品的造型顺序往往是由大及小,所使用的材质一般具有挺阔硬朗的质地,如纸、皮、竹木、石、陶瓷、象牙等。剪刻中常使用的工具有剪子、刀子、凿子、錾子和一些辅助性工具,剪刻作为造型手段,擅长表现作品的细节,体现精致的技巧,如刻纸作品可以达到细如发丝,木刻达到肌理毕现、入木三分的艺术效果。

①剪纸。剪纸的出现应该是在汉代造纸术发明之后的事情。造纸术的发明,为剪纸的出现提供了有利条件。到了唐代,剪纸艺术大大发展,以剪纸招魂是当时民间的重要习俗之一。在民间,剪纸图案还被广泛应用于木版雕刻、铜器饰纹、布匹印染等其他艺术领域。宋代的造纸业发展成熟,纸品种类的增多为剪纸的普及

提供了条件,出现了诸如民间窗花、灯彩和茶盏上的装饰等各种不同的表现形式,使民间剪纸的运用范围比唐代更为扩大。南宋时期,就已出现了以剪纸为职业的艺人。明、清时期是剪纸艺术的鼎盛时期,剪纸成为重要的居家装饰品,如门笺、窗花、柜花、棚顶花等,剪纸也成为民俗活动必不可少的装饰品。中国的剪纸起源于汉至南北朝时期,而真正繁盛却是在清朝中期以后。古老的剪纸多在乡间,以剪刀铰出为主,趣味浑朴天然,均出自农家妇女之手;剪纸进入城市后,不仅市民情趣和生活理想要参入剪纸艺术,而且千家万户互传成习,需要颇巨;剪纸艺人为了省工,一刀多张便改为刻刀雕刻为主,风格转向精巧,艺人也就不止于妇女了。然而,时代更迭、生活改变和审美转化,传统民间艺术渐渐不能适应现实需要,所以现代新兴剪纸艺术孕育而生。

中国的剪纸艺术一般来说可分为北方风格和南方风格两大类型,即使如此,每个地区的剪纸也有着不尽相同的特点。陕西剪纸是比较有代表性的北方剪纸艺术,广泛用于春节窗花、结婚的喜花、丧葬中大量的纸活儿装饰、社火表演中的道具、庙宇中宗教气氛的营造等,各种民俗活动也离不开剪纸。此外,剪纸还用于刺绣等艺术品制作的底样。剪纸形式上大多以单色为主,造型简洁、洒脱、粗犷、注重夸张变形,内容上多以传统的花草、动物、人物、戏出为主。河北蔚县染色刻纸是中国典型的刻纸艺术形式,相传已有两百年历史,尤其以窗花见长。后来河北武强县的木版浮水印窗花传入,刻纸工艺吸取其色彩特点,仿其透明效果,以刻代剪,形成蔚县刻纸的独特风格。蔚县刻纸以"阴刻"和"色彩点染"为主,故有"三分工七分染"之说。题材多取自戏曲人物,也有花草鱼虫、飞禽走兽等吉祥形象。其余还有山东剪纸、湖北剪纸、浙江浦江戏曲剪纸、浙江乐清细纹刻纸、广州佛山剪纸等。

②刻纸。也是民间工艺的一种常见形式,剪纸和刻纸两者虽然最终形式相同,但制作技法却不同。剪纸是一种以纸为加工对象,以剪刀为工具进行创作的艺术。刻纸则需要用垫板、刻刀、尖锥子、钉子等工具,先将原有的样子放在20张或者30张薄纸上,然后将它们放在垫板上并用钉子固定,用刻刀由里到外一层层地刻,刻好花样后,刻纸就完成了。一般来说,剪纸更注重原创性,不受刻刀和纸张的限制,造型更加自由和随意。刻纸则更适合表现细腻的画面效果,如浙江的细纹刻纸细如发丝,令人惊叹。刻纸某种程度上弥补了剪纸的不足,但在创作上,受到了较多的限制。

(5)印染类。这类民间艺术品是与民间服饰和日常居室装饰密切相关的工艺品,主要用在服装、帽子、被褥、床饰、门帘、包袱布等方面,是用途非常广泛的布艺。中国传统的民间印染有扎染、蜡染、蓝印花布和彩印花布。前三者都是以印和染的方法着色、显花的工艺,以植物蓼兰中分解提炼出的靛青为染料,民间也称为蓝染和蓝印。彩印花布则是一种多版套色印花的工艺。据《史记》《竹书记年》等古籍记载,早在公元前26世纪初,"黄帝制玄冠黄裳,以草木之汁染成文彩"。夏、商、周时代,就已经有用服饰的印染色彩、纹饰来区分尊卑等级的规定了。秦汉以后,镂空版印花方法大为盛行,其后花色品种日见繁多,印染工艺也日臻完善。

(二)外国的民间艺术

1.民间歌舞

(1)日本歌舞伎。歌舞伎是日本所独有的一种戏剧,也是日本传统艺能之一。在日本国内被列为重要无形文化财富,并在2005年被联合国教科文组织列为非物质文化遗产。现代歌舞伎的特征是布景精致、舞台机关复杂,演员服装与化妆华丽,且演员清一色为男性。歌舞伎是日本典型的民族表演艺术,起源于17世纪江户初期,1600年前后发展为成熟的一个剧种,近400年来与能剧、狂言一起保留至今。

歌舞伎的始祖是日本妇孺皆知的美女阿国,她是岛根县出云大社巫女(未婚的年轻女子,在神社专事奏乐、祈祷等工作),为修缮神社,阿国四处募捐。她在京都闹市区搭戏棚,表演《念佛舞》。这本是表现宗教的舞蹈,阿国却一改旧程式,创作了《茶馆老板娘》,阿国女扮男装,身着黑衣,缠上黑包头,腰束红巾,挂着古乐器紫铜钲,插着日本刀,潇洒俊美,令老板娘一见钟情,阿国表演时还即兴加进现实生活中诙谐情节,演出引起轰动。阿国又不断充实、完善,从民间传入宫廷,渐渐成为独具风格的表演艺术。

(2)韩国歌舞。韩国传统舞蹈最早始于史前时代的宗教仪式。当时各部落在神坛祭典时,常伴有集体歌舞,这样的歌舞随时代的变迁逐渐演变成固定的形式。三国时代(427—688年)的高句丽古墓上就出现了载有人们跳舞场面的壁画;而高丽时代的大型燃灯会和八关会等国家举办的活动也包含有跳舞的内容。到朝鲜时代,舞蹈以初中期的宫廷舞蹈、后期的民俗舞蹈为中心得到发展。宫廷舞蹈指在宫中宴会和招待贵宾的盛筵时所跳舞蹈,大部分是赞扬王室尊严、威严的内容。舞者的服饰以华丽、艺术为特征。宫廷舞中较具代表性的是剑舞、鹤舞和处容舞。民俗舞蹈则随农业生产力的提高和工商业的发达在民间得到了很大发展,不仅有直接表现老百姓生活、感情的内容,还包含对社会现实的批判。最具代表的是假面舞、山台假面剧、僧舞、巫俗舞、傀儡戏、太平舞、闲良舞、驱邪舞等。其中的面具舞和山台假面剧借讽刺官僚和僧侣的内容而对当时的社会进行了讽刺。而划归于现代民俗舞蹈的长鼓舞、扇子舞则是在1930—1960年间创作出来的。此外,还有佛教仪式上的铜钹舞、法鼓舞、蝴蝶舞等及孔庙祭典、宗庙祭典上的舞蹈。

(3)泰国舞蹈。泰国舞者赤脚于舞台,举手投足之间蕴藏着无尽的神韵。他们动作富有韵律,女演员们显得婀娜多姿,楚楚动人。泰国舞者头戴宝塔形金冠,身穿泰国丝绸制成的服饰,配上光彩熠熠的金片,在泰国特有的乐器伴奏下,舞动出了泰国舞蹈的精髓和泰国的风土人情。泰国的舞蹈服饰和舞蹈动作来源于古代国王贵族的生活,表达了民众对于皇室的无尽崇敬。泰国民间舞蹈除舞姿和眉目富有表现力和感染力外,演员手指的动作也能表达许多微妙的感情变化。比较有代表性的民间舞蹈有富有情趣的假面舞、玉指闪烁的指甲舞、烛光流萤的蜡烛舞、甜甜蜜蜜的南旺舞等。

(4)爱尔兰踢踏舞。踢踏舞,有拍打敲击的意思,是现代舞蹈风格的一种,形成于20世纪20年代的美国。当时爱尔兰移民和非洲奴隶把各自的民间舞蹈带到美国,逐渐融合形成了新的舞蹈形式。这种舞蹈的形式比较开放自由,没有很多的形式化限制。舞者不注重身体的舞姿,而是着重趾尖与脚跟的打击节奏的复杂技巧。爱尔兰的踢踏舞热情奔放,旋律优美,节奏极其鲜明而富于变化,集爱尔兰传统音乐、歌曲、舞蹈的精华于一身,体现了现代爱尔兰的精神风貌。有"爱尔兰文化使者"之称的大型舞剧《大河之舞》融合了爱尔兰舞、踢踏舞、俄罗斯民间舞蹈和西班牙的弗拉明戈等多种舞蹈形式,在世界各地受到了广泛好评,是爱尔兰文化的优秀代表。

(5)美国舞蹈。在美国,民间舞蹈一词所指的范围比某些国家要广泛得多,传统舞蹈、仪式舞蹈、社交舞蹈、舞厅舞蹈中的许多舞蹈都可以称作民间舞蹈,往往很难分清它们之间的界限,这和它的舞蹈文化构成有关。美国民间舞蹈主要分3部分:印第安人的舞蹈、欧洲移民及其后裔的舞蹈、黑人的舞蹈。

印第安人是美洲大陆的原始居民,早在欧洲殖民主义者来到美洲大陆以前,北美印第安人就有了比较发达的文化,舞蹈是其重要的组成部分。他们的舞蹈包括社交性的、仪式性的、和劳动生活紧密联系的、用于治疗疾病的等,几乎都是逆时针方向进行的圆圈舞,其中往往都渗透着对"超自然力"的崇拜,例如,崇拜太阳,奉祀谷物神、豆神和南瓜神的舞蹈,是祈望获得丰收或丰收后的酬神舞。戴假面具的舞蹈是巫师用来防病治病的舞蹈,有一定的程式。

属于欧洲移民的英国人、爱尔兰人、法国人、德国人、西班牙人等在涌向北美大陆的同时,带来了各自传统的民间舞蹈、宫廷舞蹈、舞厅舞蹈,他们结合当地新的生活条件把这些舞蹈加以改造,创造出具有美国特点的新舞蹈形式。

美国黑人对美国舞蹈的发展和美国舞蹈风格的形成发挥了重要作用。从17世纪起,800万非洲黑人被当作奴隶运进美国,他们带来了非洲黑人舞蹈的激情和切分节奏,黑人舞蹈和白人舞蹈融合交流,创造出新的舞蹈形式。例如,爵士舞就是把爱尔兰木底鞋舞的节奏改变成切分节奏,并一反爱尔兰人那种身躯僵直、面无表情的跳法,加上了身体和手臂的动作,形成了全新的舞种。

2.民间戏曲

(1)日本能剧与狂言。日本的能剧和狂言的产生可以追溯到8世纪,随后的发展又融入了多种艺术表现形式,如杂技、歌曲、舞蹈和滑稽戏。今天,它已经成了日本最主要的传统戏剧。这类剧主要以日本传统文学作品为脚本,在表演形式上辅以面具、服装、道具和舞蹈组成。能剧和狂言属于两种不同的戏剧类型形态。"能剧"表现的是一种超现实世界,其中的主角人物是以超自然的英雄的化身形象出现的,由他来讲述故事并完成剧情的推动。现实中的一切,则以面具遮面的形式出现,用来表现幽灵、女人、孩子和老人。"狂言"则是以滑稽的对白、类似相声剧一样的形式来表演。无论是能剧还是狂言,剧本所采用的语言均为中世纪时的口语。能剧及狂言在今天的社会中,遇到的最大威胁,就是青年人对古老戏剧失去了兴趣。就其广义而言,能剧包含了喜剧形式的狂言,它在 14 世纪形成一个独特的艺术形式,是世界上现存最古老的专业戏剧。虽然能剧和狂言是一同发展起来并且密不可分的,但是他们在许多方面确实大相径庭。能剧从根本上讲是一种象征的舞台艺术,其重要性在于稀有的美学氛围里面的仪式和暗示,而狂言的主要意义在于让人发笑。

(2)韩国"四物游戏"。是从民俗音乐发展到后来以四物表演等新形式出现的韩国传统音乐剧目,是以四种民俗打击乐器演奏韩国传统音符的民间艺术。原来的"四物"是指佛教仪式中使用的梵钟、木鱼、云板以及法鼓四种器物,后来人们从驱邪仪式和农乐的"风物音乐"中,把铜锣、筝、长鼓和鼓等四种打击乐器发展成四物游戏。过去四物游戏表演通常在室外进行,负责各打击乐器的人通常坐在地上演奏,必须具有高超的技巧,4 个人才能配合默契。由于节奏欢快,令人自然而然地翩翩起舞,因而深受民众的喜爱。

到了现代,"四物游戏"因 1977 年由金德洙成立的"四物游戏团"以其频繁精彩的海内外演出得以推广。这支传统乐队最大的贡献就是把四物游戏介绍给世人,并赢得了海外观众的热烈喝彩。金德洙四物游戏团尤其把四物游戏从室外引进室内,在音乐厅进行演出,使四物游戏成为最具代表性的文化剧目。如今,不仅是各级学校学生,连民众也流行学四物游戏。四物游戏一般演奏的是京畿道地区的风物音乐、湖南地区的农乐和岭南地区的农乐。

3.民间工艺美术

(1)日本人偶。人形美术是日本传统的一种民间美术,有些像中国的绢人,大约起源于日本的江户时代(1603—1867 年),最早是作为孩子的玩具出现的。经过数百年的发展变化,人形美术以其精巧的造型、华丽的服装和多样的发饰赢得人们的赞赏,成为日本人民喜爱的一种室内装饰品。

在日本,祭祀用的人偶娃娃有着悠久的历史。在 8 世纪平安时代的中期,距今一千多年前就已经有了关于在人偶身上换穿衣服的游戏,后来又出现了向河水中投放人偶以求吉祥的习俗。在日本的传统节日中,3 月 3 日是女儿节。每年的这一天,凡是有女孩的人家都会摆出做工精巧、造型华丽的宫装人偶来为女孩祝福,祈求她无灾无难地健康成长,幸福平安。

人偶是日本独特的传统手工艺品,但是它和中国的木偶人不同,不仅仅是一种装饰作用的玩具,还有着更深层次的文化意义。在日本,当女儿出嫁的时候,人偶也作为嫁妆的一部分带走。由于人偶可以代代相传,如果娘家本身的人偶收藏较好的话,由外婆传给妈妈,妈妈可再传给女儿。这样一来,也无须再花钱买新的人偶了。有些名门世家的人偶经过历代相传,累积到几十个甚至数百个,每年摆出来场面都相当壮观。其中有的甚至是从江户时代就传下来的,历史达数百年,并且被列为国家指定的特别文物,其价值就更难以估计了。

(2)俄罗斯套娃。这是俄罗斯民间艺术品中最令大家所熟知的,其全称是玛特廖什卡娃娃,是一种传统俄罗斯玩具,为形状相同的许多木制娃娃由大而小相套成系列。娃娃上绘有独特俄罗斯风格绘画的T恤、红蓝两色相间的漂亮的古杰利陶器和霍夫罗马餐具(所谓的木质餐具、黑地儿上绘有红色或金色草莓等图案)。现在又新加了一些现代风格图案的制品,如领袖套娃(有普京、布什等国家领导人头像)、运动系列套娃等非常畅销。套娃19世纪末出现在莫斯科州的扎戈尔斯克一带,当时那里是制作玩具的中心。"玛特廖什卡"是农村常见的妇女名字。因而,此玩具的造型为农妇身着传统的萨拉范、包头巾,手中提着篮子或拿花束、鸡鸭,造型淳朴,色彩极鲜艳。每套玛特廖什卡都有细节上的差别,一般一套有3~24个娃娃不等。各种层次套娃的价格已相差甚远,价格从几十卢布至几万卢布一套不等。正因为玛特廖什卡是最流行的传统俄罗斯玩具,因而常作为俄罗斯货物的标志见于商标、货签、商店招牌及其他商品标志。

(3)荷兰木鞋。木鞋是荷兰最具民族特色的工艺品,是民族风俗文化的缩影。如今,荷兰木鞋的实用价值大减,已少有人穿了,倒是观光客喜爱不已,成了必购的纪念品,因为木鞋的造型很可爱,整个样子像一艘小船,可做装饰品,还可以做花瓶,就是荷兰人也舍不得把它扔掉。木鞋是与风车、郁金香齐名的"荷兰三宝"。木鞋同风车一样,是荷兰人在同大自然的搏斗中适应地理环境的产物。荷兰属"低洼之国",欧洲许多大河经荷兰入海,又受全年湿润的温带海洋性气候影响,几乎一半的土地浸泡在水中。正是这样的地理条件,促使荷兰人在500多年前发明了木鞋。

荷兰木鞋的制作原料为白杨,它具有不易劈裂、不变形、不渗水、不沾泥、透气等特点。人们在使用过程中不断发现木鞋的诸多好处:脚穿坚硬的木鞋在淤泥地行走特别轻巧利落,原料便宜,易制作,能防潮,好清洗,且能起到劳动保护作用。农民们在鞋内填进稻草等,既可御寒防冻,又舒适耐穿。木鞋因此流传下来,荷兰的农民、渔民至今仍有穿木鞋的习惯。

（4）印尼木雕。印尼的木雕，尤其是巴厘木雕，享誉国内外。巴厘木雕是一种传统工艺品，它最初与巴厘人的宗教信仰息息相关。人们把自己崇拜的印度教诸神用石头或木头雕刻出来，供奉在庙宇、庭院、堂室内。后来代代相传，便产生了无数能雕善刻的巧匠。巴厘木雕大都用质地坚硬、花纹细密的乌木、柚木等木料雕刻而成，造型千姿百态，有栩栩如生的神鹰、神牛、雄狮、雄牛等动物及各种禽鸟，有惟妙惟肖的巴厘渔夫、少女，有民间故事中脍炙人口的传奇人物，也有当代各种抽象艺术形象。

案例分析

潍坊风筝　经贸平台

潍坊市被各国推崇为"世界风筝之都"，国际风筝联合会的总部就设在潍坊风筝博物馆。潍坊也是中国的风筝之乡，制作历史悠久，属中国三大风筝派系之一，与京、津风筝齐名鼎立，享誉中外。潍坊风筝题材多样，具有浓郁的乡土风味和民间生活气息。每年4月20日至25日举行潍坊国际风筝节，每年都有来自30个国家和地区的代表团参赛。

潍坊风筝博物馆位于潍坊市奎文区行政街66号，1989年4月建成。是目前世界上建筑面积最大的风筝专业博物馆。它占地1.3公顷，建筑面积8100平方米，建筑造型选取了潍坊龙头蜈蚣风筝的特点，屋脊是一条完整的组合陶瓷巨龙，屋顶用孔雀蓝琉璃瓦铺成，墙壁铺白色马赛克。整个建筑设计风格独特，似蛟龙遨游长空，伏而又起。

该馆设有综合馆、中国馆、潍坊馆、友谊馆等12个展馆，在约2000平方米的展室内，收藏了古今中外的风筝珍品以及有关风筝的文物资料2000余件，介绍了风筝的历史、分类、创新及潍坊国际风筝会、风筝界友好往来、潍坊市概况。展览以1000余只筒式、板式、硬翅、软翅、串式五大类风筝精品以及300余件翔实的风筝文物资料为主，较全面、客观地体现了潍坊风筝所独有的题材广泛、造型优美、绘画精细、色彩艳丽的风格；介绍了构思大方、造型夸张、色彩对比鲜明、注重飞翔性能、研究价值较高的外国风筝；重现了历届潍坊国际风筝会的盛况；展示了在潍坊市委、市政府"文化搭台，经济唱戏"这一决策指导下各行各业发生的巨大变化。

潍坊国际风筝会是我国最早冠以"国际"，并有众多海外人士参与的大型地方节会。其创立的"风筝牵线、文体搭台、经贸唱戏"的模式，被全国各地广为借鉴。国际风筝会的举办，让世界了解了潍坊，也使潍坊更快地走向了世界，极大地促进了潍坊经济和旅游业的发展。为了探索在市场经济条件下打好节会牌、唱好节会戏的新路子，从第16届开始，尝试市场化运作的办会模式，使风筝会越办越好，吸引了众多游客。风筝会期间还同时举办了鲁台贸洽会、寿光菜博会、潍坊工业产品展销会、昌乐珠宝展销订货会、临朐奇石展销会等经贸活动。据不完全统计,风筝会期间,前来潍坊进行体育比赛、文艺演出、经贸洽谈、观光旅游、对外交流、理论研讨、新闻报道、文化交流等活动的国内外宾客近60万人。

【问题分析】

1.潍坊国际风筝会对旅游者的吸引力如何?

2.结合潍坊国际风筝节的现状,分析为什么这样的民俗活动有如此强大的活力?

3.通过分析本案例谈谈游艺民俗旅游开发的意义。

创意项目

景德镇瓷器文化旅游大格局构建

"中华向号瓷之国,瓷业高峰是此都。"瓷器是中国的第五大发明,是中华民族灿烂文化的象征。景德镇有实物可考的制瓷历史始于唐末、五代,入宋后,景德镇集天下名窑之大成,汇各地技艺之精华,所产瓷器遍行海外,走出了世人称颂的海上瓷器之路,与那古老漫长的陆上丝绸之路遥相呼应,并垂青史。元、明、清三代,封建王朝均在景德镇设立御窑,景德镇瓷业便独领风骚数百年。千年不断的窑火不仅创造了辉煌灿烂的陶瓷历史,也留下了许多弥足珍贵的历史遗迹和人文景观。

景德镇是国务院首批公布的全国24个历史文化名城之一、国家旅游局向海外推出的35个王牌景点之一、中宣部推出的中国最值得外国人去的50个地方之一、中国优秀旅游城市和国家园林城市。

古窑成功晋级国家5A级景区,不仅实现了景德镇旅游行业零的突破,也是景德镇市主打"陶瓷、航空、旅游"三张主牌战略取得的又一成果。为了打好"旅游"主牌,景德镇市将整座城市定位为一个大旅游景区,积极发展城市旅游,打造城市处处有景点的大旅游发展格局。

景德镇市有着1700多年的制瓷历史,大量的古窑址、作坊、窑房、瓷石矿、民居、水运码头以及陶瓷习俗等,星罗棋布的贯穿于城市每个角落,加上当代不断涌现的各类陶瓷文化交流院所、艺术中心、大师工作室以及如雨后春笋般建造出的陶瓷市场、商铺均成为旅游产业的重要景点和旅游项目。拥有全国唯一一家以陶瓷文化为主题的国家AAAAA级旅游景区、国家文化产业示范基地、国家级非物质文化遗产生产性保护示范基地。拥有历代瓷窑:古代制瓷作坊、世界上最古老制瓷生产作业线、明清御窑、清代镇窑、明代葫芦窑、元代馒头窑、宋代龙窑、风火仙师庙、致美轩、红店瓷行等景点。拥有陶瓷民俗:以十二栋明、清古建筑为中心的民俗景区内有陶瓷民俗陈列、天后宫、祖师庙、瓷碑长廊、瓷音水榭、瓷乐演奏等景观。拥有艺术休闲区:昌南问瓷、三闾庙码头、瓷心茶味、耕且陶焉、前瓷今生、木瓷前缘、china.瓷咖啡厅等瓷文化创意休闲景观。由此,由各景点和旅行社推出的以陶瓷文化为主题的陶瓷民俗风情游、陶瓷工艺流程游、陶瓷古迹寻踪游、陶瓷珍品鉴赏游、陶瓷收藏游、陶瓷购物游等精品旅游线路应运而生,并带动了其他旅游产品的发展。

大旅游的发展格局为景德镇市旅游产业发展带来了无限活力。古窑民俗博览区在节日期间,推出了本市游客免门票,外地游客门票五折的优惠,吸引了大量本地和外地游客参观;让游客参与体验的拉坯、画册等体验旅游产品深受游客喜爱,几大陶瓷购物市场的游客络绎不绝,陶瓷类博物馆接待人次持续升温。仅在春节黄金周期间,陶瓷购物收入占旅游总收入的比重突破了60%。高岭瑶里风景区等其他旅游景区的接待人次和收入也都实现了两位数的增长。

(资料来源:http://jxjdz.jxnews.com.cn)

思考与练习

一、填空题

1.根据本书所述民间游戏娱乐的内容和性质而进行的分类,可把民间游戏娱乐分为即(　　)、(　　)和(　　)三大类。

2.在日本真正为各个年龄段的人们所喜爱的全民运动项目是(　　)。

3.(　　)是在民间祭祀仪式基础上吸取民间戏曲而形成的一种戏曲形式,广泛流行于安徽、江西、湖北、湖南、四川、贵州、陕西等省。

4.荷兰三宝指的是(　　)、(　　)和(　　)。

二、不定项选择题

1.民间杂艺处在游戏和竞技的边缘状态,包括的内容广泛,根据主要表现形式可以划分为(　　)。

A.民间艺人杂耍表演观赏　　B.动物斗戏表演

C.民间竞技　　D.智能游戏

2.民间艺术按照其表现形式可分为(　　)。

A.民间音乐　　B.民间舞蹈　　C.民间戏曲　　D.民间工艺美术

3.按照制作技艺的不同,又可以将民间艺术分为绘画类和(　　)。

A.塑作类　　B.编织类　　C.剪刻类　　D.印染类

4.下列民间游戏娱乐活动中,属于日本国技的是(　　)。

A.棒球　　B.柔道　　C.相扑　　D.歌舞伎

5.做工精巧的套娃是闻名于世界工艺美术品,它的原产国为(　　)。
　A.美国　　　　B.日本　　　　C.西班牙　　　　D.俄罗斯

三、名词解释
1.民间游戏娱乐
2.民间艺术
3.民间音乐
4.民间工艺美术

四、问答题
1.什么是民间竞技活动,它是如何分类的?
2.举例说明韩国民间参与性游戏活动有什么?
3.举例说明日本民间戏曲的类型和表现。

五、应用题
举例说明自己家乡的游艺民俗,并谈谈游艺民俗在旅游业发展中所起的作用。

第五章 岁时节日民俗

引 言

节日文化丰富多彩。在世界各地,不同地域、不同民族的人们拥有自己特有的节日习俗。节日是当地居民生活的重要组成部分,集中展示了人们对现实世界的独特理解和追求。时至今日,岁时节日民俗依然在人们的日常生活中发挥着重要的作用,而且成为现代旅游业发展进程中人们对异质文化体验的最佳方式。学好岁时节日民俗,对于我们发展文化旅游的意义是极为深远的。

学习目标

1. 岁时节日民俗的形成及作用。
2. 中外岁时节日民俗的表现。

第一节 岁时民俗

一、岁时民俗概述

(一)岁时民俗的定义

世界上不同民族、不同文化的人们在漫长的生产生活中,逐渐形成了对天象、物候变幻的独特认知,进而逐渐形成了多姿多彩的岁时民俗。那么,什么是岁时民俗呢?简而言之,就是随着自然界时序的变化而形成的节令习俗。它主要依据自然界气候、物候的变化而呈周期性变化,是为人们日常生活所认可的惯例性现象。如我国汉族的二十四节气、日本的樱花节、泰国的春耕节等,都是这些地区的人们根据气候变化而确立并长期沿袭的产物。这些丰富多彩的岁时习俗反映了各民族在特定地域、特定物候带的文化特色。

特别提示

岁时民俗和节日民俗在很多情况下被合称为岁时节日民俗,因为很多民俗意象本身就兼具岁时、节日的内涵,例如我国传统节日中秋节、春节,西方的圣诞节、万圣节等。它们既是四季更迭的特定时日,同时又被人们赋予了丰富的节日文化内涵。

 拓展知识

自古至今,岁时民俗与人们的日常生产生活有着千丝万缕的联系。中国民间有仰视天象以观寒暑更替来准备衣食住行的习俗。"天河朝东西,收拾穿冬衣;天河朝南北,收拾把麦割",成为乡村人挂在嘴边的谚语。

(二)岁时民俗的形成

岁时民俗的形成过程极为复杂,我们不妨根据其诞生因素展开深入研究,例如气候、物候、禁忌等。具体而言,主要有以下几方面的因素:

1.岁时民俗是天文历法发展的产物

我们通过对各民族岁时习俗的考察不难发现,岁时民俗与天文、历法的产生和发展存在着密切的联系。据研究表明,历史上一些农业文明高度发达的国家都有对天文历法的研究,因为农事的安排需要人们对天时做出准确的计算。在这种情况下,人们按照天象、物象的变化来对农事的安排做出了规律性的安排。例如,中国早在夏朝时期就根据太阳和月亮的昼夜交替和盈亏变化,制定出了最早的历法之一——《夏小正》。该历法将昼夜交替一次定为"一日",月亮的一个盈亏周期定为"一月"。在《尚书·尧典》中有过这样的记载:"乃命羲和,钦若昊天,历象日月星辰,敬授民时";"日中星鸟,以殷仲春;日永星火,以正仲夏;宵中星虚,以殷仲秋;日短星昴,以正仲冬。"而且,此时已经有了闰月的记载。到了春秋战国时期,"周易"中有了天文研究的记载。其实,"八卦"的本义就是天文历法。后来,又出现了干支纪年法。中国历朝历代都十分重视历法的编订,先后制定了上百部历法。

生活在美洲的古代印第安人一支——玛雅人在很早就有了自己的历法——太阳历,是世界上最古老和最精确的历法。它将一年分为十八个月,每月二十天,岁余日五天,全年为三百六十五天。这种历法即便是16世纪的欧洲殖民者也望尘莫及。更具特色的是,玛雅历将一年十八个月和每月二十天的名称用象形文字代表,日期还代表一定的空间、方向和颜色。

天文研究在中国有着悠久的历史,古人曾经创立了"五行""二十八星宿"等理论。中国古人把日、月和金、木、水、火、土通称为"七政",也叫"七曜";"二十八星

图 5-1　玛雅历法二十日符号,源自《中国天文法史》第三册

"宿"是古人将比较靠近黄道、赤道的几颗恒星联系起来设定而成,东、南、西、北各有七颗,每七宿被想象成一种动物。

"北斗七星"是古人辨别方向、判定季节的另一重要方式。因为北斗星在不同的季节和夜晚不同的时间,往往出现在天空中不同的位置,所以古人总结出:斗柄指东,天下皆春;斗柄指西,天下皆秋;斗柄指南,天下皆夏;斗柄指北,天下皆冬。

天文学研究成果在岁时习俗的形成中起到了十分重要的作用。中国古人利用天象和季节变化规律创造了一年四季和二十四节气。例如二十四节气歌:春雨惊春清谷天,夏满芒夏暑相连。秋处露秋寒霜降,冬雪雪冬小大寒。

2. 岁时民俗中有相当一部分来自先民对宗教、巫术的崇拜

(1)自然神崇拜。在生产力水平极端低下的时代里,人类对自然界中很多现象怀有敬畏心理,久而久之形成了对特定自然神的崇拜。神灵在中国传统民俗中是一种极为普遍的现象,像土地神、雨神、山神、雷电神等。它们各司其职,掌握着大自然的不同事物,成为人们供祭的对象。生活在古印度的雅利安人相信,自然界的日月、山川、水火、风雨、树木和各种动物都是不同神灵幻化而来的。因此,那里流行着"泛神"崇拜的习俗。

在中国广大地域的岁时习俗中,土地神崇拜占有非常重要的地位。在高度发达的农业文明时代,人们对土地的依赖性极强,不能不将赖以生存的土地作为神灵祭拜。古时,立春日和立秋日第五个戊日为祭祀土神的日子,称为"社日"。社日活动在民间充溢着浓厚的娱乐气息,体现了民间文化的质朴和追求。届时,人们举行大型祭祀庆典活动,进行各种文体表演。陆游在《游山西村》中写道:"箫鼓追随春社近,衣冠简朴古风存",而王驾的《社日》中则有"桑柘影斜春社散,家家扶得醉人归"的记载,这些都是社日文化的记载。

(2)鬼神崇拜。早在原始社会时期,人们就开始对自身生存问题进行探求。伴随着巫术、神灵的出现和演化,社会文化中逐渐出现了各种不同的鬼神崇拜。生活在西双版纳地区的布朗族崇拜各种鬼神,认为树有树鬼,地有地鬼,水有水鬼;凡是一切不可知的现象都有鬼魂,如人受了枪伤、上吊死、患病而死,等等,布朗人都认为是有鬼神在作祟。汉族民间文化则认为人世间分为阴阳两界,阴间是一个与现实世界相仿的世界;在老百姓心目中,阴间并不可怕,而是与现世紧密相连的一个去处。故而走进乡村,经常可以看到故人的坟地就在村边。在汉族文化中关于鬼神崇拜的节日也很多,如春节的祭祀祖先、清明节扫墓等。

(3)巫术崇拜。人类早期由于生产力不发达,对大自然中诸多现象很难作出科学的解释,于是便出现了对巫术的崇拜。例如中国端午节的形成,就与当时的巫术有关。农历五月的长江中下游地区气温高、湿度大,很容易导致瘟疫的流行。历史上自先秦起,人们就把五月称为"恶月"。当时的人们为了平安度过这一时期,每年到这时就进行驱邪的巫术活动。据《风俗通义》载,汉代人用青、赤、黄、白、黑五色做成绳索系在手臂上,名为"长命缕""辟兵及鬼";为了不让邪气进入家门,还采集艾草悬挂于门前以驱除邪气;此外,还有端午节喝黄酒、涂雄黄等习俗。还有陕北的"打醋炭",也是一种驱邪的民俗。

拓展知识

打春、甩鞭即"鞭牛"习俗是由先秦至汉代的出土牛习俗演变而来的。先秦时期,人们在冬季结束之时将土牛抬出游行,目的是送寒气,就是送走冬季、迎来春季的意思。这一习俗在唐代演变成"鞭牛",土牛也随之变成了春牛。于是,"鞭春牛"成了春日迎春活动的仪式。清代嘉兴《古禾杂识》记载,官府先在冬季扎制泥牛,立春前一日由知县举行"迎春牛"活动。第二天在府堂前将其打碎,名曰"鞭春",意为"迎春天、庆丰收"的意思。

3.季节转化与植物成熟形成岁时民俗

人是自然之子,自然界季节轮回和植物枯荣变幻深深影响着各个民族民俗风情的形成。中国古人根据四季交替,创造了立春、立夏、立秋、立冬等这些岁时节日。在每一节日中还赋予了丰富多彩的季节习俗,如立春要吃春面、喝春酒,立夏要吃凉面,立冬要吃饺子,等等。

岁时民俗中还有很多与季节、农作物生产相联系的谚语、俗语,如立春日,"水淋春牛头,农夫百日忧""雷打立春节,惊蛰雨不歇"等;立秋、白露等节气,则有"一场秋雨一场凉,一场白露一场霜"。这些岁时节气与季节变化关系密切,是人们在长期生产生活中总结归纳的结晶,成为当地历代农业生产必须遵守的习俗。

4.岁时民俗源于对某些历史事件或历史人物的纪念

在人类历史上,曾经出现过一些对后世产生重要影响的人物和事件。后人为了纪念他们,就用了过节方式,并赋予了节日诸多特定习俗。例如汉族的寒食节,民间在这一天有着禁火、吃冷食的传统。节日最初源于古人对火的崇拜,后来成为纪念春秋时期晋国名臣介子推的一种方式。传说在春秋时期,晋国内乱,公子重耳曾经为躲避后母的迫害,流亡他乡十九年。贵族介子推随其出逃,对其忠心不二。在最困难的时期,介子推割下大腿上的肉煮了为他充饥。公子复国,号晋文公,分封赏赐有功之臣时竟然忘记了介子推。介子推没有争功请赏,而是背着老母隐居绵山。后来晋文公亲自到绵山恭请介子推出山,但介子推不为名利所动。有人提议用火烧山,逼其出山。介子推竟然抱着母亲被活活烧死在一棵大树下面。晋文公为介子推修庙立碑,并将绵山改为介山,下令介子推被焚之日举国插柳,禁火三日。此外,像端午节对诗人屈原的纪念,同样是人们对历史人物的纪念。

(三) 岁时民俗的特点

1. 周期性与稳定性

岁时民俗是大自然季节变迁在人类文化中的投影。任何一种民俗都是在固定的时间展开的,到什么时节进行什么民俗活动,周而复始。所以,岁时民俗具有典型的周期性。以我国传统民间节日为例,春节是一年的开端,然后按照季节、历法的顺序依次有元宵节、清明节、端午节、七夕节、中秋节、腊八节等。节日按照时间先后次序逐年轮回,成为农业文明时代人们必须遵守的岁时习俗。

岁时节日的日期、习俗具有稳定性特点,不同的节日人们会采用不同的习俗来进行庆贺。岁时节日早已经融入人们的日常生活,以日历的方式记录下来,不是任何人可以随意更改的。而像春节吃水饺、元宵节食汤圆、端午节包粽子、中秋节打月饼等习俗,更是人们在不同时节经常进行的节日食俗。

但是,如果我们考察岁时节日的历史变迁,就不难发现,很多岁时节日的周期性和稳定性是相对而言的。岁时节日的时间和习俗都处于变迁中,特别是遇到特定时期,变化更为明显。如中国的春节,一些风俗习惯就随着社会的变化悄然发生着变革。以往磕头、祭祖等习俗渐渐淡出人们的视野,看春晚、出门旅游等活动逐渐成为春节新的民俗。

2. 浓厚的伦理、娱乐色彩

岁时节日具有浓厚的文化特性,其中的人伦情感尤为浓厚,敬祖、神灵崇拜、祈福祛灾等因素充溢其中。中国的七夕节,是为了纪念传说中牛郎织女相会的日子。牛郎、织女这对恩爱夫妻被王母娘娘活活拆散,在银河两边隔河相望。唯有到了七月七日这天,他们才能相聚一次。七夕节表现了人们对美好爱情的期待。中秋节是对家庭团圆的祈福,兼有农业文明时代农作物丰收后的庆祝。

此外,岁时节日还带有一定的娱乐色彩。人们在庆祝节日时,往往举行丰富多彩的娱乐活动。人们或者组织游行,或者举办歌会,或者准备美食,或者进行聚会,让节日成为交流愉悦的时刻。彝族人在火把节时,牧羊娃们唱着山歌,去寻找做火把的干蒿枝;大人们宰羊、杀猪、杀鸡,准备衣服、鞋袜、头帕等节日盛装;晚上,人们拿着燃起的火把,围成圈子载歌载舞,小孩子们玩起"老鹰捉小鸡"的游戏。所有这些活动,无不带有娱乐色彩。可以说,节日的娱乐性是节日发展过程中被不断凸显的成分。在当今日益全球化的时代里,节日娱乐功能日益成为文化旅游的重要构成部分。

3.民族性和多样性

由于不同文化地域的人们对外部世界的理解不同,所以才形成了今天这个多元文化并存的世界。所以,世界各地的岁时民俗具有丰富的民族性特征。民族性是世界上各民族岁时节日民俗的特性,世界上任何一个节日都是属于某一特定民族的,深深打上了其文化的、历史的、宗教的、地理的烙印。尽管有的节日随着社会的发展已经超越了民族界限,受到其他各民族的欢迎,但是当这些节日习俗一旦进入其他民族后,就会日益本土化和地域化。历史上这种例子并不少见。

二、中外岁时民俗的主要表现

(一)中国岁时民俗的主要表现

中国是一个历史悠久的多民族国家,拥有众多的岁时节日和民俗习惯。各不同民族、不同地域的人们,依据自己所在地域的气候变化和生产、生活经验,形成了许多独具特色的民情风俗。中国的岁时民俗主要体现在一些具有丰富文化内涵的节日中。它们或者是出于对祖先的祭祀,或者是对自然神的崇拜,或者为了农事农时,或者为了纪念历史人物,或者是几个文化因素的叠加,成为传统文化的集中体现者。

1.元宵节

阴历正月十五,是我国传统岁时节日中最大的节日之一,古代也叫上元节、灯节。灯节始于西汉祭祀道家的太乙天神,后来与佛教张灯庆祝习俗相合,于是正月十五晚上叫作元宵。宋代除了张灯放烟火之外,又加入了猜灯谜活动;明代增添了戏曲表演。所以,今天的元宵节有舞狮、跑旱船、玩龙灯、踩高跷、猜灯谜、吃元宵等习俗。在新年第一个月圆节日里,人们通过尽情欢乐来表达对一年的期待和祝福。

2.二月二

二月二也叫龙头节。相传在宋代曾改为"花朝节",将这一天指定为百花的生日;元朝时叫"踏青节",人们在这一天要去踏青、郊游;到了明清之际,这一天叫作"龙抬头"日。该节象征着春回大地、万物复苏时节的到来,因此在农家就有了很多习俗。这一天早上,人们会拿着竹竿敲击房梁,意为把"龙"唤醒;早上吃年糕,中午吃春饼、炒豆子;黄昏时分,人们就将灶膛里的灰撒在房子周围,叫围社。此外,这一天人人都要去理发店理发。"二月二,龙抬头",意味着给人带来好运。这时已经进入春季,有农谚云:"二月二,龙抬头,天子耕地臣赶牛;正宫娘娘来送饭,当朝大臣把种丢。春耕夏耘率天下,五谷丰登太平秋。"

3.清明节

一般在每年的4月5日,是农历二十四节气之一。清明节最早起源于周代,至今已经有2500多年的历史了。由于寒食节与清明节十分接近,人们就将寒食节祭扫逝去亲人的习俗与清明节合并。按照旧俗,在扫墓时人要带上酒水、纸钱,到亲人墓前祭奠,将纸钱焚化,为坟墓添加新土,将嫩绿的枝条插在坟上,然后祭拜、吃酒回家。由于这一季节正是春暖花开、农耕大忙的时候,民谚有"清明前后,种瓜种豆"之说。

4.端午节

农历五月初五,又称为端阳节、艾节、五月节等,是我国传统节日中最重要的节日之一,至今已经有2000多年的历史。最初是夏季驱除瘟疫的节日,后来被赋予了纪念春秋时期楚国大文学家屈原的内容。由于该节习俗流传广泛,加之被赋予了许多传说,因此不同地域有着不同的习俗,概括起来有以下几种:赛龙舟、挂香囊、悬挂艾叶、给小孩儿涂抹雄黄酒、吃粽子、食五毒饼、躲端午、饮蒲酒等。特别是赛龙舟,已经走出国门,成为一项世界性的节日活动。目前,该节已经被列入《世界非物质文化遗产名录》。

5.中秋节

农历八月十五为传统中秋佳节,与春节、元宵节、端午节并成为中国四大节。中国古人很早就有祭拜月神的习俗。到了周代,每逢中秋人们会设置香案,摆月饼、西瓜、苹果、葡萄等,祭拜月神。到了唐代,中秋赏月十分盛行。宋代民间已经有了互赠月饼、祝福团圆的习俗。在民间,还流传着嫦娥奔月、吴刚伐桂等神话传说。今天,吃月饼、赏月、团圆已经成为中秋节的主要习俗。月饼象征了团圆,是中秋佳节必备食品。如今的中秋节,已经成为人们祈祝家人生活美满、团圆的节日。

6.重阳节

农历九月九日为传统节日重阳节,又称"老人节"。该节日源于魏晋,距今有1700多年的历史了。在中国古代文化中,人们将阴阳运用于数字,认为一、三、五、七、九为阳,二、四、六、八为阴,故而阴历九月九为"重阳"。登高是重阳节的主要习俗。在秋高气爽的日子里,登高既可以锻炼身体又能够愉悦心情。节日这天,人们组织各种仪式庆祝,包括登高、赏菊、插茱萸、吃重阳糕、饮菊花酒等。中国历代文人对这一节日有着深厚的感情,故而有许多名篇佳作传于后世。如唐朝王维的《九月九日忆山东兄弟》:独在异乡为异客,每逢佳节倍思亲。遥知兄弟登高处,遍插茱萸少一人。

7.腊八节

在农历十二月初八,因农历十二月又称腊月,故叫腊八,也称腊八祭、腊日祭或王侯腊,是汉族地区传统节日。该节在先秦时代是人们用以欢庆丰收、感谢神灵的祭祀仪式。后来佛教传入,因佛教创始人释迦牟尼成道之日在十二月初八,所以腊八也成为佛教的节日,被称为"佛成道节"。腊八节最主要的习俗就是喝腊八粥。粥要用当年收获的八种新鲜粮食和瓜果构成。一般做甜粥,但北方地区的人喜欢做咸粥,材料有大米、小米、绿豆、豇豆、大枣、花生等,还有的加入白菜、粉条、豆腐、海带等。

8.冬至

冬至也叫冬节、长至节,是农历二十四节气之一,也是我国传统岁时节日。节日一般在每年阳历的12月22日或23日,是汉族地区的一个大节,旧时有"冬至大如年"的说法。早在两千五百多年前的春秋时代,中国古人已经用土圭测定出了冬至日,使其成为二十四节气中最早制定出的一个。冬至这一天,太阳直射南回归线,北半球白天最短,黑夜最长。此后,太阳照射开始北移。这一天,中国大部分地区流行北方吃饺子、南方吃汤圆的习俗。

(二)外国岁时民俗

1.日本的小正月

在日本,人们将正月十四至十六定为小正月,源自古代农耕社会的丰收仪式。小正月的主要习俗是祭月、赏月、祝福纳吉、祈求丰收等。在小正月节,人们要给年神上供,制作小农具,吃红豆粥,模仿插秧仪式,等等。在冰雪未消的北方地区,插秧姑娘将松枝插在雪地上,祈求来年丰收。这一天日本农村常举行拔河比赛,据说两村中胜者当年能获得大丰收。

2.泰历十二月的水灯节

在泰历十二月月圆之时,泰国人举行水灯节。水灯节是泰国最热闹的传统节日,也是泰国男女展示恋情的日子。该节日主要是为感谢河神造福,庆祝丰收。泰国老百姓认为,放水灯就是为了把一切罪恶放掉。节日当夜,人们打扮一新,从四面八方来到江河两岸,漂放和观看水灯。任何人可以目送水灯漂走,但绝不能到河流中去捡拾。少女们在河边合掌为她们美好的心愿祈求,老人们祈愿河神赐福给家人。在城市里,人们通常举行放水灯比赛和"唱船歌"活动。

3.柬埔寨祝贺雨季结束的送水节

送水节是柬埔寨民间传统盛大节日,是为了祝贺雨季结束、水归大海,感谢湄公河给人们带来的丰收。一般在每年雨季结束第一次月圆后的三天内举行,相当于公历的十月至十一月。节日主要习俗有放河灯、祭月、赛龙舟等,其中最为精彩的是赛龙舟和放河灯。人们早在节日前就在湄公河边搭建浮宫和看台,供国王、王后和军政大员、各国使节观看。当晚,在礼炮声中,祭月和放河灯开始,然后是竞赛龙舟,龙舟比赛进行三天。

4. 俄罗斯送冬节

送冬节也叫"谢肉节",是俄罗斯新年之后第二个最热闹的节日,时间大约在二月底三月初,延续7天。每天的庆祝内容各不相同。如周一是迎春日,周二是娱乐日,周三是美食日,周四是醉酒日,周五是女婿回请岳母吃面饼的日子,周六是小姑聚会日,最后一天是宽恕日。其前身是古斯拉夫人的春耕节,是一种送冬迎春仪式。人们用烤成金黄色的圆形小薄饼来祭祀太阳,到了晚上将用稻草和布条扎成的"寒冬女王像"烧掉,以此庆祝漫长的寒冬已经过去。虽然这时依然是寒冬季节,但人们兴致很高。节日来临,俄罗斯人都会自发组织化装游行、民间歌舞、溜冰滑雪、乘三套车兜风等娱乐活动。送冬节让经历了半年寒冬的俄罗斯人看到了春天的希望。

5. 欧洲五朔节

五朔节是欧洲许多国家祭祀树神、谷物神、庆祝农业丰收的节日,每年五月一日举行。它历史悠久,至今仍在英、法、德、瑞典等国乡村延续。节日前夕,家家户户都在自家门前插上一根青树枝或者栽上一株幼树,并用花冠花束装扮起来。在德国、英国部分乡村,每当五月一日早上,青年们便结队演奏起音乐,唱着赞美春天的歌曲去树林砍树枝,回来插在门窗上;姑娘们则手持花环,挨门挨户去唱五朔节赞,歌唱风调雨顺、五谷丰登,祝福主人。许多国家还流行树立"五朔节花柱"的习俗。五朔节时,村民们先去山林彻夜狂欢,然后用最虔诚的仪式从树林中搬回一株高大的无花果树或杉树,将树叶和下面的树皮削去,插满花草、彩旗和彩带,然后将其树立在空旷的场地上。人们围着这棵树唱歌、跳舞,举行竞技比赛。这根柱子就叫"五朔节花柱"。

第二节　节日民俗

一、节日民俗概述

节日民俗是一种综合性的文化现象,特别是一些重大节日,涉及政治、经济、生产、宗教、文化、社交等各方面。随着时代的变迁,政治、宗教等因素不断加入,节日内容也在发生变化。有的旧节日在历史变革中消亡,有的习俗发生了变化,有的新节日出现。

特别提示

节日民俗与岁时民俗有着诸多相似之处,在很多节日上是一体的,都是随着节令、时间的变换而更替,但是,二者又存在着显著差异。岁时民俗主要依据时令、物候等自然因素来命名。虽然岁时民俗中也包含许多人为因素,但主要还是靠客观自然因素支配的,例如,"立春"是由物候变化导致的。而节日民俗则带有更多的人为性因素,文化色彩较为浓厚。

 拓展知识

传统节日民俗是重大的民族文化遗产,承载着丰厚的历史文化内涵。面对今天日益全球化的时代,许多传统节日民俗已不太适应现代社会需求,甚至很多面临着被急剧淡化、异化的危机。如何继承和创新传统节日民俗内涵,成为当今世界各民族在发展各自文化过程中一个亟待解决的重要课题。

节日民俗的类型极为庞杂,概而言之,主要有以下几类:

(一)纪念性节日

在众多传统节日中,纪念性节日是以纪念历史上某一重要人物或重大历史事件而设定的节日,或者是将原有节日赋予了这一文化内涵。例如法国的贞德节,是为了纪念法德战争时期为解救法国奥尔良而被活活烧死的女英雄贞德而设立的。1920年,贞德被法国人民列为圣人,确定每年五月的第二个星期四为圣女贞德日。西方社会每年十二月二十五日的圣诞节,则是基督教徒庆祝耶稣诞生的节日。在中国传统节日中,端午节吃粽子习俗据说就是对伟大诗人屈原投江日的纪念。在重大历史事件的庆祝方面,世界各国的国庆节、劳动节等,都是十分重要的节日。

(二)祭祀性节日

祭祀性节日是人类为宗教崇拜、祭祀祖先、驱除邪恶、躲避病灾等设立的节日,体现了人类对美好生活的向往和追求。中国汉族地区每年腊月二十三的祭灶节,就是十分典型的祭祀性节日。在旧时民间,几乎家家都设有"灶王神",人们尊称其为"司命菩萨"。据传说,灶王是玉皇大帝派往人间管理各家灶火的神灵,是为了保护和监督各家的。到了腊月二十三这天,灶王要去玉皇大帝那里汇报这一家人所行的善恶,然后玉帝就根据他的汇报决定这一家人在未来一年中的祸福。所以,人们对灶王十分的尊崇,将腊月二十三称为"小年"。祭祀祖先的民俗在世界各民族皆有,刚果的扫墓节就是一例。每年的十一月一日,全国上下放假,男女老幼身着黑礼服来到墓地清除杂草,摆上鲜花、水果等进行祭祀。此外,还有坦桑尼亚的哀思节、墨西哥的亡灵节、厄瓜多尔的亡人节等。

(三) 农事性节日

这类节日主要是为了庆祝丰收、乞求平安吉祥而设立的。农事性节日与岁时民俗有很多的重叠和相似之处,如周期性、季节性等,但不同之处在于其浓厚的人文色彩。云南彝族人的新米节,是为了庆祝农业生产丰收而设立的节日。该节在每年十月秋收之后择日举行。节日当天,出嫁的姑娘和上门的女婿都要带上新米,回家与父母同享丰收的果实。有的地方,人们还把新米饭做成各种各样的饵,染上色,送给亲友邻居。

而西藏的"望果节"则是藏族人民为了预祝农业丰收而设立的节日,没有固定日期。一般在七月间,当小麦和青稞成熟将要收割的时候,寺院里的喇嘛选择吉日举行。"望果"在藏语中意为"转田地、转庄稼地",即守望丰收、预祝丰收。转完地后,队伍要回到出发地,在村头寺庙里举行宗教仪式,然后一起吃"百家餐",大家相互敬酒、唱歌。

(四) 社交性节日

社交性节日主要是用于文化娱乐活动,往往以节日聚会的方式进行。其实,节日都具有社交功能,但是社交性节日的这一功能更为突出。例如彝族传统节日赛歌会,就是以社交为目的的节日。每年农历二月牛日,人们在村外选取一个较为平坦的赛歌场,燃起熊熊篝火,能歌善舞者在笙歌的伴奏下翩翩起舞;然后是男女对唱,在歌声中相互传达爱慕之情。而壮族每年三月三的赛歌节,是为青年男女提供社交的场所。"赛歌选婿"的故事比较流行。节日当天,有的抬着刘三姐神像绕行歌圩一周后对歌,有的则由姑娘们搭起五彩绣棚,姑娘们带着绣球来选择意中人。

二、中外节日民俗的主要表现

(一) 中国节日民俗的主要表现

中国传统节日主要有春节、元宵节、清明节、端午节、七夕节、中秋节、腊八节等。随着社会的发展,特别是自近代以来又出现了元旦、青年节、劳动节、国庆节等节日。

1. 春节

春节是中华民族最盛大的节日,古时称为"元旦"。在西汉武帝时代,正月初一作为"元旦"确立下来。辛亥革命后,中国采用阳历纪年。人们为了区分阳历和阴历,就规定阴历年为"春节",阳历年为"元旦",也就是我们常说的新年。新中国成立后,将阴历正月初一定为"春节"。《谷梁传》中曰:"五谷皆熟,为有年也。"在甲骨文中,"年"是果实丰收、谷穗成熟的形象。春节在民间始于腊月初八,这一天人们有喝腊八粥的习俗;腊月二十三被称为"小年",人们在这一天送"灶神",打扫庭院;三十或二十九称为除夕(注:没三十就将二十九晚上作为除夕),全家人吃团圆饭;正月初一正式进入"年",人们放鞭炮,吃饺子,相互拜年;初二,很多地方有出嫁的女儿回娘家的习俗;初三到十五,人们相互请客。春节期间,传统文化风俗主要有:贴春联、挂年画、逛庙会、看春晚等。

2.七夕节

七夕节也叫"乞巧节""女儿节""中国情人节",源于牛郎织女的传说。在中国古代,每年七夕这天,女人们都要准备好茶酒、水果和五子(桂圆、红枣、榛子、花生、瓜子),结伙祭拜牛郎织女星。七夕节最重要的活动就是乞巧。乞巧相传源于南北朝时期一种"七巧针",这种针一端有七个针孔,妇女们以彩线来回穿过针孔来比赛,穿得最快的就是心灵手巧的。因此,少女们往往在七夕节晚上朝天祭拜,乞求女神赐予她聪慧的心灵和灵巧的双手,渴求美好的婚姻降临。此外,民间还有在瓜果架下偷听牛郎织女相会的习俗。如果能听到他们的悄悄话,待嫁女子就能获得千年不遇的爱情。此外,在古代,乞巧节还有晾晒衣服和晒书的习俗。

3.那达慕大会

那达慕大会是蒙古族历史上最为悠久的节日,为蒙古族传统文化的标志,节日一般为期7天。"那达慕"在蒙语中是娱乐或游戏的意思,原指蒙古族传统的"男子三竞技"——摔跤、赛马和射箭。因为蒙古族是生活在马背上的民族,所以衡量一个人的标准自然以骑射为准。每年的七八月,人们为庆祝丰收而举行盛大娱乐集会。牧民们穿上艳丽的盛装,头上包着各色头巾,骑着马来到会场。娱乐项目有赛马、摔跤、射箭、棋艺、歌舞等。赛马胜利者被称为"草原健儿",而摔跤胜利者称为"布和"(大力士)或"纳钦"(雄鹰)。他们从此名声远扬,不但获得丰厚的奖品,而且获得姑娘们的爱慕。此外,那达慕大会还是农牧物资交流会,会上到处可见具有民族特色的饮食,如牛羊肉、奶酪、奶干、奶豆腐等。

4.火把节

农历六月二十四日前后是彝族传统节日火把节,也是中国少数民族传统节日中最具魅力的一种,享有"中国民族风情第一节""东方狂欢夜"的美誉。节日里,人们身着盛装,举行摔跤、斗牛、射箭、赛马等娱乐活动。火把节要持续3天。第一天为"都载",意为"迎火"。村村寨寨都要杀牛宰羊,准备迎接火神。晚上,老人们在选定的祭台上以传统方式击石取火,然后人们手持火把游走房前屋后和田边地角,以驱除邪恶。第二天为"都格",意为"颂火";第三天为"都煞",意为"送火"。白天人们要举行斗牛、斗羊、摔跤、跑马、唱歌等活动;晚上以堡为单位,大家举着火把绕着堡子和庄稼地转,山山岭岭、村村寨寨到处都可见到火龙。

5.泼水节

傣历新年,民间把这个节叫作"桑勘比迈",又叫"浴佛节",时间是傣历六月六日至七月六日(清明前后的4月13日到15日)。泼水节的第一天叫"桑刊日",是送旧迎新的日子。这一天不泼水,是澜沧江上举行龙舟比赛的日子。第二天是泼水日。泼水分为"文泼"和"武泼"。用树叶蘸泼或用口盅舀泼称为"文泼"。到接近尾声时,泼水方式由"文泼"变成"武泼",人们用脸盆、水桶、水枪等工具一个劲儿狂泼、猛灌。泼水日是最隆重的日子,男女老少拎着桶端着盆来到街上,不论亲疏宾友,不论是哪个民族的,都可以相互泼水祝福。被人泼水越多的人,受到的祝福也就越多。"水花放,傣家狂","泼湿一身,幸福终身"。在傣族民俗中,泼水象征吉祥幸福。

6.藏历年

藏历年在藏语中叫"罗萨",就是新年的意思。它是藏族传统节日,也是藏族最重要的节日。人们一般从藏历十二月开始准备年货,家家用酥油炸果子,置办如油炸果、青稞果(象征农业)、彩色酥油花塑的羊头(象征牧业)、切玛(木盒内装有酥油拌的糌粑和荞麦,上面插上青稞麦穗和酥油彩花)等物品。除夕,家家忙着打扫卫生,在大门口用石灰粉画出象征永恒的符号,表示祝贺吉祥如意的意思。初一早上,人们把青稞幼苗、油果子、捏成的羊头、做好的五谷斗摆在佛龛前的茶几上,祈福在新的一年中获得丰收。男女老少还要穿上节日盛装,手持哈达、切玛和青稞酒互相拜年。初二,到亲戚朋友家去做客。节日期间,各地举行跑马、射箭、拔河等活动。正月十五日,大部分藏区还要举行宗教法会活动。

7.佛诞节

澳门地区节日,在农历四月初八,这一天也是民间神仙"谭公宝诞"的纪念日。从这一天开始,澳门的渔民和渔商会休市3天。人们清晨醒来就到营地街市附近的庙宇举行祭神仪式,开始舞醒狮和醉龙。澳门的醉龙颇具象征色彩,只有龙头和龙尾,两个人就可以完成。舞者一边饮米酒,使自己醉倒,一边手持木制的龙头和龙尾舞动。在正午和下午三时,营地街市和红街市发用蔬菜为主制成的龙船头饭。据说,吃了龙船头饭的人能够长命百岁、丁财兴旺。

(二)国外节日民俗的主要表现

1.日本女儿节

也叫"桃花节",传自中国的"上巳"习俗,至今已有600多年的历史。日本从平安时代开始就有在旧历三月初制成简单的偶人,放入河流或海里驱邪的习俗,后来逐渐演化成乞求孩子健康平安的象征。这一时节正是桃花盛开的季节,所以又名"桃花节"。现在的桃花节在明治维新后改为阳历。这一天是女孩儿最高兴的日子。家家户户摆设偶人架,摆上各式各样的古装玩偶。一般上层为玩具娃娃,中层为宫女和吹鼓手,下层为各类玩具。玩偶有自己做的,也有买的,多为姥姥家送来的。女孩要穿漂亮和服,邀请自己最亲密的伙伴坐在玩偶前,尽情吃、玩。现在的女儿节虽然改为公历,但依然沿用"桃花节"这一称谓。

2. 日本樱花节

日本每年的 3 月 15 日到 4 月 15 日被定为樱花节,也称为樱花祭。这一季节,樱花盛开,欣赏樱花成为日本传统民俗之一。樱花是日本的国花,被尊为"圣树",因而日本也被称为"樱花之国"。日本人认为樱花具有高雅、刚劲、清秀质朴和独立的精神,是勤劳、勇敢、智慧的象征。人生短暂,活着就应当像樱花那样灿烂。古代有谚语云:花要为樱花,人要当武士。而且,樱花象征着春天万物复苏。樱花开放时节,正值农村插秧的时候,预示着未来一年好的收成。日本皇室很早就十分重视种植樱花,并举行赏花酒会。到了德川幕府时代(1603—1867 年,即江户时代,因德川家族统治而名),赏花开始普及民间。现在赏樱花已经成为日本人的一项民俗生活。东京赏樱花的最佳去处是上野公园,每年欣赏达到高潮时,一天达 70 万人以上。人们在如雪的樱花树下席地而坐,边欣赏、边畅谈、边饮酒。

3. 欧美狂欢节

是欧美国家传统节日,一般在公历二月到三月间举行。狂欢节的形成最初是为了驱除寒冬,也就是"冬天的节日"。狂欢的目的在于辞旧迎新,表达对自由、幸福、和平的向往。巴西被称为"狂欢节之乡",以里约热内卢最为壮观。狂欢节为期四天。在这四天里,巴西男女老少披红挂绿,浓妆艳抹,涌向大街。他们或画上花脸,或穿上古装,或男扮女装;人们忘掉了贫富,忘掉了烦恼,忘记了疲劳;不分昼夜,不分男女老幼,不拘礼节,纵情欢悦;全国上下卷入了欢乐的海洋。其中最为热烈、最为欢快的是跳桑巴舞。舞蹈时,舞者的每一块肌肉都在抖动,让人看到了喜悦与欢快。

4. 西班牙奔牛节

奔牛节是西班牙最具特色的节日之一,也叫"关牛节",正式名称叫"圣费尔明节",源于 1591 年。在每年公历 7 月 6 日开始,7 月 14 日结束。以潘普洛纳城的场面最为惊心动魄,每年吸引世界各地众多游客前来参加。节日里,来自欧美和亚洲的观光客同当地居民一起,腰束红带,穿白衣白裤,参加活动。街市上车水马龙,店铺歇业。人们将 6 条经过专门驯养的公牛突然从牛棚中放出。牛群跟在一大群小伙子后面狂奔,穿城而过直奔市中心的卡斯蒂利亚斗牛场。沿途观众拥挤在街头,参观助兴。他们不断对牛进行挑逗,导致其野性大发,变得凶悍无比。因而这一活动险象环生,经常出现踩踏现象。斗牛是西班牙民族精神的体现,而节日则为男人们提供了展示个人智慧和胆识的机会。

5. 德国啤酒节

在德国,最富有历史意义的节日就是啤酒节。它起源于 1810 年 10 月 12 日,是为了庆祝巴伐利亚的路德维格王子和萨克森国的希尔斯公主共结百年之好而举行的庆典。每年十月,正值大麦丰收的季节,素以"啤酒之都"闻名的慕尼黑迎来了它最隆重的节日。啤酒节开幕前,来自巴伐利亚州、奥地利、法国等地的游行队伍穿着各民族的服装开始游行,市长和各大啤酒厂厂长乘坐着节日盛装的马车开道。中午12时,鸣礼炮12响,鼓乐齐鸣,歌声四起。市长进行简短讲话后,在《畅饮曲》中抡起榔头,将一个黄铜龙头打进木制的巨型啤酒桶中,让琼浆玉液汩汩流出,揭开啤酒节序幕。节日里的主要活动在黛丽莎草场上举行,有赛马、射击、杂耍等娱乐活动,还有各种风味小吃和工艺品。目前,这一节日已成为当今世界上的大节日,每年有500多万人参加,14天消费800万公升啤酒、100万只烧鸡和200万根香肠,还有25万个啤酒杯不翼而飞。

6. 欧美圣诞节

原为基督教节日,是为了纪念耶稣诞辰日而设的,在每年12月25日举行。圣诞节是欧美国家最为隆重的节日,目前已成为世界上140多个国家和地区共同的节日。节日期间,公共场所、街道商店布置得光彩夺目。12月24日是圣诞夜,全家人围在圣诞树下共进圣诞晚宴,然后人们分赠礼品。在所有节日习俗中,人们最感兴趣的是圣诞老人送礼物、圣诞树、圣诞卡、圣诞晚餐等。圣诞节可以说是世界上流传最广、最为隆重、活动内容最为丰富的节日。

7. 加拿大枫糖节

枫糖节是加拿大传统节日,每年3月底至4月初举行。加拿大盛产枫叶,特别以魁北克和安大略省最多最美。枫叶成为加拿大的国家标志,从生活日用品到国旗,枫叶图案比比皆是。故而,加拿大被称为"枫叶之国"。节日期间,来自国内外的游人前往农场,品尝用糖枫和黑枫熬制的枫糖浆。这时的农场通常都已经粉刷一新,披上了节日的盛装。农场主人会向人们展示旧时印第安人采集枫树液和制作枫糖的工具,并运用传统工艺给人们表演制糖的过程。此外,当地居民还为游客表演各种民间舞蹈,带客人去欣赏枫林。

8. 美国万圣节

万圣节是美国重要的传统节日,在每年10月31日举行,也是西方很多国家的节日。因为在当地人看来,这一夜是一年中最"闹鬼"的夜晚,所以又称为"鬼节"。后来,人们逐渐将这一节日看作尽情嬉戏的节日。儿童特别喜欢这个节,因为节日充满了神秘色彩,给他们带来了欢乐。节日那天晚上,孩子们穿上五颜六色的化装服,戴上千奇百怪的面具,提着憨态可掬的"南瓜灯"跑到邻居家门口大喊:"给钱还是给吃的","要恶作剧还是给款待"。如果大人们不给钱或者糖果招待他们,他们就开始捉弄这家人。例如,他们把人家的门把手上涂上肥皂,或者把别人的猫涂上颜色。但是这种情况很少发生,大人们还是喜欢款待这些孩子的。万圣节还有一个重要的游戏,叫"咬苹果"。在游戏时,人们将苹果漂浮在装满水的盆子里,让孩子们不用手而是直接用嘴去咬苹果。谁先咬到,谁就是优胜者。

9.美国感恩节

感恩节是美国的传统节日,也是美国人独创的一个节日,在每年11月的第四个星期四。感恩节最早可追溯到16世纪末17世纪初。当时那些从欧洲前来定居的人刚到美洲时,遇到了种种难以想象的困难。善良友好的印第安人给他们送来了日用品。当移民们丰收之后,就用自己生产、烤制的面包、馅饼和火鸡作为礼物送给当地的印第安人。同时,印第安人也带来各种礼物,与他们共同狂欢达三天之久。白天,他们进行射箭、赛跑、摔跤等各种体育比赛,晚上聚在一起围着篝火跳舞。但当时的感恩节没有固定的日子,直到美国独立后,1863年林肯将感恩节确立为法定节日。现在感恩节成了一个团圆的日子,到时亲人们从各地赶回家中团聚。感恩节最具特色的食物就是烤火鸡。

案例分享

节日民俗旅游的开发——以春节为例

春节是我国传统节日中最重要的大节,近十余年,我国春节旅游日渐升温。国内一些居民不满足春节家人团聚、拜年、吃喝等老的过节方式,希望走出家门,以旅游形式度假。海外旅游者参加春节旅游的人数也在逐年增加。

春节旅游市场的开发可以在春节民俗旅游上下功夫。因为,从春节游客的客源分析,国内游客多数是城市居民,不熟悉充满乡土气息的春节习俗,国外游客更是对中国民间习俗怀有某种神秘感,春节的民俗风情对于他们具有较大的吸引力。

在开发春节民俗旅游方面,上海等地曾有一些尝试。上海1990年开始举办静安民俗文化节,以传统的春节民俗吸引中外游客。静安民俗文化节创办的原因是受到外商的启示。1990年春节前,坐落在静安区的五星级豪华希尔顿酒店,张灯结彩,作迎接春节的布置。只见酒店的大门两侧挂上数米长的春联,汉白玉石狮披红挂彩,大堂内悬挂红色灯笼、戏曲脸谱,两廊摆设剪纸、玉雕、草编、泥塑、鼻烟壶等中国民间工艺美术品。酒店为吸引顾客,还临时搭起富丽堂皇的中华门彩楼,推出春节组合大餐,组织传统民间艺术表演。如此"中国化"的春节装饰在一家洋人开办的酒店出现,给静安区领导很大启发,于是,就有了创办静安民俗文化节的设想。文化节组委会要求本区商店挂中国民俗旅游灯笼、贴春联,让春节吉祥物深入人心。结果,春节期间,静安区家家商店以大红的春联、"福"字布置一新。许多商店聘请知名书法家坐堂挥毫,书写春联赠送顾客,经理在店堂亲自向顾客拜年,静安公园内举办近百项民俗艺术表演和商品展销、特色小吃,吸引了成千上万的游客。喜庆的民俗文化营造了良好的购物环境。这一年春节,静安区商业销售取得良好业绩。此后,该节日年年举办,1995年曾组织7大系列76项节庆活动,吸引本区 20 万市民、海外人士及留沪民工参与节日,为春节增添了许多喜庆吉祥的气氛。

上海等地开发春节民俗旅游的成功是值得庆贺的。然而,中国这么大,民俗资源这么丰富,春节民俗旅游的开发还远远没有达到应有的水平。特别是少数民族的春节民俗开发大有潜力。少数民族春节有许多特殊的节日风情,以文娱活动来说,就有苗族的斗牛、赛马、打年鼓、踩芦笙,壮族的舞狮、舞鸡、舞春牛,瑶族的耕作戏,土家族的摆手舞,藏族的跳锅庄、演藏戏等丰富多彩的形式。各民族的年夜饭也极富特色,如蒙古人年夜饭吃"手把肉",彝族吃"坨坨肉",壮族吃"压年饭",赫哲族吃"吐火宴"。各民族还有色彩绚丽的节日服装和花样繁多的节日礼仪,是春节民俗旅游开发的极其宝贵的资源。

(引自《中国民俗旅游新编》,巴兆祥主编)

【问题分析】

1.春节民俗对中外游客的吸引力有哪些?

2.分析文中上海静安区民俗文化节组委会的做法,探究该区发展春节旅游的成功经验。

3.结合案例,思考如何拓展中国丰富多彩的节日文化,让其为旅游业发展服务。

4.深入思考,发展节日旅游对弘扬传统文化有何重要意义?

 创意项目

浙江乡村端午民俗文化旅游节构建

浙江省端午节具有地方特色。吃粽子是端午节重要的饮食习俗,在嘉兴农村地区具有悠久的历史传承,比如嘉兴的五芳斋粽子具有"江南粽子大王"之美誉。人们除了粽子之外,还包括四季豆炒面、吃煮熟的大蒜及大蒜蛋、吃五黄以及吃特色面食等。在浙江的多数农村地区,过端午节还有送扇子的习俗,并且逐渐发展到包括送衣料、送手巾、送芭蕉扇等。赛龙舟也是浙江省端午节庆文化活动的重要组成部分,除此之外,还有插艾叶、挂菖蒲、衣丝、吃五黄六白、蜘蛛焖蛋、挂香包、穿新衣、画端午老虎、带五色手绳等地方性习俗。

在浙江省端午民俗旅游节庆的策划中,以具有地方特色的习俗作为重点进行策划,策划内容可包括:①龙舟竞赛;②端午裹粽大赛;③五彩香囊迎端午活动;④传统美食汇端午展示展演;⑤端午民俗表演大巡游;⑥端午农民画创作展示活动;⑦端午习俗国际学术研讨会等,此外还需要加入具有浙江省乡村地方特色的衣丝、送扇子、带五色手绳、吃五黄六白等活动,并设计相关旅游产品。

塑造浙江省乡村端午节庆旅游品牌,是站在品牌的高度确定品牌创建的,突出品牌特色,充分利用浙江乡村特色民俗文化,实现端午节庆与民间民俗的对接与融合,突出端午节庆主题特色。端午品牌创建中,民间民俗特色文化的蕴含越丰富,神秘感越强,越能够引起游客的好奇心,节庆生命力也就越旺盛。

浙江省乡村端午旅游节庆可持续发展,是以浙江省乡村地区民俗节庆资源优势为基础,积极创新,突出特色,坚持市场竞争优势,实施精品带动战略,集中人力物力开发旅游节庆品牌,以实现乡村端午民俗节庆与旅游节庆的可持续发展。首先,借助目前浙江省嘉兴市端午民俗文化发展的现有优势打造浙江省乡村端午旅游节庆精品展示示范园区,以示范的带动效益将浙江省乡村地方特色的端午民俗传承下去;其次,在嘉兴、温州、宁波、杭州等乡村地区的端午民俗文化活动的基础上,塑造浙江特色的端午旅游节庆文化品牌,多大其影响力与知名度,其方式可借助多媒体突出浙江省乡村端午特色进行宣传与文化交流;再次,政府增加对乡村端午节庆文化活动与文化民俗旅游活动的重视程度,并通过政府引导社会参与的模式,提升浙江乡村端午旅游节庆文化的营销水平。

(引自:邱秋苓.浙江省乡村端午民俗旅游资源创新研究[J].赤峰学院学报(自然科学版),2016(2).)

思考与练习

一、填空题

1.中国人早在夏朝时期就根据太阳和月亮的昼夜交替和盈亏变化,制定出了最早的历法之一——(　　)。

2.生活在美洲的古代印第安人一支——玛雅人,很早就有了自己的历法(　　),是世界上最古老和最精确的历法。

3.寒食节最初源于古人对火的崇拜,后来成为纪念春秋时期晋国名臣(　　)的一种方式。

4.欧美国家传统节日——狂欢节举办的目的在于辞旧迎新,表达对自由、幸福、和平的向往,(　　)被称为"狂欢节之乡",节日为期四天。

5.在德国最富有历史意义的节日就是(　　),源于1810年10月12日。

二、不定项选择题

1.被称为"斗牛王国"的是(　　),具有悠久的斗牛竞技传统。
A.俄罗斯　　B.西班牙　　C.澳大利亚　　D.美国

2.泼水节,也叫浴佛节,是(　　)人民古老的传统节日。
A.彝族　　B.维吾尔族　　C.藏族　　D.傣族

3.广义的农业民俗包括( )。
A.种植业民俗　B.渔业民俗　　C.林业民俗　　D.畜牧业民俗
4.下列民俗活动不是在端午节期间进行的是( )。
A.舞狮子　　　B.赛龙舟　　　C.吃粽子　　　D.挂菖蒲
5.那达慕大会是( )的节日。
A.藏族　　　　B.傣族　　　　C.蒙古族　　　D.维吾尔族
6.枫糖节是( )国家的节日。
A.美国　　　　B.法国　　　　C.加拿大　　　D.澳大利亚
7.( )是美国独创的、最具美国特色的节日。
A.情人节　　　B.圣诞节　　　C.五朔节　　　D.感恩节

三、名词解释
1.岁时民俗
2.节日民俗
3.祭祀性节日

四、问答题
1.请简要叙述岁时民俗的主要特征。
2.请结合实例说说节日民俗的主要类型。

五、应用题
1.你的家乡所在地有哪些传统节日？它们在本地旅游业发展过程中起到了怎样的作用？
2.假如你要带客人去西班牙旅游，请你介绍一下那里独具特色的传统节日。

第六章 信仰民俗

引言

信仰是人们对过去、现在或将来所存在或发生的"某种事物""某种主张""某人"或"某神"的精神追求和心灵向往。"信"其义含有相信、信服、承认之意;"仰"其义含有瞻仰、盼望、崇拜之意。因此,"信仰"简言之,就是真切相信"某人""某神""某主张"或"某事物",对其怀抱希望,或盼望从其获得美好的给予,并且在人的意愿和意志中,相当地肯定自己的这种追求是正确的,并且完全相信这种"承认、期盼、崇拜"一定能够实现,且有好结果。宗教信仰和民间信仰是民族文化的组成部分,其深层内涵都蕴藏着本民族的民族意识和民族精神。

学习目标

1. 掌握信仰民俗的内容和分类。
2. 了解中外国家和地区主要的信仰民俗的形式与内容。

第一节 宗教信仰

一、宗教信仰概述

(一)宗教信仰的定义

宗教信仰,是指信奉某种特定宗教的人们对所信仰的神圣对象,由崇拜认同而产生的坚定不移的信念及全身心的皈依。这种思想信念和全身心的皈依表现和贯穿于特定的宗教仪式和宗教活动中,并用来指导和规范自己在世俗社会中的行为。它属于一种特殊的社会意识形态和文化现象。

宗教信仰是一种社会意识形态,是人类社会发展到一定阶段的历史现象,有其发生、发展和消亡的客观规律。宗教信仰在适应人类社会长期发展过程中形成了特有宗教感情以及与此种信仰相适应的宗教理论、教义教规,有严格的宗教仪式,有相对固定的宗教活动场所,有严密的宗教组织和宗教制度。

(二)宗教信仰的主要类型

1. 宗教信仰的形式

宗教信仰在传承和发展的过程中大致是以以下几种形式存在的,即宗教意识、宗教组织、宗教礼仪。其中,宗教意识是核心,宗教礼仪是宗教仪式的行为体现,宗教组织是宗教信仰的表现形式。

(1)宗教意识。宗教作为一种特殊的社会现象,它具有一整套的宗教组织、宗教行为、宗教意识及宗教感情和规范。在宗教所涉及的诸多要素中,宗教意识居于核心地位,这是由于一切宗教活动都是宗教意识的行为体现;一切宗教机构也都是宗教意识的组织表现,宗教意识要通过宗教组织来确立、巩固和传播;宗教感情、规范也是宗教意识的展开和保证。不同的宗教体系有着不同表现形态的宗教意识,但这些宗教意识都有一个共同点,就是对超自然神秘力量的崇拜。超自然神秘力量可以有不同的表现,在基督教中,称为"上帝之道";在佛教中可称为"法业缘";道教中则是"道、气";在儒教中可以用"天命、气数"。在宗教的诸要素中,以超自然神秘力量为主要内容的宗教意识处于灵魂、核心的地位,其他要素诸如宗教礼仪、法典、行为等,仅仅是"躯壳"而已。在不同的民族和文化中,宗教意识都有不同的体现。

(2)宗教组织。宗教组织是宗教意识的组织表现,同时又通过宗教礼仪活动的开展来达到强化宗教意识的目的。

(3)宗教礼仪。宗教礼仪是指宗教信仰者为对其崇拜对象表示崇拜与恭敬所举行的各种例行的仪式、活动以及与宗教密切相关的禁忌与讲究。世界上存在着多种宗教,自然也就存在着多种宗教礼仪。在社会生活里,宗教礼仪不仅仅是各种宗教之间相互区别的显著标志,而且也是各种宗教用以扩大宗教组织、培养宗教信仰的重要的常规性手段。宗教是一种社会现象,宗教礼仪在一定的社会体系和宗教团体的共同制约下,逐渐普遍化、定型化,形成一定的程式、规范和制度。

2. 宗教信仰的类型

根据宗教信仰存在的形式、内容的不同,宗教信仰可以分为三大类别,即一神论宗教信仰、多神论宗教信仰、泛神论宗教信仰。

(1)一神论宗教。是认为只有一位人格神存在并对其崇拜的宗教。它与多神教相对,不同于认为有内在于世界(包括人类自己)的非人格神的泛神宗教以及相信神是外在于世界的自然神论。一般认为,一神教包括犹太教、基督教和伊斯兰教。但是一神教的观念也是相对的、不断演变的,没有任何一种宗教自始至终是绝对的一神教。一神教者相信他们所崇奉的独一无二的神不但创造了世界和人类,还用其智慧和权能主宰世界和人类。它是无所不在、无所不能、无所不知的精神实体,既超越于世界之上,又内在于世界之中,信者可以通过祈祷与它接近。一神教否认有其他神灵存在,但不否认存在其他精神体。在各主要一神教中都有各种等级的天使及魔鬼,因此,有的学者认为这些都是原来从众神中产生至高神之后的痕迹。19 世纪以来,有人主张宗教观念是由原始社会的万物有灵论经由多神教而发展到一神教的,一神教是人类宗教观念的最高阶段。曾有学者认为在原始的民族中就有一神教。这种原始一神教或准一神教的理论认为,其他形式的信仰都是从最初真正的宗教也即一神教分化、演变而来的。

(2)多神论宗教。多神论是相信并崇拜多位神灵的宗教。它相信有众多神灵存在,但各神的地位、神通、威力不尽相同,所受的崇拜也不相等,信者可根据自己的需要随意选择特定的神灵加以崇拜。进入阶级社会后,多神教中亦出现了天阶体系,通常有一位至高主神居于天阶体系的顶端,作为众神之首。多神教崇拜的神灵,有的是自然体、自然力的人格化,如瑞(埃及宗教中的太阳神)、乌拉诺斯(希腊宗教中的苍天神);或是拟人的动、植物,如玛雅宗教中的东方神库库勒坎为一有羽毛的蛇;或是将社会现象和力量人格化,如玛尔斯(罗马宗教的战神)、阿芙若狄蒂(希腊宗教的爱神)、阿胡拉·玛兹达(琐罗亚斯德教的光明神)。有时统治者被神化,作为崇拜的对象,如埃及法老、罗马皇帝。

(3)泛神论宗教。泛神论,也称万有神教,谓宇宙间只有一个长住不变、自有永有、绝对永恒的本质。此派反对超越神论,否认神的位格以及上帝创世之说,谓有限之物乃出自无限,而非由于创造。盖自无限出有限,乃为一种内在的原则,此即上帝。有限无限,均属一源,故宇宙非上帝所创造,上帝即寓于宇宙之内。是一种将自然界与神等同起来,以强调自然界的至高无上的哲学观点。认为神就存在于自然界一切事物之中,并没有另外的超自然的主宰或精神力量。泛神论曾在众多古代文化中盛行。人们认为宇宙本身就是神圣的,典型体现在万物有灵的信仰,非洲和美洲印第安文化、后来的法老控制下的埃及宗教以及远东文化中的佛教、道教等都有此信仰。现在泛神论信仰在各种新纪元运动中又重新兴起。总之,泛神论认为神是一切,一切是神。因此,自然也是神的一部分。

二、宗教信仰民俗的主要表现

(一)一神论宗教

一般认为当今世界有三大一神教:犹太教、基督教、伊斯兰教。

1.犹太教

犹太教是世界三大一神信仰中,最早而且最古老的宗教,也是犹太民族的生活方式及信仰。犹太教的主要诫命与教义来自托拉,即《圣经》的前五卷书。犹太教最重要的教义,在于只有一位神,即无形并且永恒的上帝。它愿所有的人,行公义,好怜悯,因为上帝按照它的形象造人,所以人都应该有尊严且受到尊敬的对待。犹太人以学习及祈祷来侍奉上帝,同时遵行摩西五经上所指引的诫命。对于圣约的坚信,犹太人认为这就是上帝对他们的呼召,也是他们对世人的见证、他们的使命。但犹太教并不主张其他民族为了被救赎而必须接受它的宗教信仰和敬拜方式;这世界会因为它的所行而受审判,而不是因它所信的教条而受审判;所有公义的民族皆分享将要到来的和平世界。因此,犹太教并不是一个积极传教的宗教。犹太教堂所接受的改信者,必须遵照犹太教当局的规定,因为一个人改信犹太教并不只是简单的自我认定的事情。

犹太教中有三部典籍:第一部是《圣经·旧约》(又称《塔纳赫》),所有犹太人都要绝对忠诚地信奉它;《圣经·旧约》的前五卷书称为《妥拉》(又称《律法书》或《摩西五经》),是其中最重要的著作。第二部是《塔木德》,它对《妥拉》及犹太教经文中的"613条戒律"逐一做出了详尽解释。第三部是《米德拉什》。除《妥拉》外,犹太教典籍多是一些阐释与评注式著作,由于编纂年代和地域的不同,常常出现相互包容和交叉评注现象。

2.基督教

基督教是一个相信耶稣为神的圣子、人类的救主弥赛亚的一神论宗教。基督教、伊斯兰教、佛教是当今三大世界性宗教。现在全球共有15亿至21亿人信仰基督教,约占世界人口的三分之一。最早期的基督教只有一个教会,但在基督教的历史进程中却分化为许多派别,主要有天主教、东正教、基督新教三大派别以及其他一些影响较小的派别。基督是"基利斯督"的简称,意思是上帝差遣来的受膏者,为基督宗教对耶稣的专称。基督宗教是信奉耶稣基督为救主的各教派的统称。该教与佛教、伊斯兰教并称世界三大宗教,于公元1世纪由巴勒斯坦拿撒勒人耶稣创立。他是上帝的独生子,为圣灵感孕童贞女玛丽亚而降生;他曾行过很多神迹,让瞎子复明,跛子行走,死人复活,但是因为犹太公会不满耶稣基督自称为上帝的独生子、唯一的救赎主,把他交给罗马统治者钉死在十字架上;死后第三天复活,显现于诸位门徒,复活第40天后升天;还会于世界末日再度降临人间,拯救人类,审判世界。他被12使徒中的犹大叛徒出卖并受难,受难日为星期五,最后的晚餐连耶稣有13人,所以在西方,13是人们忌讳的数字,并且与星期五一起被视为凶日。尽管有三大教派,但是基本教义都是相同的,即上帝创世说、原罪救赎说、天堂地狱说。

基督教基本经典是基督教圣经,由《旧约圣经》和《新约圣经》两大部分构成,有四十余位执笔作者,前后写作时间跨越约1600年,十字架是基督教的标志。他们信奉的"上帝"或"天主"本体上是独一的,但是包括圣父、圣子、圣灵(圣神)三个位格。

《旧约圣经》是在耶稣的时代以前所写成的犹太教的《希伯来圣经》，记载了从耶和华创造天地到公元前 5 世纪为止以犹太民族为核心的历史，其中最重要的内容是神给犹太民族的律法，另外还有诗歌、预言等内容，原文以希伯来语写成。基督教形成以后，基督教的旧约圣经和犹太教的圣经开始有些微独立的演化，基督教自身在演化中不同教派又产生一些差异，但大部分还是相同的。比如现在有 6 卷被天主教和东正教承认的《旧约经书》未被列入犹太教和基督新教承认的圣经，被基督新教称为次经，不同教派间另外还有一些较小的差别，包括分卷、排列。《新约圣经》是耶稣离世以后由耶稣的门徒写成，内容有福音书、宗徒大事录、使徒书信、默示录等几部分共 27 卷书。最早的新约，原文以希腊语在公元 1 世纪写成，从公元 2 世纪开始被编排成典，于公元 4 世纪正式定型，得到基督教不同教派的共同承认。

3. 伊斯兰教

伊斯兰教是与佛教和基督教并列的世界三大宗教之一，公元 7 世纪初诞生于阿拉伯半岛。它是由伊斯兰教的先知穆罕默德所创，目前世界上有 10 亿多信徒，他们大多分布在阿拉伯国家，以及中非、北非、中亚、西亚、东南亚和印度、巴基斯坦、中国等。

伊斯兰教诞生于阿拉伯半岛的社会大变动时期。那时，四方割据，战乱频繁，内忧外患，危机重重。在宗教信仰上，原始宗教盛行，人们崇拜自然物体，并且各个部落都有自己的神，同时，犹太教和基督教也开始向半岛传播，但它们的学说并不适合这种形势。因此实现半岛的和平统一和社会安宁是阿拉伯社会的出路。这时候先知穆罕默德出现了，他以"安拉是唯一的真神"为口号，提出禁止高利贷，施舍济贫、和平安宁等主张，反映了当时社会的要求。伊斯兰教就是在这样一个转折的时刻诞生的。伊斯兰教认为除了安拉再没有神，反对信多神、拜偶像。伊斯兰，是阿拉伯语的音译，本意"顺从"。顺从安拉旨意的人，即"顺从者"，阿拉伯语叫"穆斯林"，是伊斯兰教徒的通称。在中国，穆斯林也称安拉为"胡大"或"真主"。穆斯林都相信穆罕默德是"先知"，是"安拉的使者"，是奉安拉之命向人类传布伊斯兰教的。

伊斯兰教主要分为逊尼和什叶两大派系，也有其他一些小派系。逊尼派被认为是主流派别，又被称为正统派，分布在大多数伊斯兰国家，中国穆斯林也大多是逊尼派；什叶派的信徒主要分布在伊朗，还存在于其他一些国家和地区，比如伊拉克等国。两派的区别主要在于对于穆圣继承人的合法性的承认上。按什叶派的观点，只有穆圣的女婿兼堂弟阿里及其直系后裔才是合法的继承人，而逊尼派则认为哈里发只是信徒的领袖，穆圣的宗教领导人的身份的继承者，无论是谁，只要信仰虔诚，都可以担任哈里发，也就是承认阿布·伯克尔、欧麦尔、奥斯曼这前三任哈里发的合法性。不管是逊尼派还是什叶派，都是穆斯林兄弟。他们都信仰同一部《古兰经》，遵圣训，都是诚信真主独一，承认穆圣是真主派给人类的最后一位使者。并认同真主的独一、全知、全能、本然自立、无始无终、无重量、无动静、无匹敌、不占据时空、无形无相、公正,是宇宙最高的完美实在。

伊斯兰教有六个基本信仰。这六个信仰是:

第一,信安拉。相信安拉是宇宙万物的创造者、恩养者和唯一的主宰,是全能全知、大仁大慈、无形象、无所在又无所不在、不生育也不被生、无始无终、永生自存、独一无二的。

第二,信天使。相信天使是安拉用光创造的一种妙体,人眼无法看见。天使只受安拉的驱使,只接受安拉的命令。它们各司其职,但并无神性,只可承信它们的存在,不能膜拜。天使数目很多,最著名的为四大天使,其中尤以吉卜利勒地位最高。

第三,信经典。相信《古兰经》是安拉的语言,是通过穆罕默德降示的最后一部经典。

第四,信使者。相信自人祖阿丹以来,安拉曾派遣过许多传布安拉之道的使者和先知。穆罕默德是最后一个先知,也是最伟大的先知。

第五,信后世。相信人都要经历今生和后世,终有一天,世界一切生命都会停止,进行总清算,即世界末日来临。届时所有的人都将复活,接受安拉的审判,行善者进天堂,作恶者下火狱。

第六,信前定。相信大地间的事物,社会的经济、政治状况,甚至每个人的生老病死、贫富贵贱都早已由安拉安排好,强求不得。

(二)多神论宗教

多神教主要代表有希腊宗教、罗马宗教等宗教。

1. 希腊宗教

希腊宗教最基本的内容是崇拜居住在奥林匹斯山的 12 位神灵。它们分别是众神之父宙斯、天后赫拉、智慧之神雅典娜、农神德墨忒尔、战神阿瑞斯、匠神赫菲斯托斯、太阳神阿波罗、女猎神阿耳忒弥斯、海神波塞冬、众神之使者赫尔墨斯、美神阿佛洛狄忒、酒神狄俄尼索斯。除公认的 12 位神灵,各地还有自己崇拜的保护神、小神灵以及英雄人物。其中一些英雄传说为大多数古代希腊人熟识,所以具有普遍的意义,如:赫拉克勒斯、忒修斯、阿斯克勒庇俄斯、狄俄斯库里兄弟。

最早的希腊宗教是一种自然崇拜。荷马是希腊人的宗教导师,但早在荷马之前,希腊人就已有了自己的宗教。早期的希腊宗教并不具备引导人们培养良好举止和性格的影响。

荷马史诗之前的宗教是一种原始宗教。如所有原始人一般,那时的希腊人认为树木、泉水、岩石、山峰及鸟兽都具有神秘的力量,称为精灵。他们认为,每个精灵,无论好坏,都需要人赠送礼物,尤其是食物,才能博得其好感,不使它们发怒。希腊人宰杀绵羊让血流到地上以取悦大地的精灵;焚烧羊腿使其香味飘到空中以取悦天空的精灵。后来这些精灵变成了男神与女神,随之兴起了新的宗教崇拜。希腊人进入爱琴世界后,他们的宗教继续发展。在这里,他们发现爱琴人最崇拜的是大地的精灵——地母或大母神,她使土地生长谷物与果实,使人们生存。这位女神被引入他们的宗教,同时包括其他的神,这就与希伯来人吸收他们在巴勒斯坦发现的迦南太阳神相似。

拓展知识

《荷马史诗》是相传由古希腊盲诗人荷马创作的两部长篇史诗《伊利亚特》和《奥德赛》的统称。两部史诗都分成24卷,这两部史诗最初可能只是基于古代传说的口头文学,靠着乐师的背诵流传。它作为史料,不仅反映了公元前11世纪到公元前9世纪的社会情况,而且反映了迈锡尼文明。它再现了古代希腊社会的图景,是研究早期社会的重要史料。《荷马史诗》不仅具有文学艺术上的重要价值,它在历史、地理、考古学和民俗学方面也提供给后世很多值得研究的东西。

由于古希腊宗教渊源极其广泛,加之城邦林立且政体与经济形态各异,难于统一等因素的影响,所以神的来源广、数量多,神的故事丰富而驳杂,神的系统不一而足。虽有全希腊崇拜的一些神,如神王宙斯等,但人们对其崇拜并未达到绝对地步,致使这些神从来也没有达到如同古埃及的三位太阳神,古代两河流域的马尔都克与亚述神曾经拥有的至高无卜的国神地位,更谈不上享有耶和华、安拉那种唯我独尊的殊荣。古希腊因此成为泛神论的国土,一神教始终没能形成。与多神教相一致,古希腊的神庙几乎随处可见,崇拜中心很多,宗教节日的数目更达到令人吃惊的地步。在希腊世界里,仅阿尔忒弥斯神庙就有80处之多。这大概与神的来源说法不同,故事丰富及崇拜者各异有关。在各地形成的众多崇拜中心,最著名的要数多多那的宙斯庙、德尔斐和提洛岛的阿波罗神庙、地峡泰纳龙角的波塞冬庙、埃皮达夫罗斯的神医圣所与埃莱夫西斯的密仪中心。

2. 罗马宗教

罗马宗教是古罗马人所信奉的宗教,属多神教。是约于公元前20世纪进入意大利半岛的印欧民族与当地的先住民族融合后产生的宗教信仰。其自然崇拜杂以祖先崇拜,无庙宇和祭司,神灵形象和神话尚少拟人化色彩。罗马人因以农牧为主,故神灵多与农作物有关。如丘比特原为葡萄之灵,玛尔斯原为五谷之灵,狄安娜原为树木之灵等。公元前8世纪部落集团解体,伊特鲁利亚王朝兴起。此后,开始重视崇拜礼仪,形成一整套繁复的礼仪和规章制度。丧葬仪式隆重,筑房舍式坟墓,绘以彩图,图中常有恶鬼等形象。对彼岸世界想象丰富,常供奉献花、牛奶和初熟土产以取悦于神。热衷占卜,常以观察祭畜的肝脏或遭雷击之木石预测吉凶。

公元前509年，罗马人废除伊特鲁利亚王朝成立共和国，但继承了伊特鲁利亚人的宗教，同时加强与意大利南部的接触和交往，开始吸收希腊宗教和神话。希腊的卡斯托耳、波吕丢刻斯、阿波罗等成为罗马神祇，并相融合。维纳斯即阿佛洛狄忒，刻瑞斯即得墨忒耳，尼普顿即波塞冬。罗马诸神开始具有拟人化色彩。罗马人较注重现世，确信人与自然界皆可求助于神力的佑护，因而有守门户的两面神雅诺斯，边界守护神忒耳弥诺斯，储藏室之神珀那忒斯。后期出现了宏伟的神殿建筑和神灵偶像，还引进东方的秘传宗教和占星术。罗马在与迦太基的第二次战役中遭到惨败后，为摆脱迦太基之手，还根据"神谕"，把小亚细亚人崇拜的大神母赛比利引入罗马宗教。此外，波斯神祇密特拉和埃及宗教主神俄赛里斯、伊希斯也都成为罗马人的崇拜对象。皇帝和国家的守护神为全民崇拜对象。被征服民族的神祇，一般也都被吸收到罗马的万神殿中。崇拜仪式以家庭为基本单位，家长主持祭祀。各家供奉自己的神像和祭祀祖先的亡灵。公众祭祀则由地方官主礼，祭司辅助。崇拜仪式有祈祷、发誓、舞蹈、跑步、游戏等；最重要的是献祭，繁简不一。战争时由军队长官主礼，举行特别献祭。战争胜利后，皇帝要带领军队前往加庇多山丘比特神殿，献上最好的战利品。帝国时期，国家政权中设立各级祭司官和一些祭司团，皇帝兼全国祭司之首。设有专门学院训练祭司。另有专职女祭司，由皇帝特选的处女终身任职，侍奉国家的火焰女神威斯塔。4世纪基督教成为罗马帝国国教后，罗马宗教随之逐步消亡。

（三）泛神论宗教

泛神论宗教在发展和传承的过程中，最值得一提的就是埃及宗教。埃及宗教是指古代埃及的宗教，时间自新石器时代晚期到公元最初几个世纪，包括民间习俗和宫廷宗教。埃及宗教的特点是多神，既有动物形的，也有人形的。这反映出在约公元前2925年之前整个尼罗河谷曾出现过大量的地方崇拜活动中心。埃及人发展了一种混合的思想，把各地崇拜的不同的和矛盾的特征融合起来。例如，卜塔是孟斐斯宇宙论中的创世神，阿图姆是日城宇宙论中的创世者。埃及人为了调和两种不同的观点，把两位神联结到一起，使一位神的特征变成另一位神的一部分。具有同样特征的神被合并到一起，形成混合神。太阳神瑞具有普遍性，所以经常与许多神联结到一起。埃及人并不觉得他们的神的不同特征或权力互相矛盾，而认为那只是某位神的不同形态。这样一来，男性或女性诸神就具有异性的特征，从而可以自生自养。埃及人发展一种生命连续的信仰，主张地球上的生命只是人存在的一个方面。死亡并不是毁掉一个人，只是把他送到宇宙的另一面。死者在现世世界积极活动，对死亡进行准备实际上是准备迎接与众神相联系的新生活。在古王国时期，只有国王才能被引入这一精神世界。后来，普通的人通过仪式也可以像国王一样到达同样的神界。埃及人认为时间是循环的。当国王逝世的时候，他本人变成死者的主宰、阴间的统治者俄赛里斯,而他的儿子则成为新的何露斯,即玛亚特的行政官。一个国王在位满30年,他要经过一系列仪式,表明他已经正式死亡,变成死者的主宰俄赛里斯,而后又神秘地还阳。这是一种象征整个大地周而复始的举动。

世界各民族的宗教信仰基本通过上述三个种类的方式表现出来,然而,广泛流行于我国的佛教,表现方式却不从属于上述任何一个类型,特别是近代佛教传达的是"无神论"的立场。佛教以佛陀为崇敬或崇拜对象。"佛陀"即获得了觉悟的人。佛教主张一切存在都是依于一定条件才出现、才暂存的。这样的条件性称作因缘。由缘起而引出的无常无我,可以归结为苦和空。只有修道才能克服这种苦空。因此,佛教注重对人生的悟道。佛教在中国化的过程中,掺杂了神灵崇拜和巫术迷信的成分,远离了人的核心、生的主题。伴随近代科学与民主思潮的兴起,佛教界的学者自觉通过无神论立场,重新规整佛教的时代方向,挖掘阐发佛教的无神论含义,扭转佛教的社会形象。

第二节 民间信仰

一、民间信仰概述

(一)民间信仰的定义

民间信仰是一种在特定社会经济文化背景下产生的以鬼神信仰和崇拜为核心的民间文化现象。在中国,民间信仰是指流行于一般民众尤其是农民中间的神、祖先、鬼的信仰,庙祭、年度祭祀和生命周期仪式,血缘性的家族和地域性庙宇的仪式组织,世界观和宇宙观的象征体系。民间信仰深深植根于乡村民众之中,成为农民日常生活中必不可少的一部分。不管社会环境如何变迁,外界压力有多大,农民始终没有放弃属于自己内心深处的自然崇拜、神灵信仰、祖先崇拜等精神追求。民间信仰以其独特的"民间性",伴随民众的一生。

在长期的历史过程中,中国民间传统的信仰、仪式和象征影响着社会中大多数民众的思维方式、生产实践、社会关系和政治行为,并与国家上层建筑和象征体系的构造形成微妙的冲突和互补关系。民间信仰作为一种历史文化现象、社会形态、生活方式、价值观念,在国家、民族、社会的发展中一直占据着重要地位,发挥着作用。

(二)民间信仰的分类

民间信仰以对灵魂的崇拜、对鬼神的信奉为基础,体现在人们的生活习俗中,通过各种形式,实现信仰活动。形态迥异、类型多样的民间信仰都是源于最原始的信仰,按各类信仰表现形式和祈求目的,可以分为原始信仰、祖先信仰、巫术信仰三大类型。

1. 原始信仰

原始信仰是天、地、人统一体现,是人类对天神、地神的崇拜。古人类把"自然"称为上天、上帝,天象即为自然,自然与人的关系是"天人感应",就是说上天能干预人事,而人的行为也能感应上天。自然界的灾害和祥瑞,表示上天对人类的惩罚和嘉赏。这种对自然上帝的膜拜,便产生了原始信仰。它包括对自然现象、自然物、动植物、精灵、鬼神的崇拜及生殖崇拜。比如,古人非常注重月亮的变化,祭月是严肃诚敬的祀典。人类祖先留下许多关于月亮的神话传说,如"嫦娥奔月""吴刚伐桂""玉兔捣药"等。毛泽东诗词《蝶恋花·答李淑一》中提到吴刚和嫦娥两个神话人物。吴刚,传说月中有桂树,汉朝西河人吴刚因学仙犯了错误,被罚到月宫去砍桂树。嫦娥,传后羿从西王母那里得到了不死之药,他的妻子嫦娥偷吃后成仙,便奔入月宫。"问讯吴刚何所有,吴刚捧出桂花酒","寂寞嫦娥舒广袖,万里长空且为忠魂舞",这四句诗是借用民间信仰中的神话人物,描写烈士忠魂上天后,在月宫与吴刚、嫦娥见面的情景。元朝末年,民间广泛流传八月十五吃月饼的习俗,中秋节晚上各家庭院摆设香案,燃红烛一对,置鲜果四色,月饼放在香案正中,合家焚香礼拜。人们认为月中有神灵,形成了对月朝拜的礼节,便是人类对月神的原始信仰。

原始信仰是人类认为这个世界上有种种神秘的神灵在控制着人类,人的出生、成长、疾病、死亡都不是自然现象,而是由超自然的神灵主宰的。对死亡的恐惧以及对灵魂不灭的信仰,使原始性的民间信仰在延续中形式不断变化,内容不断丰富着。

2. 祖先信仰

祖先信仰是人对人的信仰,是今人对古人的崇拜,是人类对祖宗、先贤、圣人的崇拜。人类的祖先通过生存实践,创造了生活方式,创造了农耕文化及世界观、人生观和价值观,出现了诸如大禹治水、愚公移山、华佗"针麻"、屈原"天问"等先贤圣人和文化结晶。人们对祖先为民众所创造的生存技能和人文精神,为民众利益所做出的贡献都接受了,并转化为人类思想、感情,成为民众言行榜样。后人世代传承着对祖先的崇拜、敬仰,通过各种形式祭典祖先,传承祖先文化精神。比如:陕西省黄陵县的黄帝陵祭典;湖南省炎陵县的炎帝陵祭典;山东省曲阜市的祭孔大典;福建省莆田市的妈祖祭典。就皖东地区而言,全椒县的"走太平"民俗活动,是为了祭奠清朝康熙年间在全椒县博施济众、为民造福的全椒县令刘平。天长市的孝亲习俗文化活动,是为了祭奠北宋时期弃官寻母的朱寿昌。

我国的行业祖师崇拜是祖先崇拜的发展,祖师爷是各行业的开创者或是能工巧匠。如:瓦木匠的鲁班、医药界的神农、制笔业的蒙恬、造纸术的蔡伦……祖师爷成为行业组织的旗帜,从业者都要为该行业敬奉的祖师爷在行业祠堂内塑像,有些从业人员还在家中设置神位,焚香虔诚祭拜。中国传统习俗在家里悬挂"天地君亲师"的中堂,这里的"天、地"是原始崇拜中的天神、地神。"君"是祖先崇拜中的君王、皇上。"亲"是祖先崇拜中对上人的孝亲。这里的"师",不仅指直接"传道授业解惑"的老师,也包括各行业的开业之祖。敬拜祖师习俗反映了从业者对创业之祖的感谢和缅怀之情,也是中国民间信仰文化中一个富有特色的内容。

3. 巫术信仰

"巫"在中国古代社会是个重要的概念。巫能通晓神的意志和人的需求,巫是一种能够沟通人与神关系的人。巫通过占卜或祭祀进行人神之间的交流,所以巫不仅是神灵世界的解释者,也成为人间秩序的安排者。

巫能够生存并延续,是因为巫掌握着特殊的技能,就是巫术。巫术被认为具有神秘的力量,在民间是不可或缺,但又无法用理性解释的。这种神秘体现在两个方面,一是祭祀,二是巫医。人们企求风调雨顺,企求人丁兴旺,企求消灾除病,都需要巫运用各种法术从中周旋沟通。巫术表现的效力越大,它的神秘性就越强,它的存在就更具有合理性。

整个巫术技术程序就是巫术信仰仪式。根据巫术内容和企求目标,可以分为狩猎成功而举行的狩猎巫术;为使自己所爱的人也能爱自己,促成美好婚姻的恋爱巫术;为预防或消除危险,防病治病的保护巫术;为使敌人或仇人受到伤害或者死亡的伤害巫术等。人们信仰巫和巫术,通过虚幻的技术程序,通神接鬼,实现所企求的目标,使人们实现巫术信仰。从信仰发展史来看,巫术信仰与原始信仰是密不可分的。

民间信仰是人类创造的文化现象,科学不发达的地方,民间信仰活动就比较活跃。当今社会,科学较发达的地方,民间信仰亦有很大的生存空间。中国民族众多,信仰形态多样,祭拜仪式迥异,但皆是以鬼神信仰和偶像崇拜为基础的。对自然物、动植物、精灵、鬼神以及天、地、福、禄、禧、财等神的崇拜,应属原始信仰。对先贤圣人、行业祖师、祠堂家庙崇拜,包括生殖崇拜等,应属于祖先信仰。凡是使用占卜工具,以诅咒、测算形式进行算命、扶勘、禳灾、祛病、驱鬼、求雨等活动的,应属于巫术信仰。尽管民间信仰活动表现形态多种多样,只要对信仰活动的崇拜对象、祭祀形式、所求目的进行认真分析,便不难分辨民间信仰的类别,也就更容易理解民间信仰在社会管理中所起到的积极作用。

二、中外民间信仰的主要表现

(一) 中国民间信仰的主要表现

1. 原始信仰

(1) 天象信仰。古代,对天象的信仰包括对日、月、星、云、风、雨、雷、电等的信仰。在这方面,对"天"的信仰和对"天帝"的信仰都稍晚于对"日"的信仰。《说文》中解释的天为"颠也,至高无上",并不是古代信仰概念。《礼记·王制》中有关于天的解释,说:"天,谓日也",这倒十分符合古代对天的最初信仰。对于《尔雅·

释天》的"天之为方方神也",也稍晚些了。因此,最早的对天的信仰是以对太阳的崇拜为代表的。

我国古代有迎送太阳的习俗,早在《卜辞》中就有记载,在《尚书·尧典》中有"宾日"于东、"饯日"于西的记载,也标志了拜日的古俗。我们古代对日的信仰,见于《山海经》,详细描述了古人想象中的太阳,原文记载:"东海之外,甘水之间,有羲和之国。有女子名曰羲和,方浴日于甘渊。羲和者,帝俊之妻,是生十日";"汤谷上有扶桑,十日所浴在黑齿北居水中;有大木,九日居下枝,一日居上枝";"一日方至,一日方出,皆载于乌"。里面不仅仅记述日的出生、日的巡行,还有日的精魂"三足乌"的神话解释。

对月的信仰也是原始信仰,我国古代神话中有女娲捧月的故事和羿的妻子嫦娥偷不死药飞升奔月的传说。月中有精蟾蜍,两足人立,持杵捣药以及月中有不死树之传说,早在汉代以前就有了。不久,随"神仙说"的影响,月中又有了砍桂树的吴刚和捣药的玉兔。在崇拜月神的古俗中,我国《礼记·祭法》中有"夜明,祭月也"的记述,在《祭仪》中又有"祭日于坛,祭月于坎,以别幽明,以制上下。祭日于东,祭月于西,以别外内,以端其位"的记载,可见对月的信仰可以与日相比。我国高山族神话中有一个关于月亮的故事,说原来天上有两个太阳,轮番出来暴晒,人们不堪酷暑干旱,祖先中一位英雄用箭射中了其中的一个太阳,那太阳被射中后流尽血,变成了淡白的月亮,溅到周边的血滴,化成了星星。

对星的信仰古已有之,我国古代神话中有关星的神话就是这种信仰的反映。织女、牵牛二星的神话,可以从《诗经·大东》中追索出某些线索,如"维天有汉,监亦有光;跂彼织女,终日其襄;虽则七襄,不成报章;睆彼牵牛,不以服箱"。古人对织女星表现出爱情方面的信仰,又称"星妃",后来不仅出现了织女星、牵牛星的爱情悲剧故事,而且还出现了"七夕""乞巧"等有关星信爷的种种习俗。在宋代罗愿撰的《尔雅翼》卷十三中才出现了鹊鸟搭桥的传说,说鹊鸟在七月七日头上脱毛的原因,"相传是日河鼓与织女会于汉东,役乌鹊为梁以渡,故毛皆脱云"。后来,才渐渐把牵牛星转化为人间农家放牛郎。

在古代星神话中还有人化为星的故事,如高辛氏子瘀伯和实沈,因兄弟阋墙,化为"参""商"二星,此升彼落,永不相见。殷神话中有傅说者于箕、尾二星中间华侨一小星。这些都是星信仰的发展。在《说文》中星被解作"万物之精,上列为星",也有星信仰的性质。这种古代信仰传承到后世,便成为星是人的"本命",认为天上有多少星星,地上有多少人,于是才出现了"星照命",祭"当年星""本命星"的习俗,才出现了星陨落就是人死亡的迷信说法。《书经》中把星解作"二十八宿",在汉代又流行了按星宿方位的隐现而做的古占卜形式,尤其遇到灾异,往往进行星占、星卜,占星的术士应运而生,产生了一种叫作"星命学"的迷信知识和手段。如汉代的《太乙星子》等书,专门以人生辰八字按天星运转特点推断禄命吉凶祸福。对星的信仰在一些民族地方还形成了节日习俗,如云南南诏地方过去于十二月十六日过"星回节",以为腊月"星回于天,数将几终,岁且开始"。人类对彗星的信仰,便是原始信仰的遗留,人们把"扫帚星"与各种灾异联系起来的迷信十分久远,《占经》里"彗星东出,有寇兵,旱"之类的说法很多。

(2)山地信仰。把大地作为神秘的超自然的力量加以崇拜,是原始信仰的普遍形式,这是和人类祖先必须依赖土地这个物质基础分不开的。我国信仰大地之神由来已久,《史记》上称"地一"神,又叫"地祇"。在汉代,普遍称地神为"地母"或"地媪",奉为赐人类以多福的女神。古代希腊神话中把地神也称作"地母"。古人对大地神表示亲近如母,是有现实根据的,按《札记·效特祀》说:"社,所以神地之道也。地载万物,天垂象,取材于地,取法于天;是以尊天而亲地也。"大地母亲给人类以生长万物的实惠,是信仰大地神的物质渊源。对土地的信仰必须采取仪礼形式,最早就有以血祭地习俗。《周礼·大宗伯》有"以血祭社稷"之说,这里以血祭社正是祭地古俗。血祭用牲血和人血两种,在《春秋·僖公十九年》《公羊传》《管子·揆度》中都记述了以人血祭社,杀身以衅其社的情状。同时,人类为了报答土地的恩惠,又有将献祭物品埋于地下的习俗。《尔雅·释天》中记的"祭地曰瘗埋"正是将玉等贵重物埋于土地中以祭地的古俗。由于对土地的信仰,所以在古代就有不得任意掘土的禁忌,特别是发展成五行阴阳之说以来,不易动土的风水信仰盛行。对土地的信仰由对大地的整个信仰向局部地区土地信仰转移分化。进入农业社会以来,人类对土地的信仰总是与农业收成联系在一起,所以每逢播种、收割,首先要祭大地。世界上许多原始部落地区至今仍有杀人祭地的旧习俗,我国台湾、云南的一些少数民族中,过去也流行有猎人头古俗,其中有的就是为了祭地用的。

民间对山石的信仰也有种种。靠山吃山、养山是山里人生活的准则,山里人与大山结下了不解之缘。人们对大山的敬仰是十分深沉的,把大山看作是自己的父母,把自己比作大山之子。他们把各路神仙请到山上,并建起了庙宇殿堂。如某地西部山区陶泉乡的"云摩寨"、岔口的"龙洞沟""天宝寨"、王凤西的药王庙、贾璧乡的"白龙洞"、杨家堂乡的南峧寺,都是建在山上的庙堂,里面有佛爷、玉皇大帝、圣母、药王、龙王爷等,并都立了庙会。逢年过节、庙会日、初一、十五,善男信女前往烧香磕头,以示敬仰。人们由于对大山的崇拜,还在山口建有山神爷庙。据民间说,山神爷能管住山上的猛兽,每当山上的猛兽出没,下山吃人、猪、羊等时,一给山神爷祷告,山神爷就把它们收回、关押、教训,不让它们再下山伤害人。

(3)水火信仰。"水利是农业的命脉",是人们生活的最起码条件。因此人们对水很信仰,不少地方盖有龙王爷庙、河神爷庙。每当天旱不雨时,人们到龙王爷那里去求雨。传说龙王爷是管降雨的神,每年民间都讲究今年是"几龙治水"。每年是"几龙治水"都有一定,龙多也会导致天旱和洪涝灾害,即所谓民间说的"人多乱,龙多旱,鸡多不下蛋。"

人类生命始于火,用火是人类文明进步的标志,但也畏惧火灾。为了避免火灾,使火更好地方便人们的生产、生活,有的地方还建造了火神庙。在我国北方信奉萨满教的各民族中,火神被称为火神公、火婆、火姑娘、火灵、火源等。如鄂伦春族传说,一位先生早晨起来烤火,因捣动火,触犯了火神。无论他家搬到哪儿,怎么也生不起火。后来向火神婆婆请罪,得到了宽恕,回家再点火时,火就着起来了。据乌丙安先生介绍,在这个传说中所体现的火神神圣不可侵犯的原则,不仅贯穿于北方一些民族的狩猎、放牧等生产习俗中,也落实到日常生活的各个方面,如通常情况下绝对禁止用脚踩火、骑火、跨火,不允许说火的坏话或直接辱骂火。在尊重火给人间带来的恩惠的同时,人们又把森林草场的火灾以及病人发烧、小儿梦魇等疾病视为火神发怒的结果,愈是对它崇敬,也就愈发畏惧它对人的惩罚报复。因而火神远比其他自然神更经常受到崇敬。

2.祖先信仰

人类对"祖先有灵"的认识由来已久,对于祖先信仰主要有以下几种类型:

(1)职业神。在民间信仰中还包括较大一部分行业职能神的崇拜,如手工业匠人等生产行业神或社会不同阶层、不同年龄、不同性别的集团职业者崇拜的神,都属于这种俗神。行业神中较多的都是祖师神,都是大工匠的人神崇拜。

女神,即东岳大帝泰山玉女,被宋真宗封为碧霞元君,以后流传在民间广为奉祀,成为专司妇女生子,保护幼儿平安的大神。送子观音之说,源于佛教观世音菩萨。福神是民间祈福的崇拜对象,最早源于福星,所以到现在民间还有福星高照之说。福寿星,是民间信仰中祈愿长寿而崇拜的神,主司人间寿命。寿星是指二十八星宿中的南极老人星。在传统信仰中,寿星神秃顶白须,额高头长,耳大身短,手扶一根高过头的曲杖,是民间最普及的世俗神之一。以前各家各户都供奉寿神,成为祝愿的一种象征。

财神崇拜也是最普遍的世俗神信仰之一。明代传说招财进宝利市之神是赵公元帅,即赵公明。此神下属有四神,即招宝天尊萧升、纳珍天尊曹宝、招财使者陈九公、利市仙官姚少司。这班神灵都是专司钱财珍宝的神,以赵公明为主财大神。明清两代财神庙香火极盛,商贾百姓年年都要迎祭财神。财神的形象为黑面多须,手执钢鞭,跨下黑虎,一副武将装束,因此,在民间又俗称为"武财神"。在财神生日到来的前一天晚上,各家置办酒席,为财神贺辰。初五接财神,赵公元帅最受尊拜。许多商店、住宅都供奉他的木版印刷神像,神像面似锅底,手执钢鞭,身骑黑虎,极其威武。正月初五,各商店开市,一大早就敲锣打鼓放爆竹,迎接财神。信奉关帝圣君的商家,在正月初五要为关公供上牲醴,鸣放爆竹,烧金纸膜拜,求关圣帝君保佑一年财运亨通。

中国有尊师敬祖的传统美德。过去民间各行各业都有自己的祖师爷。他们信奉本行业由师祖开创,并受师祖保佑。每逢先师生日,过年过节,各行各业都要举行祭祀活动,顶礼膜拜,相沿成俗。中国的行业祖师中,影响最大、流传最广的就是鲁班了。鲁班被木匠、石匠、泥瓦匠、砖窑工等土木建筑行业尊奉为开山鼻祖。鲁班发明了许多木工工具,磨面用的石磨和古代攻城用的云梯也都是鲁班发明的。到了唐代,有关鲁班的传说大量出现,增加了许多夸张和神奇的成分,并流行全国,人们只要看到精巧宏丽的建筑物就一定说"这是鲁班爷建造的",至此鲁班爷在人们心中已被神化、偶像化。在人们的传说中,鲁班的足迹遍布全国,他常常化身为乞丐或白胡子老汉,帮助各地工匠解决难题。到了明代,各地已建有鲁班庙,来祭祀这位祖师爷。每逢学徒拜师,行业议事,工匠之间发生纠纷,或者遇到技术难题,工匠们都要到鲁班庙和供有鲁班神像的祖师殿烧香求拜。砖瓦、窑业在点火烧窑前,也要举行仪式。鲁班如今已经成为中国人心目中能工巧匠的代表,是聪明和智慧的象征。

(2)鬼神。中国民间不但信仰神,也相信鬼。民间之所以相信人死后会变成神或鬼,是因为人们相信人死后灵魂不灭。秦汉以前,中国没有天堂地狱的概念,人们对鬼神的去向不十分明确,只是模糊地认为神住在天上,鬼游荡在世间,或入黄泉。所以,中国民间不仅重视祭祀自己的列祖列宗,祭祀黄帝、炎帝,还要为许多为百姓做事的地方官立祠祭祀,让他们死后灵魂有个归宿。鬼神崇拜为中国古代原始宗教意识之一,早在原始社会便已存在,到殷商时演变为信仰上帝和天命,建立以上帝为至上神的天神系统,遇事便由巫祝通过卜筮向上帝请求答案。先民由于不懂得人的生死现象及做梦等生理活动,以为有独立于人体之外的灵魂,人死了便成为鬼,遂产生鬼魂崇拜,这种崇拜又与祖先崇拜交织在一起。周代把崇拜祖宗神灵与祭祀天帝统一,称为敬天尊祖。周人所崇拜的鬼神已形成天神、人鬼、地祇三个系统,成为后世道教多神信仰的渊源,尤其符箓派的符咒科仪,多与古代的鬼神祭祀有关。春秋战国时,理性主义高扬,但社会上仍有人力图证明天的意志与鬼神是存在的,这从《墨子》的《天志》《明鬼》等篇章即可看出。墨子的尊天、明鬼思想为道教所吸取,道教并将某些神仙方术依托墨子,把墨子列入神仙之林。章太炎曾指出道教依托墨家,墨子学派为道教的思想渊源之一,实际上即墨子的鬼神思想为道教所附会。还有,鬼神信仰与五行观念结合形成的五方五色神灵,反映了五行思想与鬼神信仰的互相影响,也为道教吸收,成为其鬼神系统的重要来源之一。秦汉时代,对天帝鬼神的祠祀日渐增加。汉初刘邦增祀五帝。汉武帝即位,尤敬鬼神之祀,封泰山禅里父,遍祀五岳四渎,新增许多神祠,最尊者为太一神,除病和征战等都向太一神祈祷。秦汉社会这种强烈的鬼神信仰与崇祀为道教的产生培植了适宜的宗教氛围,并为道教所继承发展。

3. 巫术信仰

中国巫术,通常是指中国古代用药使毒惑心之术,此术施用之道,乃借助超自然的神秘力量对某些人、事物施加影响或给予控制。巫术是企图借助超自然的神秘力量对某些人、事物施加影响或给予控制的方术。古代施术者女称巫,男称觋。

从巫术的性质角度,可以把巫术分为黑巫术和白巫术。黑巫术是指嫁祸于别人时施用的巫术;白巫术则是祝吉祈福时施用的巫术,故又叫吉巫术。从施行巫术的手段角度,巫术又可分为两类,一种叫模仿巫术,另一种叫接触巫术。模仿巫术是一种以相似事物为代用品求吉或致灾的巫术手段。如恨某人,便做人形,写上该人的生辰八字,或火烧或投水,或针刺刀砍,以置那人于死地。从性质上讲,这属于黑巫术。再如小儿常常落井,为避灾,常做一偶人代替小儿投入井中,这种行为称作破灾破煞。在上古生产习俗中,稻花开始,男女相会于田,以促进稻谷结穗。人若生疮,画在植物叶或黄纸上,便可移走病患。接触巫术是一种利用事物的一部分或与事物相关联的物品求吉嫁祸的巫术手段。这种巫术只要是接触到某人的人体一部分或人的用具,都可以达到目的。如某人患病,在病人病痛处放一枚钱币或较贵重的东西,然后丢在路上任人拾去,于是认为病患转移到了拾者身上。具体作用于:

(1)祈求帮助。指人们以一定方式,祈求自然力或鬼神来帮助自己实现某种目的。如汉族求雨时,多拜龙王,拜祭不成时,便要施巫术,逼迫龙王下雨。如抬龙王游街,暴晒龙王,把井水掏干等。

(2)招魂。用巫术把失落的灵魂招回来。它不仅限于人自身,也适用于动物、植物。如基诺族为谷神招魂,苗族为牛招魂,再如汉族小孩病了,往往以为是灵魂失落在村外,妈妈则要拿着小孩的衣服去村外呼喊小孩的名字,为其招魂。彝族也有为出走多年或客死异乡的长辈招魂的习俗。招魂时,由巫师主持,往往站在高山上,望着死者出走的方向,呼唤死者的名字,一面用麻线伴占死者的灵魂回来。壮族、毛南族等民族还有为亡人、情人招魂的巫术。一般小伙子多请女巫,巫师头蒙被单,请神附体,不久她即进入昏迷状态,宣布魂已附体,于是女巫便代表男子的情人,与男子对歌,倾吐衷情。

(3)诅咒。它是借助语言的魔力,达到加害对方的目的。最常见的形式是面对面地诅咒,如不得好死、千刀万剐等。更多的是通过诅咒对方的名字达到巫术的目的。傣族有一种"放罗"巫术,目的是挑拨别人夫妻关系,自己好插足。做法是从该夫妻家坟地的篱笆上取二片竹,刻上:"你两胸上长刺,不能彼此拥抱,只能像隔河相望一样",然后放于对方竹楼下,认为三天内就会使夫妻失和。在东北汉族和满族地区过去有一种蒸猫诅咒,如失者发现某人偷了自己的财物又拒不承认,失者就将偷者的生辰八字、姓名写在纸上,与一只猫一起放在蒸笼内蒸煮,猫在笼中挣扎惨叫,失者便诅咒偷者也像猫一样,不得好死。

(4)驱鬼。是对鬼施行的一种攻击性巫术,在生产、建房、治病、丧葬中经常使用。这是民间巫师的最主要的工作。凉山彝族毕摩为病人治病时,让病人坐在门口,头顶一个竹簸箕,毕摩大叫"把害人的鬼抓住,快抓住他",同时命助手持锹把火塘灰撒向病人头,利用灰把鬼赶走。彝族另一种巫师苏尼在驱鬼时,在火塘边摆许多树枝贡品,他绕火塘而行,一边敲羊皮鼓,一面请各位山神降临,随后突然把一个陶罐口打开,说:"把鬼捉住了,快放在陶罐里",说完立即把口封住,并喊:"害人的鬼,我要烧死你!"说完,苏尼把陶罐中鬼倒进火塘,并说:"鬼啊,你等着吧,到竹筐能盛水时,你再回来。"还有:纸船明烛照天烧、婚礼上用箭射新娘、迈火盆等,汉族的许多驱鬼巫术后来被道教继承下来。符、剑、印、镜是道士的主要驱鬼工具。驱鬼巫术也适用于凶死者。黎族对凶死者最为畏惧,送葬时必须举行复杂的仪式:必须走弯弯曲曲的路,使凶死者的灵魂迷途难返,下葬时还要以巨石压尸,或以木桩钉尸,目的是让凶死者的灵魂永远不能返回家园,否则就会扰乱家人。

(5)避邪。是利用一定的物件来防止邪鬼来犯,是一种消极巫术。避邪物一般装饰在建筑物、交通工具和生产工具上,也有佩戴在身上的。普米族在门或墙上印有许多石灰手印纹,据说这是一种打各鬼的姿势,鬼会见而生畏。在门楣上挂刀、剑、锯、羊角等也可避邪。鄂伦春族在仙人柱上悬挂野猪牙、熊鼻;侗族在门上挂狗头,以狗护家。苗族在门上挂有米筛和渔网,认为米筛象征眼睛多,能识破鬼的行踪,渔网则是捉鬼的工具,鬼见了便会避而远之。图腾也是一种避邪物,彝族多在门上画一只虎。我国西北和欧洲地区常常挂马蹄铁。汉族的护身符、门神镇宅宝剑等都是避邪物。

(二)外国民间信仰的表现

1.原始信仰

世界上的原始信仰对象主要是太阳,即太阳崇拜。

世界上的太阳崇拜有五大发源地:中国、印度、埃及、希腊和南美的玛雅文化。19世纪西方宗教研究领域自然神话学派的代表人物麦克斯·缪勒提出,人类所塑造出的最早的神是太阳神,最早的崇拜形式是太阳崇拜。太阳神话是一切神话的核心,一切神话都是由太阳神话派生出来的。太阳"从仅仅是个发光的天体变成世界的创造者、保护者、统治者和奖赏者——实际上变成一个神,一个至高无上的神"。《诸神的起源》中认为:日神信仰虽然在商周以后逐渐沉没于较后起的对天神、地祇、人鬼多神系统的信仰中了,但是其痕迹和遗俗,同东、西方各大文明区同样,却仍然比比皆是。上古时期,太阳神在埃及成为"众神之父",这种现象缘于农业与太阳密不可分的联系。埃及作为最早的农业文明之一,其优越的农耕条件及环境气候尤其需要阳光的普照,由太阳作用导致的季节的变化,对农耕民族的重要意义使得他们最初非常崇拜这位自然神灵。如一轮火红的血球,太阳每天都是新的,从东边升起,从西边落下。在先人们眼里变幻无常、神秘莫测。看着日出日落的神奇现象,古埃及人想象着太阳神"白天乘日舟,晚上换乘夜舟",如老黄牛般忙碌又疲惫地往复于浩瀚的太空中。同样在希腊神话中,太阳神每天清晨乘四马金车奔驰于太空,晨出昏没,以光明普照人间;富有想象力的古斯巴达人还把一种叫太阳马的祭物投入大海,象征其太阳傍晚沉入海洋的过程。太阳神图腾崇拜的终极目标,是有一个现实中的载体,在这种情况下,太阳神鸟便呼之欲出,成为太阳神的化身。随着每天不间断的日出日落,懵懵懂懂的先民们以为天上不止一个太阳在"空中行走",在蒙昧状态下多日观念便产生。古墨西哥人经历了"四个太阳"的古老时代,而古中国人却经历了"十个太阳"的蒙昧期。这样的神话在古时甚广,只是各个民族的版本不一样而已。射日神话发生在人类文明较早的时期里,其前提就是多日神话,这些神话的流传加重了先民们"多日"的说法。光芒四溢的太阳带给世间万物以生命与温暖之时,原始人类就已经认识到,没有太阳的存在,人类万物就无法生存与繁衍。进一步赋予太阳神以更高的权威,也就具有了抽象意义。这位主宰万物的神灵,其光明与威力昭示四海,人们自己感到渺小无能,进而崇拜他。太阳神崇拜的产生与原始社会人类的生存与生活环境有关。因为原始社会生产力极为低下,人们的思维、认识能力极其简单,对大自然和自然规律无法认识,就认为万物有灵,其中太阳与原始初民的关系最为密切,人类的生存与繁衍,首先离不开太阳,太阳的升落、四季的交替、作物的生长都与太阳有关,于是对其顶礼膜拜。

2. 祖先信仰

祖先崇拜,或称祖灵信仰、敬祖,是指祭祀、供奉祖先灵魂的一种宗教习惯,是基于死去的祖先的灵魂仍然存在,仍然会影响到现世,并且对子孙的生存状态有影响的信仰。在大部分民族的不同文化中,祖先崇拜和神灵崇拜不太一样,对神崇拜大多是希望祈求一些利益,但人们对祖先的信仰,并不仅仅是希望祈求一些好处,多半是以表达亲情或者对先人的尊敬为主。

儒教文化将祖先当作神灵一样崇拜。在儒家的观念中,"孝"是最重要的美德之一,俗曰"圣人以孝治天下",可由孝引发忠、信、仁、义等道德。即使对已经去世的先人,也要像他们活着时一样地尊敬,在节日中要供奉、祭祀,对祖先的崇拜并不是一种宗教信仰,而是日常要遵守的行为准则。在儒家文化影响下的朝鲜半岛居民,也要对先人进行"祭礼"和"祭祀",而祭祖所祭拜食物花费的时间与生人之间吃饭的时间基本相同。最重要的是"周年祭"。越南人不管是佛教还是道教徒,或是一般越南人，在自己的家中都设立祖先的神龛。一般人并不一定过生日，但非常重视对先人的周年祭祀，焚香祭祀，供奉先人的照片。在日本，一般家庭在佛龛的中央安置祖先牌位，对冥界的祖先神灵进行祀拜；在印度农村，人们会回忆逝去的人，在进食前会向先人祈祷。印度教中有一个仪式叫"塔帕纳"，当一个家庭中有人去世，在每年十月份，家中的男人们会向恒河中放入写着梵文的赞美诗祝先人早入轮回。祖先崇拜在非洲也很流行，但非洲人是敬畏祖先，害怕祖先的灵魂会打扰自己的家庭，希望他们远去成仙。

拓展知识

图腾是原始人群体的亲属、祖先、保护神的标志和象征，是人类历史上最早的一种文化现象。社会生产力的低下和原始民族对自然的无知是图腾产生的基础。运用图腾解释神话、古典记载及民俗民风，往往可获得举一反三之功。图腾就是原始人迷信某种动物或自然物同氏族有血缘关系，因而用来做本氏族的徽号或标志。牦牛是藏族历史上重要的图腾崇拜物。图腾系印第安语 TOTEM 音译。其含义为"他的亲族"。原始社会时期，人类认为其部落、氏族可能与某种动物、植物或其他比较亲近的自然物存在着某种特殊的血缘关系，于是他们便把这种与自己部落及氏族有密切关系的动物或植物尊崇为图腾，把它奉为本氏族的标志。世界上有许多以牛为图腾崇拜物的国家和民族，如古埃及人、波斯人视公牛为人类的祖先。印度人对牛的崇拜更是神圣无比，视牛为天神。

3. 巫术信仰

目前世界上仍然存在的巫术信仰就是降头术。降头术是流传于东南亚地区的一种巫术，相传是中国四川、云南一带苗疆的蛊术流传到东南亚地区后，结合当地的巫术所演变而成。也有称泰国的"降头术"和我国湘西的"蛊术"被称为东南亚两大邪术。所谓降头术，从步骤上看就在于"降"与"头"。"降"指施法的所用法术或药蛊手段；"头"指被施法的个体，并包含了对被施法个体的"个体联系把握"。降头术本质即是运用特制的蛊虫或蛊药做引子，使人无意间服下，对人体产生特殊药性或毒性从而达到害人或者控制一人的目的；或者运用灵界的力量如鬼魂，通过对个体被施法者的八字姓名及相关物品而构建信息，进而"模拟个体"，最后达到制伏或者杀害被施法者的目的。

降头术按照施法手段主要分成灵性相关或者非灵性相关。非灵性相关是对个体的直接物理接触性攻击，如个体误吃下毒药或毒虫。灵性相关又可分为若干种：咒降、飞降、灵降。最黑暗的灵降，相当于对受害人下了"通缉令"。比如西方黑魔法中最著名的希伯来招魂术，使中招者无论在哪里，都会受到恶魔的影响。灵降运用符咒,但是与咒降不同的是,灵降专门运用灵界的精神意识体,如鬼魂等。灵降之所以为最可怕的降头术,是因灵降者的灵学修为、驾驭野鬼的能力要比较高。东南亚国家中,以泰国和马来西亚为主,降头术最为猖獗。泰国有名的巫师精通养鬼术,养鬼就是泰国巫师进行灵降的基本特征之一。

案例分享

非物质文化遗产与民间信仰

民间信仰是一种普遍的民间文化现象,是在任何民族中、任何社会阶段上、任何国家中都存在的。民间信仰是一种伴随人类社会发展始终的文化现象。只要人类社会存在,就会有民间信仰的存在。民间信仰的社会和思想根源是原始先民的万物有灵观,如恩格斯所说,灵魂不死观念"在那个发展阶段上绝不是一种安慰,而是一种不可抗拒的命运"。

的确是一种"不可抗拒的命运"。社会发展和社会调查都证明了,以灵魂观念为根基和核心的民间信仰,绝不是仅仅在恩格斯所说的"远古时代""那个发展阶段上"才有的"一种不可抗拒的命运",甚至在我国当前的无神论占主导地位的社会形态下,也还无处不在。生活在社会和群体中的人,往往一方面是现实主义者,另一方面又是民间信仰的笃信者。人们在无助的时候,多半会相信有灵魂和神灵的存在,甚至会崇拜神灵、祈求神灵的帮助,会在特定的时间和特定的场合参与某些仪式。中国是一个没有国教的国家,民间信仰因此特别发达,山、水、木、石、花、鸟、虫、鱼,无不有灵,什么对自己有利就信仰什么,故民众的民间文化即非物质文化遗产中也就羼杂了许许多多的民间信仰的因素,有的甚至是民间信仰成为非物质文化遗产事象的基调和驱动力。如一个民间舞蹈,也许是为驱邪逐疫(驱傩)或祈求五谷丰登(祈雨)而编、而舞的;一部歌唱部落战争的民间诗歌或传说,其中那些上天入地的神灵或神力,可能就是该民族信仰的萨满及其观念的化身;一个被《公约》中称为"文化空间"的庙会,大多以俗神(如碧霞元君)信仰为理念,既是民众展示社团凝聚力和散发剩余精力的场所,又是通过俗神信仰寄托他们的希望与希冀的时机,如果将民众对某些民间俗神的崇拜剥离掉,那么庙会就不存在了。

民间文化往往是与民间信仰不可分离的,而这种状况又是由生活本身所决定的,人们在生产力和心智都很低下、活动范围极其狭小的环境下,把生命和生活的希望与人生理想,寄托在对一些触手可及的俗神的信仰和崇拜上,自是顺理成章的;反过来,在这种普泛性的民间信仰中,既有迷信的成分,也有理信的成分,对之要做细致的理性分析,既不可苛求民众完全放弃民间信仰,那不是历史主义者和现实主义者,也不可简单地责之为"封建迷信"而把民间信仰视为一枚烫手的山药。理信是任何一个公民(不论知识水平高低、拥有的财富多寡)都可以拥有的精神的、哲学的、生活的崇高信念,您可以崇尚善行,我可以信仰天国,总之,不论它是唯心的还是唯物的,进步的还是落后的,正确的还是错误的,这是人之为人的权利和信念。而迷信,无非是烧香、磕头、许愿、祈祷而已,如同基督徒的祈祷画十字、佛教徒的数念珠一样,只要这种行为没有危害他人、危及国家民族利益,那就应该永远属于个人的心理行为。

【问题分析】
1. 非物质文化遗产与民间信仰之间存在着哪些关联?
2. 民间信仰是否都可以转变为非物质文化遗产?为什么?
3. 具备什么条件的民间信仰可以申请为非物质文化遗产?

 创意项目

泰山祈福创意旅游开发的文化挖掘

在中华民族祈福文化中,以泰山祈福文化最具典型性和代表性。数千年来,从传说中的三皇五帝,到历史上的秦皇汉武,历代帝王通过到泰山封禅告祭,宣扬其"受命于天""功德卓著",从而确立了泰山在整个中华文化中不可替代的地位。泰山封禅是泰山祈福文化的重要代表形式,是国家祈福文化的代表。

民间泰山神祇信仰,是泰山祈福文化的中心内容。常说的"叶落归根"一词,若推及源流,也可谓是归属泰山,成为中国传统文化心理积淀是一个重要的因素。

朝山进香,是历代四方百姓向泰山神表达敬意、与神灵沟通的重要手段。泰山民间香社是旧时祭祀神祇、朝山进香的民间组织,又称"香会"。

泰山地区对泰山老奶奶和石敢当的信仰习俗,是泰山祈福中较为独特的现象。泰山"祈子"是泰山祈福文化中最为突出的内容。《泰山民俗旅游资源开发研究》一文指出:民间相传,碧霞元君女神具有能使妇女多子的功能,这符合古代民众"多子多福"的传统心理,尤其在碧霞元君的金身旁边又专设一个"送子娘娘"作为侍神后,这种神功济世的色彩更加浓厚,更加诱使成群结队、长久不孕和乏嗣的妇女前来挂袍祈子、拴娃娃。

泰山石敢当信仰已有一千二百多年的历史,而且远涉重洋遍及日本、朝鲜、越南、泰国、新加坡等国家。《石敢当文学考》一文指出:"宋代出土的唐大历五年(770年)的石敢当上刻有'石敢当,镇百鬼,压灾殃,官吏福,百姓康,风教盛,礼乐昌'。"在泰山,人们还传说"泰山石敢当"曾栽过石榴树,寓意"榴开百子","留下子孙"之意,至今山东大部分地区有在家院内种植石榴树的习惯。石敢当信仰深深嵌入民众日常惯习生活中,当夫妻关系不合时,便会在房间中放置一块泰山石敢当,

以此求夫妻关系融洽、家庭和睦。

生活在泰山地区的老年人、部分男女,大都着红袄和红腰带,如若能获得碧霞元君神像上所覆盖的红布而做成挂袍,便是极为幸运的事情,因为这样可以保医生康健并喜获增寿。生活在泰山地区的普通民众,在修改房屋时的习俗也十分讲究,大多采用河流中的石子,且石子需光滑平整,只有符合该条件的石子才可被用来修建房屋。根据李伯涛在《泰山民俗》中所述:"形成的原因是人们怕冒犯'泰山神'而不敢轻易在泰山上乱打山石,砖瓦又很难弄到,就只好到泰山东、西溪中拾拣山洪暴发时冲刷下来的河流石来筑墙,于是,便形成了'泰山三宝'中'河流子垒墙墙不倒'的俗语流传。"

(引自:崔缨.泰山祈福文化探析[J].人文天下,2015(12).)

 思考与练习

一、填空题

1.按民间各类信仰表现形式和祈求目的,可以将民间信仰分为(　　)、(　　)和(　　)三大类型。

2.中国巫术,通常是指中国古代用药使毒惑心之术,此术施用之道,乃借助超自然的神秘力量对某些人、事物施加影响或给予控制,从巫术的性质角度,可以把巫术分为(　　)和(　　)。

3.世界上的太阳崇拜有五大发源地:中国、印度、(　　)、(　　)和南美的(　　)。

4.(　　)是流传于东南亚地区的一种巫术。相传,即是中国四川、云南一带苗疆的蛊术流传到东南亚地区后,结合当地的巫术所演变而成。

5.希腊宗教最基本的内容是崇拜居住在奥林匹斯山的12位神灵,因此属于(　　)。

二、不定项选择题

1.宗教信仰的表现形式为(　　)。

A.宗教思想　　B.宗教意识　　C.宗教组织　　D.宗教礼仪

2.根据宗教信仰存在的形式与内容不同,宗教信仰可以分为三大类别(　　)。

A.一神论　　B.多神论　　C.泛神论　　D.无神论

3.当今世界的三大一神教为(　　)。

A.犹太教　　B.基督教　　C.佛教　　D.伊斯兰教

4.中国原始信仰的对象主要有(　　)。

A.天象信仰　　B.祖先信仰　　C.山地信仰　　D.水火信仰

5.祖先崇拜是一种宗教习惯,祭祀、供奉祖先的灵魂,它流行于(　　)。
A.中国　　　　B.越南　　　　C.日本　　　　D.印度

三、名词解释
1.宗教信仰
2.宗教礼仪
3.民间信仰

四、问答题
1.简述宗教信仰三大类别的情况。
2.民间信仰按照表现形式和祈求目的可分为哪些类型?
3.举例说明中国民间祖先信仰中的职业神有哪些?
4.中国巫术流传的主要作用是什么?

五、应用题
了解所在地的庙会的举办形式,想想如何开发庙会旅游产品,增加当地民俗旅游项目。

第七章 人生仪礼民俗

引 言

人生仪礼是社会民俗事项的重要组成部分。一个人从诞生到死亡,作为社会的一员存在于社会之中,生命的过程必然与社会的仪礼和风俗习惯相联系,特别是在生命过程中的重要阶段。人生仪礼就是在社会个体生命的重要关头对其进行规范的阶段性仪式。目前,公认的人生仪礼比较重要的四个环节及其仪礼包括诞生仪礼、成年仪礼、婚姻仪礼和丧葬仪礼。在民众的生活中,这些仪礼已经相对固定,成为社会习俗和生活习惯的一部分。由于不同的国家、不同的民族在这四个阶段所举行的仪礼是各不相同的,于是形成了丰富多彩的世界仪礼风俗,许多国家和地区已经在利用奇异的人生仪礼风俗来发展旅游事业,并取得了成功。

学习目标

1. 掌握人生仪礼的四个基本类型。
2. 了解不同国家、不同民族多样的人生仪礼民俗。
3. 学会自觉运用人生仪礼民俗于旅游服务工作之中。

第一节 人生仪礼概述

一、人生仪礼的内涵

在人生的不同阶段,个人必须接受与其地位、职责相关的价值观念和行为准则,其目的之一就是以此确定人的身份、地位、角色及与之相应的责任、权利和义务。人生的历程就是从一个阶段走向另一个阶段的过程,也是人的身份、地位和角色不断变换的过程。人生仪礼是指人在一生中几个重要环节上所经过的具有一定仪式的行为过程,主要包括诞生礼、成年礼、婚礼和葬礼。此外,标明进入重要年龄阶段的祝寿仪式和一年一次的生日庆贺举动,亦可视为人生仪礼的内容。伴随着人生不同阶段的仪礼,有许多一般性和奇异的风俗,它们共同构成了人生仪礼民俗。人生仪礼是巫术和宗教信仰的产物,是社会民俗事象之一,是民俗学研究的重要内容。

 特别提示

人生仪礼决定因素不只是他本人年龄和生理变化,而且是在生命过程的不同阶段上,生育、家庭、宗教等社会制度对个人的地位规定和角色认可,也是一定文化规范对他进行人格塑造的要求。因此,人生仪礼是将个体生命加以社会化的程序和阶段性标志。比如一个小孩满月的时候,生育孩子的家庭要宴请宾客,不只是庆贺孩子的诞生,更是小孩子与家里的宾朋相见,让他被亲戚接纳而融入社会的契机。

二、人生仪礼的分类

在人的一生中,有几个主要的阶段,它们是出生、成年、婚嫁及死亡。与此相对应,我们把人生仪礼分为诞生仪礼、成年仪礼、婚姻仪礼和丧葬仪礼这四个部分来加以阐述。

 拓展知识

民俗学家从学科研究角度出发,把人生仪礼分为三种类型,一是脱离前状况的仪式,如从孕育到诞生是人生异常重要的变化,婴儿脱离母胎表明脱离了孕育状况,诞生仪礼就是脱离前状况的仪礼。同样,死亡标志着生的结束,因此丧葬礼也是脱离前状况的仪礼。二是过渡阶段的仪礼。如出生到成年之间、结婚到死亡之间所经历的各项有关仪式都属此类。三是进入新状况的仪礼。如成年礼、结婚礼等都表明进入新的人生阶段。

(一)诞生仪礼

诞生仪礼是人一生的开端礼。一个婴儿刚一出生,还仅仅是一种生物意义上的存在,只有通过为他举行的诞生仪礼,他才获得在社会中的地位,被社会承认为一个真正意义上的"人"。

从实际情况来看,诞生仪礼还可以包括婴儿出生之前及后来成长过程中的一些仪式活动。因为一个新生命的出生与生长绝非一件容易的事情,孩子父母乃至亲属等要做出许多努力,这在医疗条件差、婴幼儿死亡率高的地区尤其突出。所以诞生仪礼亦可以看作是一个较长时间的连续过程,大体包括求子仪式、孕期习俗、庆贺生子三个阶段的内容,而以庆贺生子为中心部分。

1. 求子仪式

已婚妇女未孕前,民间有种种企盼怀孕得子的习俗,仪式多带有神秘的色彩。在中国,"不孝有三,无后为大",这种植根于以家庭为生产单位的自给自足小农经济基础上的传统观念,使得那些不能及早抱上娃娃,特别是多年不能生育的夫妻,如同热锅上的蚂蚁,焦虑不可终日。未孕妇女成为家人众矢之的,其心理压力更是沉重。为了改变这种难堪局面,便采取向神祈祷、施行巫术行为等方式,以达到怀孕生子的目的。以中国为例,民间的求子仪式分为以下两个主要种类:

(1) 向神灵祈子。这是最普遍的一种求子方式。民间虚造有主管生育的神灵、偶像,如碧霞元君、送子观音、金花夫人、子孙娘娘、张仙等,并为之立庙建祠。不育妇女通常带香烛、纸蜡等,到神像前默祷以求得孕生子。不少地方都要有婆婆或者妯娌、大娘等陪同前往。祝祷之后,常伴有"拴娃娃"的行为。神像前的供案上置有一些泥娃娃,祈子者从中挑选一个取走,或用红绳套在娃娃脖子上。如果日后果然生了孩子,要再往庙中去还愿。在各地,这种祈祷和拴领仪式常在正月十五前后或传说送子神灵的生日那天进行。

(2) 由旁人送子。求子习俗中还有一类常见的形式是由亲友或特殊人物向盼望得子的家庭及妇女本人做出象征性的"送子"举动。首先是送去某种食物,据说妇女吃了可以很快受孕。这类食物通常有南瓜、鸡蛋、芋头、生菜等。

从需要旁人协助的角度讲,与送子习俗相似的还有"拍喜""棒打求子"等习俗,如福建闽侯旧时每年正月十五,亲邻持竹杖拍打新妇,用意是打走妇女身上的邪祟,使其能正常生育。陕西一带妇女组成"乞子会",于三月初三到娘娘庙集体祈祷,通宵不眠,谓之"坐夜",也有互相协助的意思。

2. 孕期习俗

(1) 孕妇禁忌。妇女有孕之后,民间常以"有喜""害口"等俗称,悄悄传递信息。孕妇有种种禁忌,如在饮食方面禁食一些动物的肉,认为吃公鸡会导致生下的孩子夜里啼哭,吃螃蟹会导致胎横难产等,吃兔子肉孩子兔唇,吃生姜孩子六指儿;在视听方面忌看一些不常见的动物和丑陋的人,怕受惊吓,冲犯胎神;在外出时忌讳到结婚场合见新娘,认为见了会冲克新娘。上述这些禁忌都反映出在过去对孕妇流产、难产及生残缺儿等现象不能作出科学解释,也有些禁忌对维护孕妇身体与情绪的健康有一定益处,如少到公共场合,不做剧烈劳务和节制房事等。

(2) 孕期馈送。各地有许多颇有特色的催生习俗,如在产期将届时,由娘家送一些婴儿出生后所需用的衣、食物品。因催生礼品须用担挑去,有的地方叫作"催生担"。杭州旧时送催生礼时要携带一具笙,吹着进门,以"吹笙"表示催生之意。

(3)接生方式。产妇将要分娩的时候,常请来接生婆,这对于稳定产妇的情绪和婴儿顺利出生都有很大帮助。由于对血污的忌讳,有的地方不准婴儿出生在床上,怕冲了床神。山东黄县一带多让产妇坐在盆上生产,谓之"临盆";蒙阴等地多在床前铺上麦秆或谷草,让婴儿生在草上,谓之"落草"。

3.庆贺生子

(1)降生仪式"洗三"。中国汉族一般是在婴儿出生后第三天举行庆贺仪式,谓之"洗三"或"三朝"。在这之前之后,小孩的父亲要向岳父家报喜,所携带的礼物常暗示婴儿性别,如连云港一带以"喜蛋"数目为标志,若生男用单数如八十九、九十九等,若生女用双数如五十六、六十六等。① 产房或临街门口挂红布、桃枝等物,表示婴儿降生,向乡邻报喜。这一习俗产生很早,《礼记·内则》中记载:子生。男子设弧于门左,女子设巾帨于门右。意思是如果生的是男孩,则在侧室门左悬弓一副;如果是女孩,则在侧室门右悬佩巾。

"洗三"是家庭庆贺添人进口的仪式,也是标志新生儿脱离母体降生人世的象征性仪式。北方多用热水浸泡艾叶、花椒等,由老年妇女为婴儿擦身,认为这样做可以去掉胎气。有的地方在给婴儿洗澡时还要唱喜歌,预祝他长大成人之后能够读书做官,出人头地。

(2)进入人群仪式"满月"。诞生礼的一项重要仪式是在婴儿满月的时候进行。产妇在生产后的一个月内不能做事,不能出门,叫"坐月子",这期间婴儿须紧傍在母亲身边,不能被抱出户。到了一个月,母亲身体基本恢复,婴儿也比较适应了离开母体之后的新的生存环境,所以在满月这天就可以为婴儿举行有众多亲友参加的庆贺仪式。母亲娘家人及其他亲戚送来贺礼。许多地方做满月时都要庄重地为小孩第一次剃头,俗称也叫"铰头""去胎发",由舅舅主持。剃下的头发不能随便处置,浙江金华是将头发用红纸包好,挂在门后以压邪。做满月的另一个仪式内容是抱小孩第一次出门见世面,一般是先在家中设案祭祖祀神,然后抱小孩走街串户,谓之"兜喜神圈"。浙江湖州"婴儿满月剃头之后,须与舅父怀抱前走,姑父撑雨伞遮于婴孩头上随之,赴街游行一圈,俗意以为将来不惧生人焉"。② 满月仪式带有使小孩走出家门进入乡里社会的意味。

满月之后,还有在一百天时所举行的庆贺仪式,称"百岁",又称"百天""百禄"等,含义都是祝福小孩能够健康长寿。与此用心相通,民间有给婴儿吃百家饭,穿

---

① 刘兆元.海州民俗志[M].南京:江苏文艺出版社,1991:8-10.
② 胡朴安.中华全国风俗志[M].石家庄:河北人民出版社,1986:242.

百家衣,挂百家锁的风俗。有些地方就是在"百岁"这一天通过收贺礼来凑集置备上述物品的钱粮。这中间具有将小孩带入亲友之中,依靠众人养护的含义。

(3)预卜前程的仪式"抓周儿"。一周岁生日,可以看作是小孩诞生礼的最后一个高潮。除与满月、百岁一样要办酒席庆贺之外,这一天特别举行检验小孩天赋和卜测未来前途的"抓周儿"仪式。孩子穿上新衣后,将糕点果品、文房四宝、书籍玩具、秤尺刀剪等物品放置席上,让小孩坐在当中,任他伸手去抓。人们相信,小孩抓到的第一件东西就代表了他日后的志趣,在士农工商各业中可能从事哪一种行业。比如抓到笔墨,说明小孩将来爱读书,会金榜题名;抓到算盘,说明小孩将来有能力经商,必发家致富等。"抓周儿"测验属于占卜一类,本不可靠,但作为一种仪式或娱乐方式反映出家长和长辈望子成龙的心情。

周岁之后,小孩每年过一次生日,有的地方叫"爬门槛",父母煮鸡蛋和长面条给孩子吃,其用意是让他岁岁平安,逐渐长大成人。

诞生仪礼整个过程都反映出人们对生育现象的认识和信仰。透过这种对生理意义上新生命的礼赞和精心呵护的态度,可以看出人们对履行家庭生育和教养职能的特别重视,应当把民间诞生仪礼同整个婴幼儿期的培养和教育联系起来加以考察。①

(二)成年仪礼

1.成年仪礼

成年仪礼是为承认年轻人具有进入社会的能力和资格而举行的仪礼。

在世界上许多原始民族中,成年仪礼是一项必不可少的通用仪式,有的过程十分隆重且具有严酷的考验性质。我国一些少数民族的成年礼还有比较明显的保留。在汉族历史上有男子二十岁行冠礼,女子十五岁行笄礼的规定。据《仪礼·士冠礼》记载,士阶层的冠礼过程是由主持仪式者给冠者戴三次帽子,称"缁布冠""皮弁"和"爵弁",分别象征冠者从此有了治人的权利、服兵役的义务和参加祭祀活动的资格。而女子的笄礼规模要小一些,主要是由女性家长为行笄礼者改变发式,将头发绾成一个髻,插上簪子(笄),表示从此结束少女时代,可以嫁人。这种传统意义的成年礼于现在的民间,大多已与婚礼或幼子养育习俗相结合,其"成年"的象征意义也与其人生的前后阶段相衔接而予以体现。不过,相对独立的成人礼在有些地方也还有所保留。

成人礼最初是男孩女孩进入成人世界必经的严格考核,以确认具有进入社会的能力和资格。但除了宗教仪式,世俗社会的成人礼越到后来,越加重了它的形式主义性质。这时的成人礼,只不过是提醒少年:从今天开始,像模像样地活着,以往

---

① 钟敬文.民俗学概论[M].上海:上海文艺出版社,1998:158-164.

被称作模仿大人的那些行为从此贴上了"免检"标签。

2.类型

不同国家和地区的成年礼的类型有所不同,但是,在文化传统相近的国家和地区,成年礼大同小异。在我国汉族为主的民间社会中,近世成年仪礼可分为三种类型:

(1)与婚礼相结合的成年礼。《礼记·曲礼》:"男子二十,冠而字。"《仪礼·士昏礼》:"女子许嫁,笄而礼之,称字。"如男子届时穿新衣服,披十字红绸,胸前戴红纸花,在族亲子第簇拥下到宗庙或家堂中,立于红毡上向祖先及尊长叩礼,由尊长赐以成人之字。女子出嫁前由女性长辈为其"绞脸"和"上头"。"绞脸"就是清除脸上的汗毛和整修眉毛;"上头"是将头发挽起,罩上发网,别上钗簪。相对而言,在婚礼过程中的女子成年礼更为普遍地存在。

(2)与幼子养育习俗相结合的成年礼。成年礼具有结束孩提时期而长大成人的标志意义,故而在许多地方有为男女少年举行庆贺顺利通过养育阶段的仪式,比较典型的例子如广东等地的"出花园"、南北方普遍存在的过"大生日"和"开锁"等。潮州人认为未成年的孩子一直是生活在花园里的。长到十五岁,就得择吉日举行"出花园"仪式,采来十二样鲜花浸在水里,以供孩子沐浴;穿上母亲缝的新腰兜和外婆家送来的新衣服以及一双红皮木屐,以"跨出"花园,一帆风顺。还要拜床神,供品中用公鸡或母鸡,视孩子性别而定,以祈求将来能生儿育女。① 陕北柳林县在孩子十二岁时,父母及亲友为其举办过"大生日"的仪礼,场面胜似婚礼,所送祝贺礼品有长命袄、富贵裤、用红头绳系铜钱等。"开锁"与过"大生日"基本相同。在河南民间,男孩十二岁或十五岁时,由其父母或干娘做顿好吃饭食相待,然后将其幼时戴上的"挂锁"、项圈、耳坠等物去掉。女孩十二岁开始留起一条发辫,称"留头",从此开始学习做饭和浆洗缝补。所谓"男过十三,磨肠研肩(读书劳动),女过十三,会做吃穿"。

(3)相对独立的成年礼。上海松江县一带有青年集体举行的"庆号"仪式,即为拥有成人资格的名字而互相庆贺。河北藁城县在民国时期,"男子当弱冠时,有贺名颂号之举。其事以年长有德者主之,犹存冠礼之遗意"。

从"通过仪礼"的角度讲,成年礼具有最为典型的意义,行成年礼的青年要首先脱离母亲等长辈的养护,然后经过考验而改造成为身心健全的新人,最后加入社会集体并取得一定位置。一般地说,成年礼的强制性和严格规范比其他人生仪礼表现得更为突出,在实行成年礼的民族中,这一仪式过程是每个人一生中最为难忘的经历。为了说明成年仪礼的性质、意义、内容规范和形式特征等,有必要结合不

---

① 刘志文.广东民俗大观(上卷)[M].广州:广东旅游出版社,1993:919.

同社会形态的不同民族的成年礼给予综合的考察,并且不妨与现代社会青少年长大成年和加入社会的文化现象进行对照。

(三) 婚姻仪礼

婚姻是维系人类自身繁衍和社会延续的最基本的制度和活动。婚姻作为民俗现象,它的内容主要包括婚姻形态和婚姻仪礼两个方面。

1.婚姻形态

由于男女双方婚前关系、婚配条件、婚后居住及所有的权利、义务等有种种不同情况,便呈现为不同的婚姻形态。民众对这些婚姻形态往往有特别的解释,体现出他们的婚姻家庭观念。

(1)一般的婚姻形态。一夫一妻的婚姻制度形成得很早,从大汶口文化男女合葬墓址上可以看出,早在公元前3000年左右,随着私有制的产生,这种婚制与父系家族制度便已出现。但一夫一妻制从一开始就具有了它特殊的性质,使它成了只是对妇女而不是对男子的一夫一妻制。

(2)特殊的婚姻形态。民间亦存在一些特殊的婚姻形态,它们也被认为是合乎婚姻制度基本规范的现象,只是根据家庭生活建立的实际条件和特别需要而加以变通而已。大体来说有:

①抢婚。中国古代社会存在着抢婚习俗。《周易·屯卦》爻辞中,"屯如邅如,乘马班如,匪寇婚媾",就是这一习俗的记录。直到现代社会,"抢婚"仍是某些偏远或贫穷地区的婚姻形态之一。我国有些地区,直至今日,在举行婚礼时,还常常模拟"抢婚"的仪式,演出一番男方抢劫、女方抗争的场面,成为不可少的婚俗节目,这是抢婚形态的遗俗。

②童养婚、指腹婚。这是中国封建社会中极端的包办婚姻形态。童养婚是抱养别家幼女为童养媳,待到一定年龄,即让童养媳与自家儿子"圆房"。被迫当童养媳的幼女,一般家境贫寒,父母无力抚养,等于是把她卖到夫家。因此,到夫家后,童养媳的地位低下,相当于奴婢。指腹婚是两个门户相当的人家,当主妇同时有孕时,由家长指腹为未出世的孩子(倘所生恰好一男一女)订婚。这种源于六朝、以严格的门阀观念为基础的婚姻俗制,在中国封建社会曾相当流行。有些少数民族也曾存在这一现象。类似的一种婚姻形态是襁褓婚,即两人家在孩子(各为男女)还在幼儿阶段,就为他们订婚。童养婚、指腹婚、襁褓婚虽起因不同,但都具有强制性。这几种婚姻均不顾婚姻当事者的意愿,在他们尚幼小甚至未出世时就定下婚约。

③冥婚。《周礼·地官·媒氏》有关于"禁迁葬者与嫁殇者"的记载。所谓"嫁殇",即冥婚,也就是由双方家长做主,将两家已死的男女结为"鬼夫妻"。这种婚姻显然荒唐,但在中国古代,无论是上层统治者,还是下层民众之中,这一婚姻旧俗

从未绝迹。因为它可给双方家长以某种心理安慰。

④入赘婚。民间习惯称为"招女婿"。这种婚姻特征是女方不出嫁至男方,而是招男方入女家结为夫妻。采取这种婚姻形式,往往是因为女方家庭没有儿子,即没有男性继承人。招进女婿后,一则可为女方父母养老送终,二则生下孩子姓女方的姓,可继承女方家业。而从入赘的女婿来说,往往因为家贫或单身在外而进入这种家庭。有些地方还要求女婿改姓女方的姓氏。

⑤转房婚。兄长亡故,小叔与嫂结为夫妻。这种叔嫂婚使财产、劳力、后代子女都不至于流失。与之情形相仿的,还有姨妹嫁与亡姐之夫,儿子与亡父之妾或后母婚配等。在我国某些地区、某些民族的历史上,还曾有过"多妻"性质的叔嫂型婚姻。《史记·匈奴列传》载匈奴习俗:"父死,妻其后母,兄弟死,皆取其妻妻之。"《后汉书·乌桓列传》载:"其俗,妻后母;报寡嫂。"《隋书·突厥传》记:"父兄死,子弟妻其群母及嫂。"这种婚俗是把妇女本身看作一种财产,子、弟辈"妻母报嫂"、继承亡父、亡兄这一份"遗产"便成为天经地义之举。

⑥典妻。这是最为典型的仅仅为繁衍后代而形成的婚俗。在这类婚姻中,女子仅被看作是生育的工具。有的家境富足的男子如婚后无子嗣,就可付出一笔钱,让贫困人家把妻子典当给他,等生育子女后,留下孩子,归还妇人。柔石的小说《为奴隶的母亲》中就描绘了这种不人道的婚姻形态。

⑦不落夫家。新娘出嫁后,只在夫家住几天便回娘家长住,与其夫则偶尔相会,直至怀孕临产才被接回夫家。生下孩子后,才能真正落脚到夫家。这种婚姻形态,叫作"不落夫家",又叫"长住娘家",主要存在于我国广东、广西、福建惠安一带及某些少数民族地区。关于这种婚俗的形成原因,有多种说法。有的说它是母系社会向父系社会过渡的婚俗遗存,有的则认为此乃出于当地男子长年外出谋生的特殊需要。不论成因究竟如何,有个事实不容忽略,即在这类婚俗中,女子只有证明自己具有生育能力,才能获得长住夫家的权利,从而真正成为一名妻子。此外,这种婚姻方式与娘家依靠女儿的劳力也有关系。

⑧表亲婚。俗话说:"亲加亲,辈辈亲,打断骨头连着筋。"于是就有了"表亲婚"这种血缘联系为基础的婚姻形态。表亲婚分为姑表(舅表)婚、姨表婚。这是指那些姑表或姨表关系的兄妹(或姐弟)之间结为夫妻的婚姻。在民间习俗中,"表哥"往往成为男朋友或未婚夫的隐指,可以说这与这种婚姻形态的存在不无关系。① 各地对表亲婚的规定有不同情况,如有的地方只限于姨表兄妹和舅家的女儿出嫁于姑家,讲究的是"血虽同骨却异";而舅家的儿子不得娶姑家的女儿,认为那样会"倒娶骨血"。

---

① 钟敬文.民俗学概论[M].上海:上海文艺出版社,1998:174.

2. 婚姻仪礼

不同国家和地区,婚姻仪礼有所不同,主要体现在结婚仪礼的程式上。各地结婚仪礼的程式五花八门,自成体系。以中、日、韩为例,结婚仪礼的程式就包括"三书六礼"的繁杂程序。

(1)三书。包括:①聘书。定亲之书,是男女双方正式缔结婚约,纳吉(过文定)时用。②礼书。过礼之书,是礼物清单,当中详列礼物种类及数量;纳征(过大礼)时用。③迎亲书。即迎娶新娘之书,结婚当日接新娘过门(亲迎)时用。

(2)六礼。即纳采、问名、纳吉、纳征、请期、亲迎。这一娶亲程式,周代即已确立,清末后,六礼演变纷繁,也就逐渐衰落了。

①纳采。六礼之首礼。男方欲与女方结亲,请媒妁往女方提亲,得到应允后,再请媒妁正式向女家纳"采择之礼"。《仪礼·士昏礼》:"昏礼,下达纳采。用雁。"古纳采礼的礼物只用雁。纳采是全部婚姻程序的开始。后世纳采仪式基本循周制,而礼物另有规定。

②问名。六礼中第二礼。即男方遣媒人到女家询问女方姓名,生辰八字。取回庚帖后,卜吉合八字。

③纳吉。六礼中第三礼。是男方问名、合八字后,将卜婚的吉兆通知女方,并送礼表示要订婚的仪礼。古时,纳吉也要行奠雁礼。郑玄注:"归卜于庙,得吉兆,复使使者往告,婚姻之事于是定。"

④纳征。亦称纳成、纳币。六礼中第四礼。就是男方向女方送聘礼。

⑤请期。又称告期,俗称选日子。六礼中第五礼。是男家派人到女家去通知成亲迎娶的日期。

⑥亲迎。又称迎亲。六礼中第六礼。是新郎亲自迎娶新娘回家的仪礼。亲迎礼形式多样。至清代,新郎亲迎,披红戴花,或乘马,或坐轿到女家,傧相赞引拜其岳父母以及诸亲。岳家为加双花披红作交文,御轮三周,先归。新娘由其兄长等用锦衾裹抱至轿内。轿起,女家亲属数人伴送,称"送亲",新郎在家迎候。

(四)丧葬仪礼

"死"与"葬"是紧紧联系在一起的。有"死"便有"葬";有"葬",也自然就有"丧葬仪礼"。

1.死亡观念

在以往几千年的历史中,绝大部分人都不认为死是生命的终结,而把它看成是人生旅程的一种转换,即从"阳世"转换到了"阴世"(冥界)。因此,人从死去的这一刻起,也就意味着踏上了新旅途,开始了一种新的生活。从死亡到丧葬的仪礼,即以此种观念为出发点,葬礼被看作是将死者的灵魂送往死者世界必经的手续。

2. 丧葬仪礼的程序

古代的丧葬仪礼特别烦琐，下面我们对这些繁复的仪式作概括的介绍。

(1) 初终。初终是指弥留之际。此时首先要确定将死者是否已停止呼吸。检验方式有多种。"属纩"，即把新绵置于口鼻前，视其是否有气，是最常见的一种方式。当确知其已死，则围于四周的亲属一般都要号哭呼叫。也有的地方，此时即要上屋顶揭去一片瓦，以便于死者顺利地走上升天之道。紧接着是招魂，古时称为"复"。有的地方有专司此职之人，也有的就由亲属中一人担任。招魂时有许多具体仪式，如竖招魂幡，高举寿衣，点"引魂香"，高声诵念咒语等。

(2) 设床。招魂以后，即设床停尸。民间一般的规矩是不能让死者躺在原先的床上。南方往往是卸一块门板充作尸床，北方也要把死者抬下炕，放到用木板搭成的灵床上。据说是怕死者背着炕到阴间过于沉重。

(3) 沐浴、更衣。这是对死者遗体的清洗装扮，以便其"上路"时顺当无碍。此过程被称为"小殓"，各地具体做法不尽相同，根据贫富条件，装扮有奢有简。但有些仪式是一定要进行的，如为死者换上寿衣，嘴里含饭（或含珠、含铜钱）。讲究的人家还要在死者胸口放上粮食或钱财，上盖棉被。有些地方的习俗要让死者左手拿干粮，右手执棒，以便过"叭狗山"和"恶狗村"时，对付那些恶狗。

(4) 报丧。古时六品以上官死后，家人要"遣使赴于阙"，普通人家也要"报丧"。总之，死讯要及时报告给亲朋、邻居和有关部门。一般由死者晚辈充任外出报丧之职，同时就要准备吊客登门吊唁。报丧有许多规矩。丧家使者一般只在门外报告死讯，不能进入别人家门，以免带去不吉利。有的地区则以敲锣吹哀号的形式告知邻里。现代则往往采用书面讣告的方式公布死讯。

(5) 大殓。尸体入棺，这是丧葬活动中重要一项，习俗讲究也特别多。从棺材的铺垫、棺内随葬品到尸体在棺内如何放法，棺材如何加盖等，每一项都围绕着死者升天或进入阴界后能过上舒服日子的祷祝而进行。有些地区在棺材加盖前，要请和尚念经，以驱赶灵柩旁的鬼魂。棺材盖要钉牢，接缝要封严，有的还要在棺盖上加放钵、盆等，使死者不会受到鬼怪的侵扰。大殓后多种祭奠仪式就开始了。如朝夕奠、朔望奠以及俗称的"做七"。所谓"做七"，即自死者临终之日算起，每过七日设奠一次，直至"七七"结束。

(6) 选择墓地及落葬日。这是死者落葬之前各项仪式的最后一步，古时称为"卜宅兆、卜葬日"。择定时间、地点后，即做好一切准备，将棺木下葬，所谓"入土为安"。我国历代许多君王极端重视墓地的选择和建造。往往登基不久，就开始营建，如秦始皇就是如此，他们的迷信观念，使其相信这将决定他们阴间生活的好坏及子孙万代的盛衰。君王如此，官吏直至普通百姓也有同样的观念。这是我国阴宅风水之说大盛的重要原因。

3.落葬方式

以上所述是落葬前的习俗仪礼。进入落葬过程，还有一套繁复的规定。透过形形色色的落葬方式，可以清晰地看到灵魂不灭观念的顽强存在。人们对落葬方式的追求，是人们抱有灵魂不灭幻想的明显表现，也正是因为如此，才会有不同的落葬形态。不同的落葬形式表明人们通过各种方式处置逝去的灵魂，祈求先人灵魂不灭。

（1）让死者回归大自然。属于此类的有土葬、水葬、天葬、树葬等。

①土葬。这是指尸体不入棺椁，而是将它直接埋入特意挖掘的土坑之中，再用土掩埋。更原始的方法则是仅在坑中铺些柴草，甚至让尸体暴露在墓坑中。

②水葬。把尸体投入水中。一般在此之前先用白布包裹尸身后投入江海，沿海地区也利用涨潮落潮将尸体冲带入海。

③天葬。主要流行于部分藏族地区，有专门的天葬场，并有专门以此为职业的天葬师。方法是人死后停尸数日，然后把尸体送往天葬场肢解，让鹫鹰吞食，以示灵魂不灭。

④树葬。也称风葬，即置尸体于树上。有一次完成的，也有的地方还要举行二次葬，即等树上的尸体腐烂后，再拾骨安葬。

以上诸种丧葬方式的主导意识，可能是因为人们认为人的肉体和灵魂均来自自然万物，肉体停止呼吸之后，只有重新回归自然，成为大自然的一部分，才能使灵魂获得永生。

（2）保存尸体，以求灵魂不死。属于此类的有墓葬、塔葬、悬棺葬。

①墓葬。是我国历代较为普遍的一种丧葬方式。尸体入棺，然后葬入建造好的墓窟之中。死者地位越高、经济条件越好，棺木及墓室也就越是考究。帝王的陵墓犹如一座座地下宫殿。建造这样的陵墓，目的是想保存尸体，使之不腐烂，不变样，认为这样才能保证灵魂不死。墓葬中还放入种种随葬品，以便死者在墓室中享有生前一样的生活。平民百姓的墓葬鲜见有随葬品。

②塔葬。这是佛门为高僧施行的葬礼。将尸体脱水处理后放在塔中，永久保存着。这样的塔称为灵塔。

③悬棺葬。这种葬法，是将装有死者的棺木放置在形势险峻的崖洞内。崖洞或为天然的，或为人工所凿。悬棺葬一般在水边山崖上，有让灵魂随水逝去之意。无论是将尸体送回自然或想尽方法保存尸体，都基于这样的看法，即认为人的肉体和灵魂同一，既然期望灵魂不灭，对尸体的处置也就格外小心谨慎。

（3）弃其朽肉，让灵魂脱离尸体而再生。属于此类的有火葬、瓮葬。

①火葬。焚化尸体，取骨灰葬之。这一习俗于近世被日益广泛地采用，但其起源却很早。

②瓮葬。也称"二次葬""拾骨葬",是指待尸体腐烂后再行埋葬。此类葬法,反映的意识与前两种不同,是认为肉体与灵魂可分,人死之后,须将尸体焚毁或等其腐烂,灵魂才能脱离其原先的附着物,获得再生的机会①。

我国古代无论官民均十分重视丧葬仪礼。之所以如此,除了普遍存在的灵魂不灭观念外,儒家孝道和先人荫庇后代之类思想也起了推波助澜的作用。丧礼是否办得隆重和符合旧规,既是衡量子孙尽孝与否的标志,又对能否获得祖先荫庇使家道昌隆具有重要意义。舆论、习俗的压力和免祸求福的动机,使丧葬仪礼有日益复杂铺张的趋势。当然,我们不能一概否认在种种丧葬仪式中,也贯穿着死者亲属对死者的真诚怀念,以及与这种怀念混杂着的既恐惧又有所求的复杂情感。

历代有识之士一向有简化丧事的主张。如范晔《后汉书》即载多例。该书《王堂传》:"年八十六卒,遗令薄敛,瓦棺以葬。"《樊宏传》:"卒,遗敕薄葬,一无所用。"此外,还见于郑弘、张霸、赵咨、赵岐等人传中。三国时代大政治家曹操也是一个薄葬的提倡者,但是,真正对丧葬旧制实行改革还是在新中国成立之后。目前"厚养薄葬""丧事从简"的观念已越来越深入人心。特别是近年来,领导干部带头,取消死后一切仪式,连骨灰都不留,撒入江河大地,起到移风易俗之效,有力地推动了丧葬制度的改革。

第二节 中外人生仪礼的主要表现

一、中国人生仪礼的主要表现

(一)诞生仪礼

1. 潮汕求子趣俗

(1)游灯求子。潮汕正月,特别是元宵夜都要举行游灯活动。"灯"在潮汕方言中与"丁"同音,因此,潮汕俗谚"有游灯,家里生千丁;无游灯,家里要绝种"说的正是此意。所以,每到各乡里社日时,人们主动在夜里手提一盏灯,跟神像一路行至宗祠,高举灯笼,祈求财丁兴旺,未生男孩的人家,更热衷此活动。

(2)向神祈子。潮汕旧时重男轻女思想浓厚,有的地方丈夫在村里游神赛会时,自告奋勇报名替神明抬轿子,以期望得到神明的怜悯赐生男孩。农历三月廿三是妈祖生日,潮汕不少地方乡民都要到天后宫祭拜,然后抬妈祖出游。这时,那些结了婚而未有子嗣者最踊跃参与。因传说潮州别峰古寺和陆丰玄武山里的观音甚

---

① 钟敬文.民俗学概论[M].上海:上海文艺出版社,1998:185.

灵验,故每年前往祭拜的不孕妇女也特别多,香火旺盛。人们除了向宫庙里的神明祈祷外,家里的灶神也是祈祷的对象,如在揭阳市大莲、土尾等乡村,端午赛龙舟后,结婚而未生子的男青年们,便上前取下若干龙舟须带回家供于灶神前,以求儿子早日出世。潮汕民间新婚夫妇床头常贴"麒麟到此"红字条,也寄寓早生贵子之意。

（3）喜童求子。农历正月,潮汕乡村大都在祠堂大埕,街头巷尾开阔处,搭起彩棚,里面用泥土塑成一尊巨型弥勒佛,头、肩、肚脐、大腿等部位都摆有男女"泥喜童",人们站在一丈多远的竹栏杆外,用铜钱瞄准弥勒佛身上的泥喜童抛投。中者喜童即归其所有,而在一些较难命中的部位,如头顶、耳朵等,命中者则一赠二、三不等;不中者铜钱即归棚主所有。这是一项老少都喜爱的活动。据说命中"男喜童"者,今后就生男孩。因此,那些结婚不久的年轻夫妻,或是刚娶儿媳妇又急于抱孙子的公公、婆婆们也积极参与此项活动。

（4）汤丸求子。潮汕民间婚后次日,总喜欢将新娘子引到井边,往井里投放一颗汤丸,然后让新娘迅速打水,如能将汤丸打起来,就意味着新娘这一年能得贵子。以汤丸喻子嗣的习俗,另有一种就是每年冬节,家家户户都做汤丸,那些在这一年结婚的人家,搓完汤丸后,总会将汤丸数一数,如是单数,那么意味着生男孩,如是双数,则意味着生女孩。在潮汕民俗活动中,还有不少是将这种期待得子的心理寄于其中,如新娘出嫁时,除了备一盏油灯外,还得备些龙眼干,潮人称为"桂圆",除含富贵圆满意外,也含早生贵子愿望。①

2. 欢欢喜喜"报喜"去

报喜,在古往今来、国内国外都是一个重要的习俗。甚至在《圣经》中记载:当耶稣降生的时候,天使向牧羊人报喜的时候,忽然有一大队天兵同天使说了两句赞美神的话:"在至高之处荣耀归于神,在地上平安归于他所喜欢的人。"这是他们满心赞美而涌出来的诗歌。后来基督教的教义就用这两句话来概括。一句是神的,一句是人的,给神的是荣耀,给人的是平安。总之,所表现的意思是,报喜就是报平安,母子平安。

彝族"腊罗巴""阿尼惹"（男孩、女孩）出生后三天内,最好是第三天,做父亲的要抱鸡提酒到岳父母或郎舅家报喜,生男孩抱公鸡,生女孩抱母鸡,生双胞胎相应抱两只。岳父母或郎舅家一看便知其女生的是男孩或女孩,是否双胞胎。岳父母或郎舅收下女婿抱来的鸡后,抱来的是公鸡换成母鸡,母鸡换成公鸡送给女婿抱回自家饲养,不准杀吃。在彝族"腊罗巴"居住的地方,与抓鸡报喜的习俗相伴的,还流传着《仙鸡报喜》的传说和《憨姑爷报喜》的笑话。

---

① 陈卓坤.不忘母亲节,犹记"求子俗"[N].羊城晚报,2009-05-14。

3. 老北京的"洗三"

老北京人认为，人生有两件大事：一是生下来三天的"洗三"；二是死去三天时的"接三"。所以无论贫富都大小有个举动。

"洗三"之前，本家照例按照收生姥姥的要求，预备好挑脐簪子、围盆布、缸炉（一种点心）、小米儿、金银锞子（如没有则用黄白首饰代之）以及什么花儿、朵儿、升儿、斗儿、锁头、秤砣、小镜子、牙刷子、刮舌子、青布尖儿、青茶叶、新梳子、新笼子、胭脂粉、猪胰皂团、新毛巾、铜茶盘、大葱、艾叶球儿、烘笼儿、香烛、钱粮纸码儿、生熟鸡蛋、棒槌等。还要熬好槐条蒲艾水，用胭脂染红桂圆、荔枝、生花生、栗子若干。如生的是小女孩，还应当用红丝线穿好的绣花针，在酒盅里用香油泡三天，以便"洗三"时给女婴扎耳朵眼儿。

"洗三"之日，通常只有近亲来贺，多送给产妇一些油糕、桂花缸炉、破边缸炉、鸡蛋、红糖等食品或者送些小孩所用的衣服、鞋、袜等作为礼品。本家仅用一顿炒菜面来进行招待，富户亦不过在酒菜上丰富些，主食必定是面条，俗称"洗三面"。坐席时，照例让收生姥姥坐在正座上，当成上宾款待。

"洗三"仪式通常在午饭后举行，由收生姥姥具体主持。首先，在产房外厅正面设上香案，供奉碧霞元君、琼霄娘娘、云霄娘娘、催生娘娘、送子娘娘、豆疹娘娘、眼光娘娘等十三位神像。香炉里盛着小米，当香灰插香用。蜡扦上插一对"小双包"（祭祀时专用的羊油小红蜡），下边压着黄钱、元宝、千张等全份敬神钱粮。产妇卧室的炕头上供着"炕公、炕母"的神像，均用三碗至五碗桂花缸炉或油糕作为供品。照例由老婆婆上香叩首，收生姥姥小随之三拜。然后，本家将盛有以槐条、艾叶熬成汤的铜盆以及一切仪礼用品均摆在炕上。这时，收生姥姥把婴儿一抱，"洗三"的序幕就拉开了。本家依尊卑长幼带头往盆里添一小勺清水，再放一些钱币，谓之"添盆"。如添的是金银锞子、硬币就放在盆里，如添的是纸币银票则放在茶盘里。此外，还可以添些桂圆、荔枝、红枣、花生、栗子之类的喜果。亲朋亦随之遵礼如仪。遇着耗财买脸的真有往盆里放金银锞子和"黄白"首饰的。清末民初时，有放银元的，贫者最不济的也要放进几枚铜币。收生姥姥有套固定的祝词，你添什么，她说什么。假如你添清水，她说"长流水，聪明伶俐"；你添些枣儿、桂圆、栗子之类的喜果，她便说："早儿立子（'枣'与'早'谐音，'栗'与'立'谐音），连生贵子（"桂"与"贵"谐音）；桂圆，桂圆，连中三元。"以博得本家和来宾们的喜欢。

"添盆"后，收生姥姥便拿起棒槌往盆里一搅，说道："一搅两搅连三搅，哥哥领着弟弟跑。七十儿、八十儿、歪毛儿、淘气儿，稀里呼噜都来啦！"这才开始给婴儿洗澡。孩子受凉一哭，不但不犯忌讳，反认为吉祥，谓之"响盆"。一边洗，一边念叨祝词，什么"先洗头，做王侯；后洗腰，一辈倒比一辈高；洗洗蛋，做知县；洗洗沟，做知州"。随后，用艾叶球儿点着，以生姜片做托，放在婴儿脑门上，象征性地炙一炙。

再给婴儿梳头打扮一下,说什么"三梳子,两拢子,长大戴个红顶子;左描眉,右打鬓,找个媳妇(女婿)准四村;刷刷牙,漱漱口,跟人说话免丢丑"。用鸡蛋往婴儿脸上滚滚,说什么"鸡蛋滚滚脸,脸似鸡蛋皮儿,柳红似白的,真正是爱人儿"。洗罢,把孩子捆好,用一棵大葱往身上轻轻打三下,说:"一打聪明('聪'与'葱'谐音),二打伶俐。"随后叫人把葱扔在房顶上(有祝愿小孩将来聪明绝顶之意)。拿起秤砣儿比画,说:"秤砣虽小压千斤(祝愿小孩长大后在家庭、社会有举足轻重的地位)。"拿起锁头三比画,说:"长大啦,头紧、脚紧、手紧(祝愿小孩长大后稳重、谨慎)。"再把婴儿托在茶盘里,用本家事先准备好的金银锞子或首饰往婴儿身上一掖,说:"左掖金,右掖银,花不了,赏下人(祝愿小孩长大后,福大禄大财命大)。"最后用小镜子往婴儿屁股上一照,说:"用宝镜,照照腚,白天拉屎黑下净"。最有趣的是,把几朵纸制的石榴花往烘笼儿里一筛,说道:"栀子花、茉莉花、桃、杏、玫瑰、晚香玉、花瘢豆疹稀稀拉拉儿的……(祝愿小孩不出或少出天花,没灾没病地健康成长)"

至此,由老婆婆把娘娘码儿、敬神钱粮连同香根一起请下,送至院中焚化。收生姥姥用铜筷子夹着"炕公、炕母"的神码一焚,说道:"炕公、炕母本姓李,大人孩子交给你;多送男,少送女。"然后,把灰用红纸一包,压在炕席底下,说是让他(她)永远守在炕头,保佑大人孩子平平安安。随后,即向本家请安"道喜",为的是讨几个赏钱。

收生姥姥的"外快"可谓多矣。"添盆"的金银锞子、首饰、现大洋、铜子儿、围盆布、当香灰用的小米儿、鸡蛋、喜果儿、撒下来的供尖儿——桂花缸炉、油糕……一股脑儿被她兜了去。

(二)成年仪礼

1. 藏族女子的戴巴珠礼

藏族的头饰各地不一。在青海玉树等地,藏族妇女以长发为美,她们把满头乌发编成几十条至上百条小辫,条条发辫排列等距地披散在背后。头上多横披、竖挂宽宽的两三条饰带。带上缀饰硕大的玛瑙、琥珀、珍珠、彩玉及金银饰品,极为醒目。西藏地区妇女的头饰则以巴珠最为典型。拉萨一带的巴珠为三枝状或三角状,平系于发顶,两枝向前,将分梳的两条发辫分别盘在两枝上。日喀则、江孜一带的巴珠为弓形,佩戴时弓背向上,梳成多条的细发辫分挂在弓的两端。巴珠的骨架多用红色的氆氇或布扎成,上面均镶缀珍珠、玛瑙、珊瑚等。全用珍珠嵌缀的叫"珍珠巴珠",最为名贵。珊瑚巴珠次之。过去,佩戴巴珠是有品价限制的,珍珠巴珠只有世袭贵夫人才能佩戴,一般贵夫人只能佩戴珊瑚巴珠。第一次戴巴珠,表示姑娘已经长大成人了,按照传统习俗,父母还要为她举行一次贺礼,以示衷心祝福。

2. 高山族的成年礼

在高山族中,成年礼只属于男性。在他们看来,成年是步入一生最辉煌阶段的转折点,意味着成熟、独立和承担社会责任。各族群都非常重视成年仪礼,虽然仪式繁简不同,但都以崇尚勇武奋进为宗旨,鼓励青年人磨炼成才。

泰雅人的成年礼比较简单。大约在每年的11月间,成年男丁由家长更换成年服饰,穿上红绒编织的上衣、花色丁字裤,束发于顶,红丝方鬓,择吉日良辰,携弓箭、刀矛、酒糟等,到头目庭院聚集,聆听头目追述祖先的丰功伟绩,传授围追堵截、埋伏、设陷阱等战术要略,并宣誓恪守祖训,发扬光大。最后,饮宴歌舞。这些宣誓过的男孩就成了成年人了,于是便可以参加部落性的征战、耕猎等重大活动。

布农人的成年礼选择在丰年祭的这一天同时举行。成年男子挽手成圈,环绕着一位德高望重的长老,聆听他回顾祖先征战的历史和英雄事迹,然后捧出一大杯新酿的粟酒轮流豪饮。饮酒前,每人自报姓名、家族系谱,然后高举酒杯一饮而尽,能一口气喝完大杯酒的人才称得上是男子汉。

阿美人的成年礼,因部落而异。其中有一种是赛跑仪式的内容。也通常在丰年祭时举行。赛程五六里,路途坎坷不平,有山庄、平原和沙滩。小伙子们身戴避邪的姜叶环饰,赤裸上身,腰间围着白色丁字裤,神态威武。一声令下,小伙子们个个争先,犹如奔腾的骏马,展开激烈的角逐。沿途有亲属或恋人呐喊助威,并携带糕点、酒以备犒赏。后面有一勇士督阵,一手拿着长矛,一手提着白鸡,用持矛的手不停地拔毛,朝落后者的后背抛撒,祈神襄助,同时高声喊道:"祖灵与你同在,吉祥随神俱来,跑呀!"经过一番激烈的追逐,夺魁的男子被任命为成年年龄级别的首领,然后率领大家沐浴海滨,祈求海神净化身心,赐予无敌的力量,同时也让长矛沾洗海水,借以拭去污秽邪气,得到无坚不摧的灵气。经过赛跑考验的男子,还要加入会所严格训练,逐级晋升。

曹人的成年礼也在丰年祭上举行,届时成年小伙子要接受"杖管"的考验,即由部落长老持藤杖逐一拍打小伙子们的臀部,并厉声训斥道:"勿贪玩,勿偷懒,牢记祖先遗训!"小伙子们要默然接受杖打,不能流露出痛苦的样子,然后随长老绕村一周,再回会所歌舞尽兴,通宵达旦。从此,更换成年服饰,戴鹿皮帽、胸兜、披肩、胸衣,腰佩长刀,俨然像个勇士。

卑南人一生中要经历两次成年礼,第一次成年礼又称少年晋级会所仪礼,也就是猴祭,通常是在早稻收成后的11月间,为期十天,主要仪式有:清扫道路后,各持棍棒挨家挨户进行驱邪活动,并接受青年级杖臂训诫。第三天举行庄严的杀猴祭。晋升少年会所后,正式围上黑色腰巾。第二次成年礼是在猴祭盛典后的第十天举行。成年祭又称大猎祭,主要让青年重新回到祖先战斗过的山林体验团猎,从而获得狩猎技能和传统道德教育。这次狩猎为期五天,首先由长老带领青年队伍进山,搭建起供老人食宿的茅棚和祭台。当夜,在狩猎营地点燃篝火,老人为青年举行庄严的"换巾礼",即解下黑色腰巾,换上一条宽二尺半、长三尺,象征成年的蓝色腰巾。然后受命围猎,捕获的猎物当场宰杀祭神后,送给成丁的男子食用。第二天,青年们分赴深山密林,各自狩猎,充分展示自己的狩猎本领。狩猎过程必须遵守规定,饮食起居有严格的限制,而狩猎的范围只限于山猪、鹿、樟等善于奔跑的动物。通过这次磨炼,青年们才被承认为成年人,族人会在家乡等待他们的归来,欢庆又一批青年成长起来了。

其他族群也有类似的成年礼,许多还充满了宗教色彩。

(三) 婚姻仪礼

1. 掐新娘

中国云南大理的白族人家,有一种十分奇异有趣的结婚习俗,就是在表达对新娘的祝福时要"掐新娘",并且掐得越痛说明对新娘的祝福就越深。

大理白族的婚礼,实际上在结婚的前一天就已经开始了。这天晚上,男方家的天井里燃起篝火,屋里屋外挤满了人。白族的民间艺人被邀请到婚礼上演唱"大本曲"和"吹吹腔"。三弦声唢呐声响成一片,里里外外充满了欢乐气氛。艺人们更是倍展其能,这就是白族的婚前踩棚习俗。

第二天才是正式的迎亲日子。新郎在伙伴们的陪同下前往女方家迎接新娘。临出发前,人们把新郎拥进屋里,在一阵唢呐和锣鼓声中,新郎的哥哥手捧一朵用红绸子扎的绣球,走到新郎面前,深深作揖,并将绣球搭在新郎的左肩上。紧接着又一阵吹打,将新郎送出大门,让他到女方家去接亲。

新郎到了新娘家门口,吹鼓手们便停止吹打。这时,新郎从衣服口袋里掏出三个蜡丸似的东西,一个接一个向门前的石墩上甩去,随之就听到三声震天动地的巨响。这种蜡丸,原来是自制的土炸弹,是迎亲时用来壮声威的。硝烟弥漫中,迎亲的队伍被迎进女家。新娘在哭泣,流露出一种惜别之情。当唢呐再次吹起时,新娘的哥哥或弟弟已将新娘背出门外,让新娘踏上去婆家的路程。一路上少不了乐队伴奏和迎亲者对新郎新娘的调笑。

迎亲队伍来到男方家门口,新娘还是由哥哥或弟弟背着,快步跑进新房。因为按照白族的习俗,新娘来到男方家时,那些参加婚礼的小孩是最难对付的,他们往往会蜂拥而上,一边朝新娘撒米花,一边争着用手去掐新娘。为了吉利,即便是掐痛了,新娘也不能发火。也有的白族地区,迎亲队伍刚一进门,新郎新娘就像参加百米赛跑似的,争着跑进洞房抢枕头。据说谁先抢到枕头,就预示着将来谁当家。

2. 不落夫家

不落夫家是中国壮、苗、瑶、黎、侗、水、彝、布依、哈尼、普米、仫佬、毛南和汉等民族部分地区在新中国成立前流行的一种婚姻习俗,亦称"不乐家""坐家""坐娘家""长住娘家"。

新娘在举行结婚仪式后,当天或过两三天后即返回娘家,不在夫家居住。每逢农忙、节日或夫家办婚丧等事时,由夫家派人携带礼物接妻子到夫家居住数日或半月,再由夫家送回娘家。妻子留住夫家时,夫家以客人相待,只让参加一般劳动或象征性劳动。

妻子在娘家居住的时间通常是 1~8 年,也有长达十余年的。住娘家期间,可以继续参加男女社交活动。居住期满后,即到夫家定居。定居的条件各地不同,有的以女子是否怀孕为标志;有的是因为女子婚后多年不孕,而年龄已大不能不到夫家居住;有的实行早婚,女子移居夫家的时间,以是否达到当地规定的同居年龄为准。不落夫家习俗多与婚前社交自由和盛行早婚等习俗并存,长期保留在已实行一夫一妻制的某些少数民族中。多数研究者认为,这种习俗是从妻居婚向从夫居婚转变的残余。

"不落夫家"习俗表现形式多种多样。广西平果乐尧山区自称布陇的壮族,新娘出嫁时不着新装,只穿平日的衣服,腰上必须带一把柴刀,头上戴一种特制的尖顶竹帽。这种帽子在"不落夫家"期间,如偶尔回婆家帮忙时,作为一种标志必须戴上。在乐尧壮族中,当天举行完婚礼后,稍事休息,吃过饭,新娘就与前来送亲的伙伴一道返回娘家。第二天,新娘独自再次去男家。去时拿三炷香、三枚铜钱,到水边挑一担水给男家。过后又返回娘家。一个月后,选择吉日到夫家住一晚上。这之后,只有农忙时,才回夫家帮工,住一两晚,等到生了第一个小孩后,才回夫家长住。广西龙胜地区的侗族中,流行一种叫作接纺车的习俗,也是不落夫家的一种婚俗。侗族姑娘出嫁时,按照传统习俗,要陪送一辆纺车做嫁妆。可是这辆纺车在姑娘出嫁时并不送往男方家,要等到姑娘出嫁两三年后,当不落夫家生活结束时,举行一定的仪式,将纺车接回男家,这时新娘才开始在男家长期居住。接纺车时,由男方家派出几位妇女,带上几包糯米饭到女方家去。女家请几位妇女相陪,打油茶招待客人。纺车接走时,女家要回赠几包糯米饭作为礼品。纺车接到后,当晚试车,家里的妯娌、小姑和寨子里的嫂子、姐妹们都来参观新娘的手艺,一番嬉闹之后,新媳妇才算真正成了婆家的人。

云南省哈尼族支系叶车人,新婚之夜,新郎新娘不同房,而是由新娘的女伴陪同,住在村寨中专为未婚青年男女建造的"公房"里。第二天清晨,新娘天不亮就起床,抓一把白米,在伴娘的陪同下到村外的井边去背水。到了井边,将白米撒入井内,表示新娘已经成了喝这口井水的人。背回水之后,请全家老少都喝一点水,表示从此以后就是一家人了。但是当红日从东方升起时,新娘却在伴娘的陪同下返回娘家。即使是情投意合的夫妻,也要遵循这一古老的习俗。在"不落夫家"的初期,新娘每隔十二天左右到男家住一两天。以后次数逐渐增多。这样过了一两年,就不再回娘家了。在"不落夫家"期间,男女双方都享有社交自由。

居住在贵州省的布依族,婚后也实行"不落夫家"习俗。布依族的"不落夫家"习俗,历史悠久,至今还在有的地区流行。一般在婚礼结束后的当天,新娘就跟随前来送亲的人一道返回娘家。有时虽然在婆家住两三天,但随时都有伴娘陪同,晚上也不和新郎同宿。三天过后,男家派人带上糯米糍粑将新娘送回娘家。到了第二年的农忙季节,男方家带上鸡、糖等礼物,到女家把新娘接回来。到了第三年,新娘的父母才让女儿长住婆家。过去布依族实行早婚,姑娘十几岁时,就已许人或举行了婚礼。在这种情况下,"不落夫家"的时间就要相对长一些,七八年、十几年不等。等到女儿长到十七八岁时,才考虑到夫家长住。在布依族中,婚后的妇女要结束"不落夫家"的生活,可采取两种形式:一种形式是在"不落夫家"期间,男方家要请得勤。农忙或节日期间都要派人去请新娘,表示男家的诚意。如果夫妻感情好,就可早一些结束"不落夫家"的生活。另一种形式是向新娘强制施加一种仪式,迫使她结束"不落夫家"的生活。如镇宁扁担山一带的布依族中,流行一种强迫新娘"戴假壳"的仪式。所谓"假壳",是一种形似簸箕的帽子。新婚妇女如果婚后一两年还不到夫家落户,无论她对这桩婚姻满意不满意,都要给她"戴假壳"。男方家准备假壳的事,是秘密进行的,不能让新娘知道。每年的八九月或次年的四月,新郎的母亲、嫂嫂带着一只鸡和假壳到新娘家去。他们的行动非常隐蔽,要乘新娘不备时,将假壳戴在她的头上。如果戴假壳时被新娘挣脱,那就要等到来年再戴。凡戴上假壳的新娘,两三天内就要到婆家去。到婆家前要"哭假壳",表示对娘家亲人的依依不舍。

(四)丧葬仪礼

1. 悬棺葬

是中国古代葬式的一种。即人死后,亲属殓遗体入棺,将木棺悬置于悬崖绝壁的木桩上,或置于崖洞中、崖缝内,或半悬于崖外。往往陡峭高危,下临深溪,无从攀登。其俗流行于南方少数民族地区,悬置越高,表示对死者越是尊敬。悬棺葬反映的宗教观念主要是祖先崇拜。

依据文献及实地考察,在四川、重庆、云南、贵州、广西、福建、台湾、湖北、湖南、江西等省区,均有此种葬俗。江西贵溪仙岩、福建武夷山、重庆忠县卧马函、重庆奉节县夔峡、风箱峡、四川珙县麻塘坝螃蟹溪山崖等地,曾发现大批战国至秦、汉之际的古代悬棺葬遗物。

悬棺葬地的选择必须依山傍水。在我国,无论东南地区还是西南地区的悬棺葬,几乎所有的葬具均为整木凿成。整木刳空而成的棺与独木舟相似,可以认为是一切船类的祖型。大量的科学资料表明,船棺葬与悬棺葬的民族有着密切关系。从我国和东南亚的悬棺葬和船棺葬大都分布在江河沿岸和滨海地区来看,这两种葬俗都起源于近水而居的民族之中,是海洋民族的文化特征。

悬棺葬的置棺方式有以下几种：

（1）木桩架壑式。棺木架置于天然崖洞或在岩石裂隙所打的木桩之上。此种形式见于福建武夷山、湖南、四川等地，在湘西沅水两岸和川东长江三峡地区尤为常见。

（2）崖洞式（包括天然岩隙式）。即利用临河峭壁上的天然洞穴或裂隙，略加修整（垒筑、填平）置棺其内。这种形式在各地悬棺葬中均有发现。

（3）横穴式。在临江崖壁上开凿长方式横龛，大小宽窄以容一具长约2米，高、宽约为0.5米的棺木为限，棺侧外露。这种置棺方式见于川南、川东、长江三峡等地。

（4）方穴式。在临江崖壁上开凿宽约1.5米或稍小的方洞，或者利用天然洞穴加工成方洞，置棺其内。此种形式在川东南、湘西和鄂西等地常见。

（5）悬崖木桩式。在临江绝壁上开凿小方孔，打入木桩，然后架棺其上。这种形式多见于川南、湘西等地。

（6）崖缘式。在海边陡峭崖壁上常有突出的狭窄崖缘形成天然平台，棺木置放上面，此种形式在台湾和东南亚海岛地区较为常见。

在贵州省紫云县格凸河，悬棺习俗保留至今。直到数十年前，这里的苗族村民还保留着神秘的凿岩式悬棺葬习俗，自然洞穴式悬棺葬至今仍然存在着。格凸河中游的一个100多米高、40多米宽的洞穴内，1988年以前存放着240多口棺木。当地苗族老人称，其中一悬棺内的死者是他们的祖辈，离世已经80多年了，现在他们已经不再使用悬棺葬了。但在安顺市平坝县桃花村的苗族，至今还采用自然洞穴式悬棺，一个洞穴内存放的棺木达600多口。

2. 树葬

珞巴族家庭特别重视为死者治丧，力图以此慰藉亡灵，并表达对其哀悼怀念之情。珞巴族多采用土葬和树葬，礼俗相当复杂，禁忌繁多，以示尽了孝道。

病人去世后，通常由背尸人来料理。将死者头朝外，以示他已经"走"了。人死后，忌说死字，一般称"走了""老了""去世了"，或称"没有了"。在给去世者洗澡时，洗澡水中一般用艾叶和桂树叶，从头往下洗。寿衣不用皮毛和绸缎，怕来生变为兽类。

树葬时，尸体处理和土葬相同，不能裸露皮肉。将胎儿状的尸体置于他曾经用过的藤筐里，根据死者遗愿悬于村头的树杈上，上搭草棚，遮雨防晒。珞巴人讲，世上万事万物都是有精灵的，人虽死了，尸体腐烂了，变成了虫子，但灵魂却去了"极乐世界"，变成了另一种有精灵的东西，比如悬葬，使他们早投生，快投生，变为富人和好人。

二、外国人生仪礼的主要表现

（一）诞生仪礼

1.俄罗斯人出生习俗

俄罗斯人自古就有一种迷信的看法，认为知道产妇产期的人越多，婴儿出生就越困难，甚至会招致邪恶。所以，在婴儿降生前，对产期绝对保密。由于俄罗斯人认为生育是污秽之事，所以生产地往往选在无人居住的地方，如谷室、牛棚。遇到难产，用解扣、开锁的办法催生保平安。孩子降生后，便大肆声张，并设宴庆祝，唯恐别人不知。按传统习俗，前来祝贺的人要送礼，表示接受这个新生儿为社会新成员。礼品一般有四样：鸡蛋、面包、食盐、火柴。人们认为，食物能确保孩子好运，食盐、火柴则能帮他避邪除恶。妇女们送产妇的礼物是粥，有各种粥，大麦的、小麦的、葡萄干的，等等。有的地方，生孩子后要送花，若生女孩送麦穗、绣球花，象征幸福、美丽；生男孩送麦穗和橡树枝，预示幸福和力量。

按习惯，产妇在产后三天或九天，要与接生婆相互洗手，洗涤污秽。洗手前，产妇不能"轻举妄动"，不可摸神像，不可以挤牛奶。在产后的40天内，产妇不可进教堂。如果生了女孩儿，那么，这个期限还要长。产妇不坐月子，不忌冷水，产后十天便与正常人一样，操持家务。

婴儿出生后八天进行洗礼。洗礼一般在教堂，除非天气不好，可改在家举行。洗礼时父母不能在场，由神父和教父母主持。洗礼的程序是这样的：神父口诵经文，开始祈祷，然后从教父手中接过婴儿，往其额头上注水，或将其没入水中，称浸礼。然后给婴儿戴上项链、十字架，祝福婴儿平安、健康。男孩一般有两个教父、一个教母；女孩有两个教母、一个教父。过去，教父母一般是有名望的长者或富裕者，他们的直接责任是送孩子参加洗礼，对孩子进行照顾、监护，担负孩子的教育责任。洗礼完毕后，举行洗礼宴席，主人用肉面汤、鸡肉、米粥款待客人。

命名是婴儿出生后的另一件大事。在基督教传入俄国前，给孩子取名的自然权利归其父母。基督教传入以后，教会取代了婴儿父母享有的为孩子取名的权利。在洗礼时，神父们就按照日历赠名。在给下层社会人家的孩子取名时，神父们往往不太顾及家长的意见，有时，由于洗礼酬金不高或神父对婴儿父母印象不佳，就株连到婴儿身上，孩子的名字往往含有贬义。有的名字在希腊语中是污辱人格的，比如：阿扎特——冷酷的人、马罗夫——秃顶、福卡——狗，等等。这些名字在教堂日历中避而不谈其意，不会将其译成俄文或提及这些古犹太、罗马、希腊名字的词源本意。

给新生儿命名和发出生证成为孩子出生后最主要的庆祝仪式。在孩子满月后，要去所在地民事机构登记。此时，工作人员会介绍有关命名日的安排、程序以及所能提供的服务,如提供新生儿用品、鲜花、摄影、出租车等。命名仪式一般在婴儿出生的六个月后举行,地点在婴儿宫。在农村,则在村礼堂或俱乐部举行命名仪式。

由于传统上对出生的重视,如今的俄罗斯人十分重视每年一次的生日。除了国家节日之外,生日被作为节外之节加以隆重庆祝。过生日时,不仅好友聚集,还要摆一桌生日宴,朋友们以玫瑰、牡丹、石竹、郁金香花和其他礼品祝贺。用餐时,大家共同为过生日者的父母干杯。庆祝生日也分成"大庆"和"小庆",小孩满周岁、成人满50岁和50岁以后每过10年为"大庆"。

2.英国人的起名习俗

英国与我国在风俗习惯的很多方面上存在很大差异,但是,在人的起名方式上却大体相同,主要表现在以下方面:

(1)以出生地点命名。如我国唐代的柳宗元,生于河东(今山西永济县),故称柳河东,他的文集名为《柳河东记》;当今有王长城、李长江、关渝(重庆)等。英美地名主要用作姓氏。

(2)以出生年份、季节、日期、时间、天气命名。我国以这种方式命名的人名很多。以年份命名的,如我国历史上自称"江南第一风流才子"的唐伯虎,生于明代成化六年,即庚寅年(1470年),故名唐寅;以季节命名的,如春莲、秋生、冬生等;以天气状况命名的,如雨生、雪梅、云霞等;以落地时辰命名则是中国人的传统习惯,如我国著名乒乓球运动员徐寅生就是以落地时辰命名的典型例子。英美人名亦然。如 Spring(斯普林)、Summer(萨默)、Fall(福尔)、Winter(温特);有些人名表明出生的月份,如:March(马奇)、June(琼)、August(奥古斯特);有些人名则表明出生的日期,如:Friday(弗赖迪)、Sunday(森迪)等;还有一些人名表明出生时的天气状况,如:Wind(温德)、Rainy(雷尼)、Frost(弗罗斯特)、Snow(斯诺),这些名字分别表明出生时"刮风""下雨""有霜""下雪"。

(3)以动物禽鸟名命名。人们通过日常生活的观察体验,往往喜爱某些动物禽鸟所具有的气质、体貌或习性,于是就把某些动物禽鸟的名称用于人名之中,以体现或寄托取名者的爱好、兴趣或志向。如中国人名中的"虎""龙""牛""马""鹰"等,都具有象征意义或积极的喻义。英美人姓名中的贝尔(熊 Bear),表示此人长得熊腰虎背;布尔(公牛 Bull),表示此人长得高大粗壮;米尔(骡 Mule),表示性格固执倔强;西尔(海豹 Seal),表示此人生性爱水。英语中还有一些以动物命名的姓名,在古时候是以动物的某些习性来比喻一类人,常带有贬义,但时至今日,其贬义喻义已完全消失,仅用来作为姓名用词。如:皮科克(孔雀 Peacock),表示此人爱打扮、好漂亮、喜炫耀;帕罗特(鹦鹉 Parrot),表示此人爱多嘴学舌,拨弄是非;斯旺(天鹅 Swan),表示此人貌美,讨人喜爱。

(4)以植物名命名。以果木花卉名称充当人名,这是汉英人名用字(词)的共同规律,且十分普遍。在汉语中,如:"林""梅""花""桃"等;在英语中,皮尔(Pear)为梨子、科恩(Corn)为玉米、派恩(Pine)为松树,等等。以果木花卉名命名的人名,表明人名持有者或其祖辈以种植何种果木为生,如:罗斯(Rose)为玫瑰花,戴西(Daisy)为菊花,洛斯特(Lotus)为荷花。以这些花卉取名,有的表明此人出生时属于何种花卉的开花结果季节,有的表明人名持有者父母所喜爱的花卉,有的还表明此人父母的心愿,希望所生子女在相貌或性格上类似某种花卉。

(5)以金属名命名。汉英人名都有以金属名用作人名的习惯,其中以日常生活接触最多的"金、银、铜、铁、锡"用得最多。在汉语人名中,如:金发、银祥、铜根、铁生、锡宝,名字中都含有一个金属名,此外还有以金属的排列顺序给众多子女排行取名的传统,如:金锁、银锁、铜锁、铁锁,分别表示老大、老二、老三和老四。无独有偶,英语人名中也有极为类似的传统习惯。英语中,戈尔德(金 Gold)、西尔弗(银 Silver)、科伯(铜 Copper)、艾恩(铁 Iron)皆用作人名;而且也有以金属的排列顺序为子女排行取名的习俗,如:戈尔德(Gold)为长子女,则西尔弗(Silver)为次子女,其余依此类推。以金属名命名,且以金属贵贱的排列顺序为子女排行,这是汉英人名文化惊人的相似之处。

(6)以父母姓氏命名。以父母姓氏命名的名字,随着独生子女政策的推行日益见增,如父姓姜,母姓郝,女儿叫姜郝梅,平时叫郝梅。英语中也有类似命名方式,有的家长用自己的名字给子女命名,常在姓后面加上 Sr.(Senior)或 Jr.(Junior)以示区别[1]。

(二)成年仪礼

世界各地的成人礼五花八门,大相径庭,但其旨趣却大体相似,不外乎是通过某种特定的仪式,宣示一个人从此步入成人世界,从社会上取得那些只为成人所拥有的"特权",并相应地承担起更多的责任。

1.以色列的受诫礼

依照犹太律法,男孩从13岁、女孩从12岁生日那天起就算成人了,从这一天起就要加入到成年教徒行列中。古代犹太法学书说,犹太男子年满13周岁后,就必须谨守犹太教的613条诫,因此,成年礼又称受诫礼。

受诫礼一般在安息日早晨的晨祷时进行。在仪式上,召唤受礼者上前,让其诵读《托拉》中有关安息日的部分。此外,也可以让其主领诵读《托拉》之前的晨祷,诵唱《哈费他拉》以及主持安息日晨祷活动的结束仪式等。但不同的犹太社团又各具特色,不过一般犹太社团都要求受礼的孩子在约柜前用希伯来语作一次正式

---

[1] 楼有根.汉英人名姓氏的命名习俗比较[J].湖北经济学院学报,2008(6):136.

祈祷,随后发表成年礼演讲,宣誓自己将终身遵照犹太教教义生活,献身《托拉》,并对父母的养育之恩表示特别感谢。

2. 多哥的摔跤礼和坐石礼

位于非洲西部的多哥有40多个部族,世代居住在北部山区的卡布列族是第二大部族。每年7月下旬,卡布列人都要为部族里年满18岁的男女青年举行成人仪式:男的举行摔跤节,女的举行成熟节。

长达一周的摔跤比赛集中在拉马卡腊举行,每个年满18岁的小伙子要连续3年参加比赛,才算真正成为男人。比赛时,人们身着艳丽的民族服装,敲着响板,吹着哨子,呐喊助威。姑娘们边舞边唱,使场上的小伙子更加精神抖擞。比赛结束,不论输赢,他们都被认为是经受了考验,部族则正式承认他们长大成人。

卡布列族待嫁姑娘参与的成熟节也很热闹,但却有着几分神秘,因为不允许部族男子和部族外人士观看。在成熟节上,凡是闺阁待嫁的姑娘都要到山下参加坐"圣洁石"的仪式。姑娘们脸上用当地的黄泥颜料化妆,全身一丝不挂,面带神圣,在家族中的成年妇女陪同下,载歌载舞,从山上来到"圣洁石"前。经过仪式后,不仅标志姑娘已经成熟,可以出嫁,更表明待嫁的姑娘贤淑贞洁,四方君子大可放心求之。据说,如果已非处女的姑娘坐了"圣洁石",在一生中将会遭到厄运。而多哥的另一个部族巴萨族的女子在月经初潮后要在肚皮上深深地划上一刀,以此标志她闯过了人生这一关,进入成年。

3. 澳大利亚的断齿礼

澳洲土著人的有些成人仪式上,人们要把少男的门齿折断,并让他们断食。仪式上还有当场考试:少男必须在大人制造的种种"恐怖音响"面前镇静自若。如能有幸通过此关,第二关便是接受3名成年男子的挑战,在格斗中即便负伤流血也要坚持到最后一刻。

4. 秘鲁的跳崖礼

男孩在成人仪式上须通过的唯一考试,是从约8米高的悬崖上跳下,胆怯者就永远不能成为"大人"。尽管每次仪式上都有一些少年在跳崖时摔得鼻青脸肿,但这种古老的"跳崖礼"至今仍在秘鲁盛行。

此外,成年礼在世界各国还有众多奇特的表现,如墨西哥海滨地区的某个部落,男孩的成人仪式非常奇特,每人须携带一块沉重的大石头游过一条海峡。在加拿大洛基地区的印第安人群中,少年们在成人仪式上须生吞一条活蜥蜴,望而生畏者即被取消成年资格。在刚果,少男在成人仪式上由族长用锉刀将门牙锉成尖刀状。据说这种"锉牙礼"意味着少男已长成"男子汉",可以与任何野兽搏斗了。

(三)婚姻仪礼

1. 马里的婚姻仪礼

马里是非洲西部的一个国家,那里的婚俗比较有特色。根据马里风俗,婚礼前,男女双方家庭各自都要进行紧张而充分的准备。男方家庭自然是打扫庭院、布置新房、邀请宾客、准备婚礼宴会等,女方家庭则主要是准备嫁妆和打扮新娘。马里的新娘非常注重发型,为了让自己显得更加活泼有朝气,新娘常常会把卷曲的头发拉直,并用假发将头发加长,再编成无数根小辫子,然后将这些发辫扎成各种发型。她们还会用各种各样的兽骨片和五光十色的贝壳装饰自己的头发,如此一来就更显得俏丽多姿了。新娘梳完头,还要佩戴上项链、耳环、手镯、脚镯,甚至又大又重的鼻环,十分引人注目。除此之外,新娘还要染足、画手和涂牙龈。在马里,黑色被认为是美的象征。出嫁的姑娘都喜欢将足、手、牙龈涂成黑色,以显示自己的美丽。妇女们采来散沫花树叶制成涂料,将其涂在手脚上,手脚就变成了灰色或黑色。涂牙龈是先用针将牙龈刺出血,将涂料抹在出血处,涂料随伤口浸入皮肉,一次染黑,终生不褪。染足、画手和涂牙龈既费神费时,还要付出出血的代价,但是为了美,马里新娘甘愿作出牺牲。最后,新娘要进行沐浴,撒上香水,穿上漂亮的婚礼服装,戴上艳丽的头巾,等待新郎来迎娶。

马里的迎亲带有抢婚的色彩,尤其在山区,这种风俗更为盛行。举行婚礼的那天晚上,新郎约上几位身强力壮的好友和邻居,凭着夜幕的掩护,来到新娘家,轻轻推开虚掩着的门,悄悄进入新娘的房间,两三个人架着新娘飞快走出门,任凭新娘怎样挣扎和哭喊,都不放手。在新郎的带领下,一伙人簇拥着她离开家门,匆匆朝着男方家飞奔而去。

2. 法国婚姻仪礼

法国人的婚礼既传统又随意。一般婚礼由当地官员或他的一名副手主持,习惯上是在周二、四、五、六、日的早上9时至下午5时。

在法国一些农村有这样的传统习俗,姑娘在结婚那天,要偷偷地拿几个鸡蛋藏在衣裤中。当新郎陪新娘步入洞房时,新娘故意跌倒,把鸡蛋碰破,以此象征能生育儿女。白色是浪漫的法国婚礼的主色调,无论是布置用的鲜花,还是新娘的服饰,乃至所有的布置装饰,都是白色的,可以看出法国人眼中的婚姻应该是纯洁无瑕的。

婚礼上,新娘子必会准备名为"婚礼衣橱(Wedding armoire)"的柜子作嫁妆,柜上刻有象征健康以及繁荣的图案,寓示"希望之匣";新人用的杯子也有特定的名称,名为"婚礼之杯"。

3. 德国婚姻仪礼

许多德国人信奉基督,因此他们要进行三次结婚仪式。首先,到政府部门领取结婚证成为受法律保护的夫妻,然后去教堂举行婚礼,最后是在家里举办婚礼。

领取结婚证时,除个人身份证外,按法律规定还得有证人。证人不得是结婚双方中任一方的亲属,而且该证人也得在留档文件上签字。故在德国的电影、电视剧中,经常有这样的镜头:父母陪子女去领结婚证,路上行人来当证人。发证的政府办事员要按规定询问双方是否自愿结婚等。

第二步就是到教堂。许多人选在周末开上车来到教堂附近,然后新娘新郎乘坐双轮马车在教堂附近的街上绕一周才进教堂,由教堂神职人员为其主持。自然新娘着白色婚纱,新郎穿黑色礼服。完后,乘车回家举行家庭婚礼。车上均挂有白纱,还不时鸣喇叭,新郎新娘向行人招手,车队招摇过市。

回家后,一进院子,婆婆公公就将早已准备好的碗和碟子等从楼上扔下来,弄得满地都是。数量很多,来宾们也帮着扔。有些客人拿来的就是碟子、盘子等,一并扔到地上。新娘子就赶紧去拾,扔到垃圾筒里。意思是从今天起,媳妇就进门了,日后难免有不愉快,摔碗摔碟子。现在就把碗碟等摔了,日后就不摔了,和睦相处。当新娘捡得差不多时,新郎也上场了。在院子里早已准备好了一堆垃圾杂物等,新郎拿铁锹铲,新娘用扫把扫,把庭院打扫得干干净净,以表明一对新人日后爱劳动爱整洁。然后双双来到事先早已准备好的地方,地下埋藏有许多硬币。新郎新娘要用双手把土或沙子挖开,把所有的硬币全都找出来,寓意要靠自己的双手致富。从第二天起度蜜月,大多外出旅行。回来后择一日子,在单位请同事们吃点心,喝葡萄酒及看旅行中拍的照片等。自然,有人结婚大家都得凑份子,一般出秘书出面收钱,买礼物,具体操办。

4. 泰国婚姻仪礼

泰国人相当信奉佛教,佛教被定为国教。每个男子到了一定年龄,都要出家当一次和尚,少则三个月,多则三五年,甚至终生,就连国王也不例外。如果一个男子没有当过和尚,则不能视为成人,不但亲朋看不起,就连找女朋友也很困难。可见佛教在泰国有多大的影响力。这种佛教礼仪甚至还表现在婚礼仪式上。

在泰国南部的一些地方,经常可以看到一些人围着一棵大树吹吹打打,欢歌曼舞,原来是当地男子在举行与大树成亲的仪式。别瞧成亲的对象是不会说话的树,但仪式却与真正的男女结婚仪式一样隆重热闹。

同大树结婚,男方送的彩礼盛在银制的大碗里,称为"奄玛花"或"奄玛菜"。奄玛花通常是25个槟榔果,奄玛菜则多为人们喜爱的点心、糖果和枕头、席子及蜡烛等。

婚礼仪式开始前,新郎身着华丽的礼服,在众位打扮得花枝招展的少女簇拥下,由长鼓开道,浩浩荡荡来到村中长老选定的大树前。少女们将彩礼陈列在"新娘树"前,长老宣布婚礼开始。这时,新郎会拿出一打蜡烛,逐个点燃,一一插在奄玛旁边,然后倾听长老朗诵经文的有关章节。接着,新郎的父亲将一些鲜花、槟榔和几枚银圆放在龛玛的枕头里,村中最为年长的老夫人代表"新娘树"接受礼物,蜡烛熄灭时,婚礼仪式结束。人们开始向新郎祝福,并一道进餐,之后一起欢歌舞蹈,直到夜幕降临。

根据当地习俗,凡年满21周岁的男子都要举行一次同大树结婚的仪式。完成仪式后,便出家当和尚,直到还俗后同女子恋爱结婚,建立家庭。在当地的传统观念中,树木具有旺盛的生命力,同大树结婚,可以得到佛祖的保佑,获得忠贞的爱情,建立幸福美满的家庭。

5. 英国婚姻仪礼

英格兰人的婚俗丰富多彩,从求婚到度蜜月均按自己的传统方式进行。在英格兰北部约克市,求婚方式颇为奇特,继承了古代民间遗风。女孩子成熟以后,需要出嫁了,便穿上不同颜色的紧身服饰,向男性示意。不同的颜色表示不同的意思,恰恰和交通信号灯一致。绿色表示:"来吧!我愿意恋爱,大胆地追求吧!"黄色表示:"机遇是有的,如果合我的意还是有成功的机会。"红色表示:"目前我还不想谈情说爱,不要追求我。"勇敢的小伙子会根据对方的服色,根据自己的选择去大胆地追求,绝不会被扣上行为不端的帽子。

一旦双方确立了恋爱关系,男方要送给女方订婚戒指并举行仪式。这种习俗遍及整个英国。英格兰人在教堂里举行婚礼仪式时,新郎给新娘戴戒指是不可缺少的一项重要内容。人们甚至认为不戴戒指的婚姻是无效的。当神父询问一对新人是否愿意做对方的妻子或丈夫、能否相互尊重、白头偕老后,新郎给新娘的无名指上戴上一枚戒指。它象征着丈夫对妻子的纯真爱情,同时妻子也表示接受并忠实于这种爱情。

英国人结婚要穿礼服;新娘身着白衫、白裙、头戴白色花环,还要罩上长长的白纱,手持白色花束。总之,英国人崇尚白色,它象征爱情纯洁、吉祥如意。

一旦举行完婚礼,新郎新娘从教堂里出来的时候,人们要向新人祝贺,向他们撒五彩缤纷的纸屑。撒纸屑的习俗起源于撒麦粒,象征着丰收和生活富裕,同时也祝贺新婚夫妇幸福长寿,子孙满堂。

度蜜月也是英国各地青年结婚的重要内容之一。这原是古代的习俗,在新婚之时一定要饮用一种用蜂蜜特制的饮料,用来象征家庭美满、爱情甜蜜和生活幸福。而这种饮料从结婚开始要喝30天,因此就把新婚第一个月称作蜜月了。

6. 巴基斯坦婚姻仪礼

巴基斯坦的婚礼通常在新娘家举行,但现代的婚礼已经不那么严格了。巴基斯坦新娘要在婚礼的前5天进行一次正式的沐浴。沐浴之后,由女性至亲好友为其梳妆打扮,并在手上和脚上染指甲花油。她们还用一种特制的褐色树脂油在手背、手腕和脚背、脚腕上绘出美丽的花纹，来表达自己喜悦的心情。

傍晚时分，宾客陆续到来入座，一边攀谈一边欣赏小舞台上动人的歌舞演出，来宾如果有意粉墨登场，也可趁着这个机会一展歌喉或舞姿。在婚礼这样的场合，"献艺"被看作是对主人的尊重和对新人的祝福，主人会很高兴的。

月上中天，新人开始与宾客见面。先是盛装的新娘在自己亲姐妹的搀扶下围着新家绕3圈，这意味着从今往后她将成为这个家庭的一员。接着，新郎新娘坐在小舞台上用鲜花和树枝编制成的"秋千椅"里，每一位来宾都要走到新人面前呈上自己的温馨祝福。按照巴基斯坦的风俗习惯，新娘在整个婚礼中即使心里充满喜悦，脸上也必须表现出哀愁的样子，而且愁容越重越会受到人们的尊重，因为，这表现了新娘对自己娘家人恋恋不舍的心情。

婚礼上还有一个保留节目：新婚男女在接受完所有来宾的祝福后必须同喝一杯"结发酒"，然后用力把酒杯摔碎，碎片越小越多，意味着夫妻生活会越和谐圆满——此时新郎的兄弟向新婚夫妇抛撒花瓣，客人们会齐声欢呼："祝你们幸福!"新郎的父母会小心地拾起碎片赠送给自己的儿子儿媳，有的夫妻一直珍藏着这些"爱的证物"，直到去世。摔杯之后，全体来宾一齐享受丰盛的大餐。

（四）丧葬仪礼

1.印度尼西亚丧葬仪礼

（1）愉快的葬祭。印度尼西亚苏拉威西岛上居住着一个自诩为"谪仙之子（神的后裔）"的杜拉加斯族。那里的人们认为，人死后灵魂会返回天上去，因此，人死与出殡是一项十分隆重的、愉快的仪式，历来为人们所重视。杜拉加斯人的葬礼分葬仪和葬祭两部分。前者历时七天，为死者家属和村民致祭的日子。祭奠时用水牛作牺牲品，有的多达两百余头。尸体则制成木乃伊模样，并涂上艳丽色彩，置于祭坛上。祭毕，移尸到通风的房子，等待葬祭日的到来。葬祭是大规模的典礼仪式，有时要花上一年或更长的时间做准备，有些甚至会为此而不惜花去一生中辛辛苦苦赚来的金钱。葬祭历时十五天，此期间，四面八方亲友云集，如果是富裕人家或酋长，参加者可多达万余人。是时，人人穿戴华丽服饰，像欢度佳节一样载歌载舞，并连日举行盛大丧宴，其间还有传统的斗鸡、斗牛和歌舞助兴。因为葬祭是祝贺死者"荣归天国"，所以遗属们绝不能流露悲伤的样子，还要满脸笑容，与参加者一道欢庆。死者的棺木像生前的居屋一样造成"天鸟船"形，最后被埋葬在巴姆巴普安圣山的山崖墓穴中。这种墓穴是人们花两三年时间用锋利的铁凿在坚硬陡峭的断石壁上凿出来的。墓穴还要安放与真人一样大小的木俑，用以守护墓穴。

（2）巴厘大火葬。印度尼西亚是个"千岛之国"，在该国巴厘岛上居住着信奉印度教的巴厘人。人死后一般举行异常隆重的火葬礼。葬礼前，人们先用食盐、米粉、醋和香料混合成液体浸泡尸体，然后用白布裹起来放在竹筐里风干，等待火葬。

若是经济乏力的人家,则先将尸体埋葬,待筹足资金后再进行火葬。

火葬时,全村人都踊跃参加。焚烧时,不但火化尸体,还要火化该民族特有的祭祀塔和雕成各种动物形状的棺木。祭祀塔有高有低,视死者的身份而定,高的可达十多层,有三四丈高。棺木有牛形、狮子形、半象半鱼形等,意为将死者藏进受崇拜的动物肚子里。火葬时,乐队高奏乐曲,人们随之疯狂地呼叫。死者亲属则不能悲恸,倘若表露出悲伤,则会使死者留恋人间,妨碍其灵魂仙逸。火葬后,亲属们将灰烬放在空椰壳内抛进大海。但仪式尚未结束,第四十二天(人们认为死者要在这个时候才离开躯体),亲属们还要举行一个名叫"穆古尔"的净化仪式,用一个椰子壳作为死者的替身再来一次"火葬"。火化替身的程序与火烧祭祀塔、棺木和真尸时完全相同,最后仍将灰烬装入另一个椰壳内,抛进大海。从此,生者与死者才算正式永别。

在巴厘岛上,每隔一百年左右还有一次大规模的集体火葬。逢此百年一遇之机,岛上埋在地下未有及时火化的尸骨悉数被清理出来集中火化。最近一次集体火葬在一九七九年,火葬那天,人山人海,大火熊熊,蔚为壮观。

2. 印度和尼泊尔丧葬仪礼

"死在圣河边"是印度和尼泊尔的印度教徒临死时最大的愿望。印度的圣河是恒河,尼泊尔的圣河是巴格马提河,这两个国家的印度教徒临死时都希望躺在圣河的石阶或河滩上,用圣河水洗净双脚后死在那里。如果火葬,还要留取一根骨头,把它深埋在河中心,其余骨灰则抛入河中。死者如果是未婚或未生育过的妇女,不能火葬,只好将尸体放在河边用石头压着,待水涨时让洪水冲走了事。在尼泊尔,做孝子的在十三天居丧期内不能食用油、盐、肉和豆制品,并在婆罗们的指导下每天淋冷水浴数次。

3. 多哥丧葬仪礼

如果您在多哥首都洛美街头看见一座高高搭起的布棚,棚下身着五彩盛装的男女老幼团团围坐,载歌载舞,欢笑不绝,千万别以为这是一次联欢或街头表演,因为这是多哥埃维吾尔族人的传统葬礼:为亡者歌舞到天明。在多哥,死亡就意味着灵魂的回归。埃维族人认为,去世意味着人的灵魂回到了神灵和祖先身边,应该欢庆,而绝不该悲伤。当有人去世,附近的亲友会最先赶来,在其住宅旁最热闹的大街上搭建横跨街道的布棚,并通知远方亲友尽快赶到。洛美等多哥城市车辆多,道路条件差。这些布棚的出现,让原本拥挤的交通变得更加糟糕。然而非但政府不管,警察不问,就连过往车辆也毫无怨言地改道绕行。原来在这个国家,"亡者为神"是约定俗成的规矩,谁也不愿打扰亡灵。

不待亲友到齐,葬礼便正式开场。伴随着音乐和非洲鼓的鼓点,亡者亲属开始面无戚容地纵情歌舞,表达对亡者的眷恋,及对亡者即将魂归天国的羡慕和喜悦之情。入夜,大家燃起火炬,继续歌舞欢唱,直到天亮。

4. 沙特阿拉伯和蒙古丧葬仪礼

沙特阿拉伯人的传统葬礼是把死者丢在荒郊外。沙特阿拉伯人的墓地全都在郊区荒凉的沙漠里。上至国王,下至贫民毫不例外。人们认为所有穆斯林(伊斯兰教信徒)在真主面前是"平等"的。人死后,都不举行隆重葬礼,只在阿訇的率领下把尸体抛在荒凉的沙漠里,让飞鸟任意啄食,就算功德圆满了。因此,所谓的墓地根本没有任何标志。

蒙古人在一个很长的时期内也流行这种奇特的葬礼。不过遗属们把尸体抛到荒郊野岭后,第三天就去探视。如尸体不见了,那就认为死者生前行善积福,灵魂已升天。如果原封未动或动得很少,便是死者生前作孽之故。死者家属就立即请喇嘛为其超度,一直到尸体骨肉全被鸟兽食掉才结束。

案例分享

张家界土家姑娘哭嫁习俗

土家姑娘在接到男方通报结婚的日子前十天半月,就不再出门做活。先是在吊脚楼闺房架一方桌,置茶十碗,邀亲邻九女依次围坐,唱起哭嫁歌来。新娘居中,叫"包席",右女为"安席",左女为"收席"。新娘起声,"安席"接腔,依次哭下去,不分昼夜。哭有规矩:母女哭,姑侄哭,姊妹哭,舅甥哭,姑嫂哭,骂媒人;哭三五天,有长达十天半月的。主要内容有回忆母女情,诉说分别苦,感谢养育恩,托兄嫂照顾年迈双亲,教女为人处世等。

哭嫁歌一般为即席作,见娘哭娘,见婶哭婶。哭词各不相同,也有固定哭词,如"比古人""共房哭""十画""十绣""十二月"等。哭有曲调,抑扬顿挫,是一门难度很大的唱哭结合的艺术。嫁娘必在此前求师练习(当然是秘密的)。哭时多以"嗡""蛮""啊呀呀"等语气词,一泣一诉,哀婉动人。

如"哭妹妹":同喝一口井水,同踩岩板路一根;同村同寨十八年,同玩同耍长成人。日同板凳坐啊,夜同油灯过;绩麻同麻篮啊,磨坊同扼磨……

又如哭爷(音"伢")娘:娘啊娘,我要走了哪,再帮娘啊梳把头。曾记鬓发野花艳,何时额头起了苦瓜皱?摇篮还在耳边响,娘为女儿熬白了头。燕子齐毛离窝去,我的娘唉,衔泥何时得回头?……

娘哭女:铜锣花轿催女走,好多话儿没说够;世上三年送一闰,为何不问五更头?哎,儿去了哎娘难留,往后的日子你重开头;孝敬父母勤持家,夫妻恩爱哎度春秋……

土家女哭嫁习俗流传久远。清代土家诗人彭潭秋记载说:"十姊妹歌,恋亲恩,伤别离,歌为曼声,甚哀,泪随声下,是'竹枝'遗意也。"古竹枝词里有首咏哭嫁诗:桃夭时节卜佳期,无限伤心叙别离。哭娘哭嫂哭姐妹,情意绵缠泪如丝。

用哭声来庆贺欢乐的出嫁,用歌舞来祭祀死去的亲人,看似不可思议,却充分反映了土家族独特的禀性及文化意识。由于这种文化意识独具特色,往往成为外地旅游者追寻的新奇点,人们来到张家界,除了一睹张家界秀丽的山川,还想体验一下土家哭嫁习俗,观看土家哭嫁表演成了这里必备的旅游项目。

【问题分析】
1. 你知道旅游者中对哪些婚姻仪礼感兴趣吗?
2. 婚姻仪礼习俗中的民俗事象除了可以作为旅游项目开发以外,还可以做哪些方面开发?

 创意项目

乡村旅游"创客"们的项目

一、走马羌寨:原生态羌族婚礼

作为四川乡村旅游"带头人"之一,羌族女子沈艳燕的"创客"故事是她人生历程的精彩华章。她告诉记者,在参加省旅游局组织的学习培训中,她深切体会到先进地区乡村旅游很精致,旅游产品也与当地文化很融合,于是老想着如何在故乡平武羌寨搞出新花样。于是,她举办了一场饱含羌族民俗特色的原生态羌族婚礼,持续3天时间:花夜,男方和女方对歌;接亲,新郎苦苦找新娘;不仅在哭嫁、摆礼、拜堂、闹新房、答谢礼等程序,严格按照羌族传统婚礼的规制和流程进行,还在找新娘、摆礼等环节中设置了与到场宾客的互动环节,宾客不仅可以品尝婚宴上的佳肴,还可以和新娘比赛,成为新郎迎娶新娘路上的"阻碍"和考验。

虽然婚礼采用原生态的形式,但对于这场婚礼的传播和营销,却采用"时髦"的方式在网上进行。在婚礼筹备阶段,沈艳燕就在微信和网络上发布电子邀请函,邀请各方宾客网上回复并届时赴宴。在婚礼造势和进行中,沈艳燕不仅邀请了各类媒体前来报道,还运用自媒体进行播报,"我们的传播甚至还到了意大利、美国,令无数人感到惊奇。"

这一场原生态羌族婚礼,不仅给沈艳燕带来了终生难忘的甜美回忆,也带热了走马羌寨的旅游,而且这里的旅游和民俗文化再难以分割,吸引了越来越多的游人,寨子内还举办了"我要上村晚"活动,引起平武全县人民关注。不仅如此,走马羌寨还推出了疱汤节、冰瀑节、土司文化等,带动了一大批农家乐兴起,以及更多乡里乡亲致富。继春节期间万亩梅花活动后,走马羌寨还将在4月举行品大涡绿茶、采摘体验活动。

二、蒲江明月村：乡村里搞起了"文创园"

明月村的院落虽是土墙，却粗而不糙，屋里仍是老梁木、老柱头、老灶台，却让变身服装设计展示厅的堂屋更有品位，精致细腻的陶艺品更让这里增添了一层层文化意境。在蒲江明月村里，这样的场景随处可见，而明月村也因为村里崛起的文创产业而小有名气。这个村的旅游带头人陈琪是个名副其实的"创客"，同样参加了省旅游局组织的培训，陈琪所得到的启示与创意让明月村"锦上添花"。"在去培训前，明月村只有3个项目。"陈琪告诉记者，本来以为村里的文创已经非常不错了，但到了发达地区参观，才发现乡村旅游的差距和更大的提升空间。"感觉别人的产业很实在，许多项目都发展了一二十年，都是用时间来沉淀，长时间坚持与探索提升这些项目，慢工出细活出精品，令人感触很深刻。"

学成归来后，明月村的总体规划被进一步完善，发展方向更加清晰。5—12月期间，明月村签订24个项目，坚持文创与新农村同步结合建设。陈琪同时将培训当成一个交流合作平台，在和旅游发达地区的陶艺专家和旅游专家交流后，他不仅借鉴了生态村的一些做法与经验，引导农户参与到项目发展中来，更与这些地区开展交流会，展开项目合作等。"我们邀请了陶艺大师来明月村进行作品展，并搭建了相关交流平台。"陈琪告诉记者，他们还决定将"七色莲花"引到明月村，发展明月村的"明月莲花"项目，不仅有观赏价值，还可以开发有关莲花的产品。

（引自：《四川日报》，2016年3月2日）

 思考与练习

一、填空题

1. 人生仪礼是（　　）和宗教信仰的产物，是社会民俗事象之一。
2. 诞生仪礼以（　　）为中心部分。
3. 中国汉族一般是在婴儿出生后第三天举行庆贺仪式，谓之"洗三"或（　　）。
4. 小孩出生一百天时所举行的庆贺仪式，称"百岁"，又称"百天"或（　　）。
5. 有种婚姻形态，叫作"不落夫家"，又叫（　　），主要存在于我国广东、广西、福建惠安一带及某些少数民族地区。

二、不定项选择题

1. 诞生仪礼大体包括（　　）几个阶段的内容。
   A. 求子仪式　　　　B. 向神灵祈子　　　　C. 孕期习俗
   D. 馈赠习俗　　　　E. 庆贺生子

2.汉族历史上的成年礼有(　　)。
A.冠礼　　　　　B.摔跤礼　　　　　C.笄礼
D.受诫礼　　　　E.坐石礼

3.中、日、韩结婚仪礼的程式包括"三书六礼"的繁杂程序,其中"三书"是指(　　)。
A.纳吉书　　　　B.请期书　　　　　C.聘书
D.礼书　　　　　E.迎亲书

4.保存尸体,以求灵魂不死的丧葬方式有(　　)。
A.墓葬　　　　　B.塔葬　　　　　　C.悬棺葬
D.树葬　　　　　E.土葬

5.让灵魂脱离尸体而再生的丧葬方式有(　　)。
A.土葬　　　　　B.天葬　　　　　　C.火葬
D.瓮葬　　　　　E.水葬

三、名词解释

1.人生仪礼

2.诞生仪礼

3.成年仪礼

四、问答题

1.中国汉族庆贺生子的主要仪式有哪些?

2.成年仪礼有哪几种类型?

3.列举我国特殊的婚姻形态。

五、应用题

2015年5月首尔市政府发出一则公告:首尔市预计在本月16日于市政府前广场举行第43届成年礼仪式。活动现场除传统仪式外,还将扩大举办一系列的民俗活动,有兴趣的游客可以到场观礼,还可获得精美工艺品。结合中国成年礼现状和旅游事业发展需要,谈谈你对这件事情的看法。

第八章 生活民俗

引 言

生活民俗指有关服饰、饮食、居住等方面的民俗。在人类社会中,生活民俗是人们赖以生存的最重要条件。无论社会如何发展,民俗事象如何变迁,有关衣、食、住等的传统,总是以相对稳定的形式,一代代传承下来,成为民族传统观念的外化,在民族的文化认同感上有重要的作用。

学习目标

1.掌握服饰民俗概念、构成、形成的影响因素及功能,了解我国各民族及世界其他国家服饰民俗的主要特点。

2.掌握饮食民俗概念、类型、形成的影响因素及功能,了解我国各民族及世界其他国家饮食民俗的主要特点。

3.掌握居住民俗概念、类型、形成的影响因素及功能,了解我国各民族及世界其他国家居住民俗的主要特点。

第一节 服饰民俗

一、服饰民俗概述

(一)服饰民俗的定义

服饰民俗是指人们在长期的社会生活过程中所形成的有关穿着、佩戴和装饰的行为习俗和文化规范。服饰民俗既是人们物质生产的产物,又是人们政治、宗教、哲学、伦理、审美等观念的结晶。服饰民俗是人类集体智慧的创造,体现着人类历史文化的传承和发展。

📖 **拓展知识**

服饰由最初遮身蔽体之物发展到今天,经历了巨大的变化。这种变化,大体经历了四个阶段:最初阶段是以遮身蔽体、防寒御暑为主要目的。第二个阶段,服饰功能除遮身蔽体之外还以适应生产需要为主要目的,并因生产条件的不同而产生明显差异。到了第三阶段,服饰成为社会角色和等级身份的标志。第四阶段,服饰除具有上述功能外,还能反映出某些社会观念、政治观念方面的变化。

(二)服饰民俗的构成

服饰民俗是相当复杂的一种生活民俗。服饰民俗由四大类构成:第一类是衣着,第二类是各种附加的装饰,第三类是对人体自身的装饰,第四类是具有装饰作用的生产工具、护身武器和日常用品。

1. 衣着

虽然服饰的样式及其民俗非常复杂,但具体到每个人的衣着,总是分布于人体的各个部位。根据在人体上的不同分布,可将衣着分为头衣、体衣、足衣三大部分。

头衣,包括冠、帽子、头巾等,因为高居头部,又称"元服"。旧时人们对"头衣"非常重视。体衣包括上衣、下衣,是服饰中最重要部分。古代上衣称"衣",下衣称"裳"。足衣指鞋袜之类。尽管足衣居下,仍然体现着文化。如虎头鞋表达了人们对儿童的美好祝愿。

2. 各种附加的装饰品

装饰可分为头饰、衣饰、鞋饰三类。如头饰有簪、钗、发卡、发网、头绳儿、耳坠儿、耳暖儿等。衣饰一般多在领口、袖口、襟沿、下摆加边、绣花,腰带除系扎上衣外,还可佩戴各种饰物。鞋饰最突出者莫过于绣花鞋。古人十分重视身上的装饰品,不仅用以美化自身外形,而且借以标志身份等级。

3. 对人体自身的装饰

如梳各种发式,画眉、描唇、染指甲、镶牙、染牙、束胸、缠足、文面、文身等。

4. 具有装饰作用的生产工具、护身武器和日常用品

如各种佩刀、腰刀;各种背篼、挎包、手提袋、香囊袋;各种扇、伞以及背孩子的背带、背兜等。

(三)服饰民俗形成的影响因素

服饰民俗内容十分广泛,形式多样,它的形成、发展受多方面因素的制约。

1. 自然环境的因素

服饰的产生与服饰民俗的形成,与人类居住的自然环境特别是气候条件具有密切关系。自然环境对服饰的质料、形制与数量具有较大影响。热带地区,气候炎热,服饰样式相对简单。在寒带,漫长的冬季和滴水成冰的严寒,也无须人们经常换衣服。而生活在温带四季分明的地区,人们为了适应不同的气候,花大精力用于服饰文化的创造。

2. 生产、生活方式的因素

生产、生活方式的不同,也是影响服饰民俗的一个重要因素。傣族人生活的地区气候炎热,那里的妇女喜欢身穿筒裙。这种裙子不但透气性好,而且便于下河洗澡,下田劳作;相反,北方游牧民族由于经常骑马,需要叉开双腿,只能选择有裆的裤子。

3. 经济水平的因素

服饰民俗的演变取决于经济基础的驱动,尤其是在生产力水平不高的古代,制造服饰的原料主要靠天然或人工培养的动植物,如兽皮、羽毛和葛藤、麻、棉花、蚕丝等。随着经济水平的不断提高,涤棉、涤纶、涤卡等化学纤维大量出现,同时也促使人们对服饰的款式、造型和色彩的要求越来越高。

4. 历史传统的因素

传统一旦形成,便成为千百万人遵守的行为规范,不断传承。中国传统文化一个重要的人生处世观念是中庸之道。这种中庸思想在很大程度上决定了中华民族服饰偏重于含蓄、保守。例如,在穿着上倾向于蓝、灰、绿、黑等保守性颜色,色彩艳丽的服饰则给人一种轻浮、下贱、不守本分和不稳重的感觉。

5. 宗教信仰的因素

宗教信仰是影响服饰民俗发展的重要因素。如伊斯兰教民众喜欢穿白色衣服、戴白帽,是因为教义要求他们在室外头部不可以直接对着天空。新疆地区各少数民族都信仰伊斯兰教,民间原始宗教在服饰上的表征也很鲜明。苗族有信仰崇拜鸟的传统,苗族妇女就爱穿"鸟衣",即用白色鸟羽毛装饰衣边。

(四)服饰民俗的功能

作为生产民俗的一种,服饰民俗经历过一个漫长的发展过程。服饰的各种功能也是在这个过程中不断完善、不断发展起来的。

1. 保护身体的实用功能

实用是服饰最原始、最基本的功能。原始人自从直立行走后,生殖器天然的屏障就没有了,而生殖器是人身上最薄弱的环节,因此必然要寻找生殖器天然屏障的替代品,他们利用兽皮和树叶披覆在身体上,达到保护身体的目的。彝族的羊皮褂,就具有典型的保护身体的实用性。羊皮褂平常穿用时毛向里,可保暖御寒,抗拒风霜;雨天毛朝外,可以防雨;睡觉时铺于床面或盖于被上,均有保暖防潮功效。

2. 张扬个性的审美功能

俗语说"人要衣裳,佛要金装",说明服饰审美功能的重要性。服饰作为一种人类审美心理的物化形式,主要是通过款式、色彩、质料、图案等形式要素的组合,从而达到一种美的视觉效果,以实现服饰的审美价值。如藏袍的粗犷豪放与毛、皮的质料分不开。

3.区分角色的社会功能

在一定的时间和空间内,每个人都扮演着一定的角色,而服饰"既是物质的客体,又是记号"。俗语说:"只认衣衫不认人。"这种角色的区分反映在很多方面,比如反映在年龄时限上,有婴幼儿、少年、青年、中年、老年;反映在性别上,有男人、女人;还有反映在民族上的,区域上的,职业上的,等等。

4.注重仪礼的伦理功能

服饰的伦理功能体现在两个方面,一是体现在遮羞的人类的生理和自然基础之上,二是体现在人作为社会成员的存在而确立的各种人伦关系、社会与交际的礼仪方面,后者比前者更重要。注重"礼教文化"的中国服饰制度,表现出明显的政治伦理观念。从皇帝到皇子皇孙乃至皇族,从文武百官到庶民百姓,各有严格的服制;从服饰颜色、服饰式样到图案花纹,都有相关规定,不能逾越。

二、中外服饰民俗的主要表现

(一)中国服饰民俗的主要表现

1.汉族服饰民俗

汉族服饰纷繁复杂,变化很大。一般而言,古代服饰讲究装饰,并对衣着及装饰的等级差别有严格规定,不可僭越。近现代服饰废除等级规定,趋于简便,讲求实用。

(1)古代汉族服饰。作为汉族人民的民族服饰,从形制上看,古代汉族服饰主要有衣裳制(上衣下裳,裳在古代指下裙)、深衣制(把上衣下裳缝连起来)、襦裙制(襦指短衣)和袴褶制(上短衣,下长裤)等类型。衣裳、深衣为礼服,襦裙为女装,袴褶为常服。汉服无扣,系带,宽衣大袖,线条柔美流畅。男子头为束发冠笄。冠的形制有高冠、弁、梁冠、笼冠、小冠、幞头、帻、帽等。古代汉族妇女头发都挽成髻。发髻上有梳、钗、珠冠、凤冠等饰物。古代男女足下均着履。

 特别提示

清初的"剃发易服",让汉服中断。清代男子剃发留辫,辫垂脑后,穿瘦削的马蹄袖箭衣、紧袜、深统靴。妇女着"旗装",梳旗髻(俗称两把头),穿"花盆底"旗鞋。如今华夏复兴,汉服如幽兰逢春,再次回到了汉族广大人民中间。宽衣大袖,洒脱飘逸的汉服是汉民族优秀文化的代表之一,寄托了华夏民族的历史文化情感,是华夏民族精神不灭的象征。

（2）近代汉族服饰。辛亥革命后，汉族服饰发生很大变化。第一，废止了封建王朝的冠服旧制，服饰上身份等级的区分日渐淡化乃至消失。第二，传统的中式服饰有了改进，其样式基本上是从宽大松缓向合体灵便演化。第三，西式衣冠引进，西装革履和西式礼帽等日渐流行。男子的服饰主要有长袍马褂、长袍坎肩、中山装、学生装及西服等。女服在这一时期以旗袍、坎肩、上衣下裙、裤为主。

2.中国少数民族服饰民俗

在历史发展过程中，我国各民族在不同的自然条件和社会背景下，形成了各具特色的服饰民俗，以下就较有代表性的民族服饰民俗予以简要介绍。

（1）满族。满族服饰的基本式样为袍式、立领、窄袖、右开大襟、钉扣袢、两侧开衩。男子服饰以长袍马褂为主，妇女衣装以旗袍为主。除了旗袍和马褂外，满族人还有独具特色的坎肩。满族妇女的头饰很有特色，具有代表性的是一种黑色扇状头冠，上面以绢花或珠宝装饰，称为旗人的礼冠。满族妇女的鞋为木质底，形似花盆，俗称"花盆鞋"。

（2）蒙古族。蒙古族男女老幼一年四季都穿长袍，俗称蒙古袍。春秋穿夹袍，夏季穿单袍，冬季穿皮袍、棉袍。蒙古袍的特点是袖长而宽大，高领、右衽，多数地区下摆不开衩。佩挂首饰和戴帽是蒙古族人的普遍习惯。腰带是蒙古族服饰的重要组成部分。蒙古靴分为布靴和皮靴，布靴柔软轻便，皮靴防水抗寒。

（3）维吾尔族。男子通常内着衬衣，外穿宽袖对襟、无领无扣的长袍，俗称"袷袢"，下穿长裤，束腰带。妇女内着长及膝的各色衬衣，外穿宽袖连衣裙。维吾尔族服饰使用的纺织品中最具特色的是"艾得丽丝绸"，这是一种富有浪漫色彩的衣料。维吾尔族男女外出时，经常戴绣花小帽。这种小帽俗称"朵帕"，不仅是装饰品，还是贵重礼物。

（4）回族。回族服饰相对简单。老年男性一般穿黑色或灰色长衫，或低领对襟衬衫；中年人穿对襟白衬衫，外套黑色坎肩，着白裤子。回族男子普遍戴白色或黑色的小圆帽，称礼拜帽，或用白毛巾和白布裹头。妇女一般戴白色圆撮口帽，或戴盖头。盖头的颜色依年龄而有别，老年用白色，中年用黑色，少女用绿色。

（5）藏族。藏族服饰的基本结构为肥腰、长袖、大襟长袍。藏袍是藏族的主要服饰款式，穿这种肥大的衣服夜间可以和衣而眠，袍袖宽敞，臂膀伸缩自如，既防寒又便于起居，白天气温上升，便可脱出一条臂膀，方便散热，跳舞时放下袖子，袖子在空中翩翩起舞，非常优美。妇女通常梳发辫，戴头饰和发套。各地男女均穿氆氇或牛皮靴。

（6）侗族。侗族服饰分为南北两种类型。生活在北部地区的侗族男子服饰与汉族基本相同；妇女上着无领衣，银珠大扣，下着裤。南部的男子多穿对襟衣，裹绑腿，头缠亮布；女子上着紧身衣，下着百褶裙，或上着短衣，下着长裤，盛装时着鸡毛裙。头饰和银饰是妇女最讲究的装饰品。

(7)彝族。彝族人尚黑,以黑为美。妇女一般上身穿镶边或绣花的大襟右衽上衣,戴黑色包头、耳环,领口别有银排花。彝族男子多穿黑色窄袖且镶有花边的右开襟上衣,下着多褶宽脚长裤;头顶留有约三寸长的头发一绺,汉语称为"天菩萨",彝语称为"子尔",这是彝族男子显示神灵的方式,千万不能触摸;喜爱用青布或蓝布包裹头部,并在前额处扎出一长锥形结,以表示英勇威武的气概,习称"英雄结"。

(8)白族。白族人尚白色,以白色为尊贵。男子的包头、女子的帽箍,男女上衣,甚至裤子都喜用白色或接近白色的浅绿、浅蓝等色。男子多穿白色对襟衣,外套黑领褂,或数件皮质、绸缎领褂,俗称"三滴水",腰系皮带或绣花兜肚,下着蓝色或黑色长裤。女子则多戴"风花雪月帽",穿白上衣,红坎肩,或浅色蓝上衣,外套黑丝绒领褂,腰系绣花短围腰,下着蓝色宽裤,足穿绣花"百节鞋"。

(9)壮族。壮族人以蓝黑色衣裙、衣裤式短装为主。壮族妇女擅长纺织和刺绣,所织的壮布和壮锦,均以图案精美和色彩艳丽著称,风格别致的"蜡染"也为人们所称道。壮族女子服饰多姿多彩。

(10)土家族。土家族男子穿琵琶襟上衣,缠青丝头帕。妇女上穿左襟大褂,上面滚二三道花边,衣袖比较宽大,下穿镶边筒裤或八幅罗裙,喜欢佩戴各种金、银、玉质饰物。土家族服饰多以自织土布为衣料,青蓝两种颜色较常见。

(11)苗族。苗族男子一般都穿对襟或左大襟的短衣。下穿长裤,束大腰带,头缠青色长巾,冬天脚上多缠裹绑腿。而黔西北、滇东北的苗族男子穿带有花纹的麻布衣服,肩披织有几何图案的羊毛毡。苗族妇女多穿短上衣、百褶裙或宽脚裤,衣料多为蜡染。苗族的银饰在各民族的首饰中首屈一指,妇女盛装时必佩银饰,繁多且昂贵。

(12)黎族。由于地处亚热带和热带,长夏无冬,黎族服饰亦无季节之分。男子多穿无领对襟上衣和长裤,缠头巾插雉翎。妇女穿圆领对襟的上衣,下着筒裙。黎族妇女的头巾、上衣、筒裙往往嵌入了金银箔、云母片、明片或羽毛,也有缀以贝壳、穿珠、铜钱、铜铃或流苏等,使之产生了有声有色的特殊效果。黎族所生产的棉织工艺品驰名中外,尤其是"双面绣"最为出色。

(二)外国服饰民俗的主要表现

外国服饰民俗也是丰富多彩的,现将各大洲有代表性国家的服饰民俗予以简要介绍。

1. 亚洲

(1)日本。和服是日本的传统民族服饰。在日语中,它又叫作"着物"。和服除了保暖、护体外,还有很高的艺术价值。和服的构成比较复杂,具有代表性的和服是由"长着物""带""羽织"和"褥"四个部分组成的。和服的种类很多。女性和服款式多样,色彩艳丽,腰带宽,不同的和服腰带的结法也不同。

(2)韩国。韩国人喜爱白色衣服,有"白衣之国"的美称。韩服是韩国的传统服饰。韩服穿着舒适,美观大方,端庄娴雅。女式韩服是短上衣,长裙子,上薄下厚。上衣名叫"照格里",前襟是偏襟,无扣,用丝带系紧;裙子宽大,飘逸。

(3)泰国。泰国男子的传统民族服饰叫"绊尾幔"纱笼和"帕农"纱笼。帕农是一种用布缠裹腰和双腿的服饰。泰国女子多穿筒裙。挂佛饰是泰国人的一种习俗,挂佛饰不仅仅为了装饰,而是把佛饰视为神圣的标志。

(4)印度。印度女子的传统服饰是纱丽和旁遮普服。纱丽通常是一块6米宽的布料或丝绸,穿法是从腰部缠起,最后披盖在肩上或蒙在头上。旁遮普服上身是一条宽松的长外衣,下身是一条紧身裤子,脖颈上披围一条薄纱巾。印度妇女前额正中大都点一个醒目的吉祥痣。印度男子传统服饰是"古尔达"和"托蒂"。古尔达即肥硕宽大长至膝盖的上衣;托蒂是一块缠裹在腰间的布料。印度男子多包头巾,头巾长达数米。

2. 欧洲

(1)英国。英国人服饰有不少讲究,注重体现其"绅士""淑女"风度。一些英国绅士最突出的特点是喜爱戴圆顶硬礼帽。它是一种硬胎圆顶呢帽,通常是黑色,但也有深灰或蓝黑色的。妇女通常穿西装裙,保持在公共场所戴帽子的传统习俗。苏格兰男人的传统服饰是"基尔特",这是一种用花呢制作从腰部到膝盖的短裙,布面设计成连续的方格,又称花格短裙。

(2)法国。法国时装世界闻名。法国人十分重视服饰,把服饰看作是身份的象征。在正式场合,法国人一般要穿礼服。男士通常穿全套黑色、灰色或蓝色西服或配以蝴蝶结的燕尾服。法国女士大多穿美观、舒适的流行时装,平时普遍穿连衣裙和套服。

(3)俄罗斯。"鲁巴哈"是俄罗斯传统的女装,其样式有点像长袖连衣裙。从前,俄国妇女下地除草时都穿鲁巴哈,因为长袖能防止稻草扎刺皮肤。"萨拉范"为女士连衣裙,是过去俄国妇女的典型服饰。"淑巴"即皮大衣,是俄国人冬季必不可缺的御寒服饰。俄罗斯人的头饰具有浓郁的民族特色。俄国农村妇女习惯将头发梳成小辫,盘在头上呈羊角式。

3. 美洲

(1)美国。美国人穿衣服比较随意,对衣服的面料、式样及裁剪等不太讲究,不追求衣服的美观。在美国,牛仔裤、牛仔靴、背心式皮马甲等牛仔服饰很流行。虽然美国人平时穿衣马马虎虎,但是正式场合还是颇为讲究的。男士西服革履;女士是各式裙装配以淡妆。

(2)巴西。巴西人衣帽整洁、着装严肃。巴西男人很注意衣着,即使在酷暑,也习惯着长衫长裤,街上很少见到穿短裤的人。巴西妇女着装比较随便,一般穿连衣裙或短裙子,色彩搭配十分协调。也许由于热的缘故,不少年轻姑娘的上衣很短,上衣与下装之间常露出一段腰身。

4.非洲及大洋洲

(1)埃及。埃及人多穿又宽又大的长袍,既可挡住撒哈拉大沙漠的风沙,又便于光照强烈时流通空气。不论寒暑,男子都扎着一条头巾,或戴着一顶毡帽。"米拉叶"是埃及妇女特别是农村妇女的服饰。它实际上是一块面积宽大的长方形黑色细布,绣有花边,不剪成固定样式,因此穿法各异。

(2)澳大利亚。澳大利亚人的衣着注重休闲。澳大利亚的土著人往往都是赤身裸体,或者仅在腰间扎一块围布而已,大都佩戴装饰物,像腰带、臂环、项圈、前额箍和骨制穿鼻针等,这些装饰物是用动植物的某些部分加工制成的。每逢节日,土著人还会在身上涂抹红、黄、黑、白等颜色,头戴血红的羽毛。

第二节　饮食民俗

一、饮食民俗概述

(一) 饮食民俗的定义

饮食民俗是人们在长期的社会生活中所形成的有关食物和饮料的行为习俗和文化规范。民以食为天,饮食不仅能满足人们的生理需要,而且也具有丰富的文化内涵。饮食民俗也是最活跃、最有特色、最具群众性的生产民俗。

 拓展知识

人类饮食民俗的发展经历了三个阶段。第一阶段:生食阶段。任何食物,均不用火烤,未加处理直接食用,如赫哲族的"吃生鱼片"就是生食习俗的遗留。第二阶段:熟食阶段。当火发明之后,生食习俗被逐渐盛行起来的烤制熟食所代替。第三阶段:烹调阶段。新石器时代陶器出现,使人们有了锅等炊具,掌握了蒸煮食物的方法。随着生产、生活的发展,人们开始注重对各类食物进行调剂搭配,制作的精细程度越来越高,由此形成了不同的地方风味和民族特色食品。

(二) 饮食民俗的类型

饮食民俗是一个庞大的民俗体系,由多种习俗构成。一般来说,饮食民俗有日常饮食民俗、节日饮食民俗、祭祀饮食民俗、待客饮食民俗和特殊饮食民俗五大类型。

1. 日常饮食民俗

日常饮食民俗是指广大民众在平时的饮食生活中形成的行为习惯,这是从人体的生理出发,为恢复体力、维持生命的目的而形成的习惯。它包括饮食的次数、主副食物的分配,以及饮食的时间等规定。

2. 节日饮食民俗

节日饮食民俗是指在节日期间饮食方面具有深厚文化色彩的风尚。如元宵节吃汤圆、端午节吃粽子、中秋节吃月饼、重阳节吃重阳糕、腊月初八吃腊八粥等。人们通过饮食来烘托节日气氛,调适日常生活,加强社会联系,弘扬民族文化。

3. 祭祀饮食民俗

祭祀饮食民俗是指人们在祭祀神灵或祖先时在饮食方面的风尚。祭祀饮食民俗来源于人们的灵魂不灭观念。人们认为各种神灵、祖先在另一个世界里也过着凡人一样的生活,也需要享用人们的美味佳肴。同时,人们也认为祭品是神人相通的中介,食用祭品可以得到神灵祖先的福佑。

4. 待客饮食民俗

待客饮食民俗是人们交往中通过饮食表达对客人盛情接待的风俗。待客饮食比日常饮食的规格要高。待客饮食民俗除食品格外丰盛外,还有一些特殊的食物和礼节与之相配套。如在待客上要注意上菜的顺序、宴席的座次、敬酒敬菜礼节。

5. 特殊饮食民俗

特殊饮食民俗是人们在特殊的日子或因特殊的事件形成的饮食方面的风尚。如过生日时吃生日蛋糕,祝寿时吃长寿面,结婚时喝交杯酒。

(三)饮食民俗形成的影响因素

饮食民俗伴随着人类社会的产生而产生,世界各地区各个民族饮食民俗形态万千,其形成的原因,主要有以下几个方面。

1. 地域因素

一般而言,人类饮食民俗的形成首先是由地域因素决定的。地域环境对饮食民俗的影响首先表现为对食物资源的影响。对人类而言,早期的食物来源完全取决于自然,即所谓"靠山吃山,靠水吃水"。饮食民俗的地域因素与特定气候条件也有密切关系。青藏高原海拔高,气压低,水的沸点低,煮食变得非常困难,所以这里的人们只能用烘炒青稞的方法解决饮食问题。

2. 生产因素

进入农业社会,一定自然地理环境下的农业创造与发展,决定着人们的饮食样式,特别是在物质生产较为发达的地区更为明显。什么样的物质生产基础,便会产生什么样的饮食结构和肴馔风格。生产稻谷的长江流域,人们以大米为主食;生产小麦的中原地区,人们喜吃面食。

3. 宗教信仰因素

在影响饮食民俗的诸要素中,宗教信仰是个不容忽视的因素。由于宗教信仰的影响年代久远,地域广泛,从而对人们的食物选择及饮食方式产生了重大的作用。信仰佛教的人,出于"不杀生"的信仰,都是素食者。伊斯兰教徒严格禁止吃猪肉,连从事猪肉生产、加工都一律禁止。

4. 传统文化因素

传统文化对饮食民俗的影响,主要体现在节日饮食民俗和祭祀饮食民俗。如端午节吃粽子表现了人们对屈原的怀念。屈原实行政治改革的主张始终不能实现,自尽于汨罗江。人们为了纪念这位伟大爱国诗人便纷纷向河中投粽子,希望龙王能不食屈原。

5. 相互交流因素

各地区、各民族之间的相互交流对饮食民俗的形成也有一定的影响。如北京自古为中国著名都城,长期是全国政治、经济、文化中心,人文荟萃,各地著名风味和名厨高手云集京城,各民族的饮食风尚也在这里相互影响和融合。啤酒原本是欧洲的饮料,今日风靡中国。

6. 心理传统因素

什么东西可以吃,什么东西不能吃,与心理传统因素也有着直接关系。如我国北方人因厌恶蛇,是不吃蛇的。但在南方的某些地区,蛇肉却深受人们的欢迎。

(四)饮食民俗的功能

1. 维持生命的生理功能

饮食是人的天然的本能。人作为高级动物,需要通过饮食保障生存和发展。因此,人们的饮食生活在很大程度上属于一种纯生理活动,果腹为度是其基本特征。"果腹",即仅仅吃饱肚子。达到果腹线是生产和延续劳动力最起码的标准。

2. 防病治病的医疗功能

合理的饮食不仅能保持身体健康、延年益寿,也具有防病治病的作用。如用动物肝脏预防夜盲症,用海带预防甲状腺肿大,用水果和蔬菜预防坏血病。食疗具有取材方便、简单易行、安全无毒等优点。因此,深受广大群众的喜爱。

3. 加强交往的社会功能

人与人之间的关系归根到底要依靠物质的东西来维系、发展和巩固。民间经常通过吃喝联络感情、清除隔阂,使家庭和睦、邻居相亲乃至民族团结。中国古代的"乡饮酒礼",就是通过一年一次的全族聚餐,来加强血缘亲情和巩固宗族体系。在当代,"饭局社交"是中国人最为普及的社交方式。

4.追求情趣的娱乐功能

食物不仅能满足人们的生理需要,还能使人体验饮食的乐趣和美好,从而获得精神上的愉悦。很多茶楼、饭馆或建于风光旖旎的湖边、江畔,或建于水榭花坛、竹径回廊之中。茶楼、饭馆的名称选择也力求具有诗意的情趣,以渲染饮食的环境氛围,使人心情愉快。

二、中外饮食民俗的主要表现

(一)中国饮食民俗的主要表现

我国地域辽阔,物产丰富,农业文明历史悠久,民族成分众多,形成了极具特色的饮食风俗,被誉为世界美食王国。

1.汉族饮食民俗

(1)主副分明的饮食结构。汉族的基本饮食结构以粮食作物为主食,以各种蔬菜、动物食品为副食。形成这一习俗的主要原因是汉族自古以来以农业生产为主要的经济生产方式。就主食而言,米食和面食是汉族主食的两大类型。南方种植水稻,以米食为主。北方种植小麦,以面食为主。此外,各地的其他粮食作物,例如玉米、高粱、谷类、薯类作物作为杂粮也都成为不同地区主食的组成部分。菜肴是饮食结构中的重要部分。在长期的历史发展过程中,汉族的菜肴形成了十分丰富的类型,发展成为较有代表性的八大菜系:闽菜、鲁菜、川菜、粤菜、苏菜、浙菜、湘菜、徽菜。

(2)以熟食、热食为主的饮食方式。汉族以热食、熟食为主,以冷食、生食为辅。汉族的先民们认为热食、熟食不仅可以灭腥、去臊、除膻,还可以因不同的火候而获得不同口感的美味。这种熟食、热食的习惯,为汉族人提高烹饪技巧奠定了良好的基础。

(3)影响深远的酒、茶饮品。酒和茶是汉族主要的两大饮品。酒文化和茶文化在中国源远流长,在世界上也产生了广泛影响。酒不仅是一种能解除疲劳、舒筋活血、兴奋精神的饮品,还具有特殊的社会作用。人们把喝酒作为招待宾朋、活跃气氛、沟通感情、快乐身心的手段。茶是比酒更为普及的一种饮品。茶将身体保健、文化欣赏、社会交际等多种功能综合为一身,成为汉族饮食中最普及、最受欢迎的饮品之一,也是汉族文化中最普遍的现象之一。

(4)独具一格的餐具——筷子。筷子发源于中国,虽然东南亚、东北亚也都有筷子,推其源流,发自中原汉族当无异议。筷子最早叫箸,筷子是明代中后期才有的叫法。筷子的功能,以夹菜为主,其次是扒饭。筷子发展至今,已不仅仅是一种简单的餐具,而是一种和文化艺术有关的器物。

特别提示

筷子礼仪六忌:一忌敲筷,不能随意用筷子敲打碗碟盖杯,这有催主人快上菜的味道;二忌掷筷,即发放筷子时,要双手理顺,将筷子轻轻地放在每个人的面前;三忌叉筷,筷子不能交叉摆放,要将一双双筷子头尾有序整齐地摆放;四忌插筷,即不能将筷子插在饭碗或菜盘上,依据民间习俗,那是祭祀亡人的;五忌挥筷,即不能在菜盘里上下左右乱翻寻,有食客之嫌,很不文雅;六忌舞筷,在吃饭时不能拿着筷子当刀具,在餐桌上乱舞,这也是不文明的象征。

(5)体现和睦的聚餐制。广大汉族先民们数千年来一直沿袭聚餐制,这与西方的分餐制有显著的区别。我国古代社会是以血缘关系为基础的宗法社会。聚餐制的长期流传,是中国文化重视血缘、亲族关系和家族、家庭观念在饮食习惯上的反映。通过聚餐制,增强了人与人之间的亲切感和集体的凝聚力,体现汉民族"以和为贵"民族精神。

(6)追求完美的烹饪技艺。汉民族烹调技术经过长时间的发展,集中了各民族烹调技艺的精华,创造了完美精湛的烹饪技艺。它饱含着中华民族特有的优选用料,精细加工,讲究火候,讲求风味,合理膳食等特色。汉民族的烹饪效果讲究色、香、味、形、养、滋的完美合一,使人们得到视觉、嗅觉、触觉、味觉的综合饮食享受。

(7)尊敬长辈的餐饮仪礼。汉族人就餐时十分尊敬长辈,长者应坐于上位或主位,由长者点菜,上菜应先置于长者面前,每道菜应由长者先动筷子。长者说话时其余的人均应放下筷子以示尊重。汉族人在就餐时吃面条和喝粥不能发出声音,咀嚼时不能说话,不能因为好吃便一直夹一道菜等,这样做被认为缺乏教养。

2. 中国少数民族饮食民俗

(1)满族。饽饽是满族重要的主食。饽饽是北方方言,指馒头和糕点之类的食品。满族的饽饽很耐饿,携带方便,风味独具。流传至今的"驴打滚""萨其马"都是满族传统点心。火锅、全羊席、酱肉是满族人传统吃肉方法。酸菜是他们喜欢的素食。满族禁食狗及乌鸦之肉。满汉全席是中华民族饮食文化的重要组成部分。

(2)蒙古族。蒙古族以畜牧业为主,保留着吃肉喝奶的传统习惯。蒙古族把奶食叫"白食",蒙古语称"查干伊德",即纯洁、吉祥、崇高的意思;把肉食叫"红食",蒙古语称"乌兰伊德",即红色食品的意思。与红食、白食占有同样地位的是其特有食品炒米,蒙古语称"蒙古勒巴达",意思是蒙古饭,是用糜子经过蒸(或煮)、炒、碾等工序加工而成的。奶茶和马奶酒是蒙古族人喜欢喝的饮料。

(3)维吾尔族。维吾尔族人信仰伊斯兰教,以面食为主,喜食牛、羊肉。馕即烤饼,是维吾尔族最主要的面食。新疆盛产绵羊,由此维吾尔族便有了烤羊肉串的习俗。与羊肉串相媲美的手抓饭,也是维吾尔族的传统风味食品。维吾尔族喜欢饮茯茶、奶茶。维吾尔族禁食猪、驴、狗、骡、骆驼肉以及自死动物和动物血等。

(4)回族。回族以小麦、玉米、青稞、马铃薯为日常主食。油香是回族的传统面食。民间特色食品还有酿皮、拉面、大卤面、肉炒面、豆腐脑、牛头杂碎、臊子面、烩饸饹等。回族饮水较讲究,凡是不流的水、不洁净的水均不饮用。回族也喜饮茶和用茶待客,西北地区回族的盖碗茶最有名。

(5)藏族。绝大部分藏族以糌粑为主食。在藏族民间,无论男女老幼,都把酥油茶当作必需的饮料,有"不喝酥油茶就脑壳痛"的说法。藏民过去很少食用蔬菜,副食以牛、羊肉为主,猪肉次之。青稞酒是藏族民间特有的酒。藏族在迎接客人时,献哈达和敬青稞酒是待客规格最高的一种礼仪,表示对客人热烈的欢迎和诚挚的敬意。

(6)侗族。侗族主食为大米,喜欢吃糯米饭团。侗族喜欢吃酸食,民间有"三天不吃酸,走路打倒蹿"的俗语。侗族菜肴中,酸味菜占半数以上。打油茶在侗族的饮食民俗中占有重要地位,有"侗族茶道"之称。侗族成年男子普遍喜爱饮酒,所饮酒类大都是自家酿制的米酒。

(7)彝族。多数彝族习惯于日食三餐,以杂粮面、米为主食。荞粑是彝族风味主食。肉食以猪、羊、牛肉为主,主要是做成"坨坨肉"。彝族人自古好饮酒,民间有"汉人贵茶,彝人贵酒"之说。彝家人喜欢饮酒,对盛酒器皿也很讲究。盛酒多用牛皮口袋,饮酒多用木制高脚酒杯。这种高脚杯多用优质红椿木雕刻而成,造型十分古朴,堪称艺术品。

(8)壮族。壮族日常以大米为主食,逢年过节吃糯米饭和糯米糍粑。五色糯米饭是壮族喜吃的食品。壮族嗜好酸食,喜欢喝酸菜汤。壮族自家酿制米酒、红薯酒和木薯酒,其中米酒是过节和待客的主要饮料。壮族是一个喜爱唱歌的民族,在酒席场合也要唱对歌、办歌会。

(9)土家族。土家族以大米或玉米为主食,辅以红薯、小米等杂粮,以苞谷饭最为常见。豆制品也很常见,尤其喜食合渣,土家族菜肴以酸辣为其主要特点,家族户户都有酸菜坛和干辣椒,餐餐离不开酸菜和辣椒,有"辣椒当盐,合渣过年"的民谚。腌熏腊肉是土家族最有特色的风味。土家人好饮,其中常见的是用糯米、高粱酿制的甜酒和咂酒。

(10)苗族。苗族以大米、小麦、苞谷等为主食。苗族喜吃辣椒,日常菜肴主要是酸辣味汤菜。苗族几乎家家都有腌制食品的坛子,统称酸坛。日常饮料以油茶最为普遍。苗族喜欢饮酒,待客的酒礼之多,在各民族中尤为突出,如拦路酒、进门酒。以酒伴歌,是苗族一大酒俗。

(11)黎族。黎族习惯进食一日三餐。主食主要是大米,其次是玉米、番薯和木薯等杂粮。竹筒饭是极具黎族特色的饭食。黎族的肉食主要有猪肉和牛肉。肉类喜欢用火烤熟吃,也习惯腌生肉来吃。鱼、虾、螃蟹、青蛙、蛇类等也都是黎族人民常吃的美味佳肴。黎族有腌制食品的习惯。黎族妇女自古就有嚼食槟榔的爱好。

(二)外国饮食民俗的主要表现

1. 亚洲

(1)日本。日本传统饮食为日本料理。日本人以米饭为主食,副食多吃鱼,喝酱汤。日本菜的特点是清淡。日本风味食品有生鱼片、便当和寿司。日本人喜欢饮茶,并对茶颇有讲究,现已发展成日本特有的茶道。日本人喜欢喝酒,其中最有代表性的是用大米酿制成的清酒。

(2)韩国。韩国人传统上以米饭或面食为主食。韩国人爱吃汤饭。菜肴以炖、煮、烤为主,大都爱吃狗肉。饮食忌吃鸭子、羊肉或肥猪肉,忌油腻。韩国泡菜是韩国人十分喜爱的食品,它具有酸辣、鲜脆、清香、爽口的特殊风味。韩国传统的酒有糯米酿成的浊酒、药酒和烧酒。

(3)泰国。泰国以大米为主食,副食为鱼和蔬菜。泰国风味,以酸、辣、甜为特点,也叫作泰国料理。泰国料理用料主要以海鲜、水果、蔬菜为主。泰国人正餐以米饭为主食,佐以一道或两道咖喱料理、一条鱼、一份汤及一份沙律(生菜)。槟榔和榴梿是泰国人最爱吃的水果。

2. 欧洲

(1)法国。法国是西方美食的代表,被誉为"烹饪之国"。法国人讲究饮食,视"美食"为艺术,认为个人饮食应符合自己的教养和社会地位。法国人主食是面包,很喜欢吃奶酪,法国人烹调以煎、炸、煮、烤、熏为主,口味喜欢肥浓,偏爱鲜嫩。特色菜肴有炸牛排、烤蜗牛、葡萄酒煮虾和鲑鱼、鹅肝等。法国的美酒是世界闻名的。白兰地、香槟与红白葡萄酒是法国人的喜爱。

(2)英国。英国人的饮食习惯是一日四餐,即早餐、午餐、下午茶点和晚餐,其中晚餐是一天中的正餐。英国人大都嗜茶如命,一早起床就要喝一杯浓红茶,还喜欢通过请友人喝下午茶增进了解和友谊。英国人酷爱饮酒,饮酒一般选择去酒吧,喜欢喝啤酒,尤其是苦啤酒或黑啤酒。英国人就餐当中有很多礼仪,在餐厅吃饭十分注重穿着,服装不整或吃东西发声很大都认为是失礼。

(3)意大利。意大利菜与中国菜、法国菜在世界上齐名。意大利人的主食以面食为主,比萨饼和意大利面条是世界有名的面食。意大利菜的特点是味道香浓、醇厚,以原汁原味闻名,多用炒、煎、炸、烩、焖等方法烹调。意大利人几乎都嗜酒,所以他们的鼻子往往显有红色。意大利人常饮一种名叫"维诺"的红葡萄酒。

3. 美洲

（1）美国。由于生活节奏快，午餐不是非常讲究，多食用快餐。快餐文化是美国典型的饮食文化。热狗、炸鸡、炸薯条、三明治、汉堡包、比萨饼、冰淇淋等，是美国人平日餐桌上的主角。晚餐是正餐，比较丰盛。美国人口味比较清淡，喜欢吃生、冷食物，不刻意讲究形式与排场，而强调营养搭配。美国人的主要饮料是咖啡，喜欢喝啤酒、葡萄酒或其他酒类饮品，但更多的美国人喜欢喝鸡尾酒。

（2）墨西哥。玉米、豆类是墨西哥最重要的主食。玉米制作的各式各样的风味食品深得墨西哥人的喜爱，因而玉米又被称作"墨西哥人的面包"。最有名又最普遍的是塔科(Tako)玉米饼。墨西哥菜的特色，以辣为主。墨西哥人嗜辣成性。墨西哥的印第安人很早就有吃昆虫的习俗，现在仍然很流行。

4. 非洲及大洋洲

（1）埃及。埃及人通常以"耶素"为主食，进餐时与"富尔"（煮豆）、"克布奈"（白乳酪）、"摩酪赫亚"（汤类）一并食用。耶素即为不用酵母的平圆形埃及面包。埃及人口味偏重，喜欢浓郁、软滑、焦香、麻辣味道的食物。埃及人喜吃甜食，正式宴会或富有家庭正餐的最后一道菜都是上甜食。埃及人不吃猪肉，忌饮酒，但不戒啤酒，有时也用啤酒招待客人。

（2）澳大利亚。澳大利亚人主食是面包、面食，尤其喜欢中国的水饺。主流社会喜欢英式西餐，以烧烤牛羊肉和土豆、青豆、胡萝卜为主要菜谱。澳大利亚人注重菜品的质量，讲究菜肴的色彩，不吃辣味。澳大利亚人以喝咖啡为主，也喝红茶、中国绿茶等。

第三节　居住民俗

一、居住民俗概述

（一）居住民俗的定义

居住是人类基本的生存需求之一。居住民俗是指人们在长期的社会生活中所形成的有关居住的习惯模式和文化规范。居住民俗是人们生活方面的基本习俗。住宅所采用的物质材料、结构方式、建筑造型和艺术风格，不仅直接体现着一定社会、时代的物质技术水平和政治、经济状况，也物化着一个家庭、民族、时代的心理情绪、精神面貌和审美思想。因此，居住习俗是人类物质文化和精神文化的综合体。

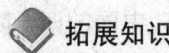 **拓展知识**

根据人类居住方式的变化，可以将居住民俗分为三个阶段。第一阶段：创始期。人类最早的居住方式，是利用天然生成的洞穴和树洞等自然空间，经过适当地加工而形成的穴居和巢居。第二阶段：过渡期。风篱与原始帐篷是巢居与后来各种居所的一种过渡形式。简便易建的风篱与古老帐篷适应了人们不断迁徙的需要，但同时有向固定住所转化的趋势。同时，出现了火塘。第三阶段：发展期。随着社会的发展，特别是农业生产的出现，人们逐渐改变了漂泊迁徙的生活，这反映在居住方式上便是定居的产生。这时出现了各种类型、各具特色的民间居住类型。

（二）居住民俗的类型

从人类居住史的发展看，人类居住民俗的类型主要有：

1. 地穴式居住类型

这是一种比较原始的居住方式，今天在许多地方仍有较多的遗存。地穴居的最典型的例子是我国北方的窑洞。在非洲沙漠，由于气候炎热，许多人居住在建在地下的"房屋"中，有的则建成了"井中旅馆"。

 特别提示

现代地穴居与原始的穴居是有巨大的差别的：一是纯利用和全改造的差别；二是内部设备上的差异；三是群体居住和家庭居住的不同。

2. 干栏式居住类型

它是古人类在树上巢居转化而来的居住形式。干栏式建筑主要流行于我国中南和西南的少数民族中，以及东南亚和大洋洲一带。这种建筑样式的出现和当地的气候、环境、建筑材料有着直接关系。西双版纳傣族的竹楼、泰国克木人的高脚屋就是干栏式建筑的典型代表。

3. 帐篷式居住类型

帐篷起源简陋，是一种古老的居住形式，也是现在仍在习用的一种居住形式。这种住室的特点是容易拆迁。由于这一特点，因此非常适合于牧区的游牧生活，它仍是当今牧区的最主要的居住方式。例如阿尔及利亚牧民住的长方形的帐篷，蒙古人住的蒙古包。

4. 庭院式居住类型

庭院住宅是分布最广的一种居住形式。这种居住建筑最主要的特点是"宅"与"院"的分离与整合，"宅"是基础，"院"是"宅"的空间拓展。由于地域及文化的差异,各地又有不同类型的庭院式样。如西欧别墅式的庭院住宅,中国的四合院。

5. 长屋式居住类型

世界上不少民族都有聚族而居的习俗。长屋式就是建筑规模庞大、互相衔接又内分小室的集体屋舍。这种居住的特点是:聚族而居,家庭单住,但又同处一条屋檐下。如雅奈马人的环形屋以及我国福建客家人的围楼庭院住宅就是典型的长屋式居住形式。

6. 高楼式居住类型

随着建筑技术的提高、建筑设备的改进和建筑材料的更新,世界各国在城市进程中,普遍发展高楼式居住类型。高楼由于节省土地、居住集中、设备先进而受到人们的喜爱。

(三) 居住民俗形成的影响因素

一般来说,居住民俗形成的影响因素有:

1. 地理气候因素

地理气候是影响民居建筑的最主要因素,往往决定着建筑选材、建筑式样和结构。天然材料的运用是构成地方性民居的主要特征。不管是黄土高原上的窑洞、地中海沿岸和中东山区的石板住宅,还是西非和南亚的苇草泥屋,都是适应地理气候的建筑杰作。

2. 生产力水平因素

生产力是一种十分活跃的因素,给予居住形态以重要的影响。在生产力不发达的情况下,人们更多地依附于土地和自然资源。以游牧为生的牧民随着牧草的生长而迁移,他们的住所要便于拆建和携带。华北的蒙古包和北美的印第安人帐篷就是他们赖以在草原上生存的居住形态。

3. 家庭结构因素

家庭结构是居住形态中最基本的构成单元。家庭结构的变化必然对居住类型提出不同的要求。然而家庭结构是经常变化的,从历史上以及未来的趋势看,家庭结构中的成员数量将越来越少。

4. 科学技术因素

建筑材料、建筑技术、建筑设备和施工工艺等对居住形态有直接的影响。发明合成技术之前建筑材料只能取之于自然界。高层建筑是在钢、混凝土和电梯等现代材料和现代技术得到应用后才成为可能的。

5. 文化传统因素

任何居住形式都是它所属的那个民族和那个时代的文化"音符"。如在中国的传统文化中,家庭内部长辈和晚辈有上下、尊卑之分,等级严明,同时男女有别,内外有别。这些都表现在居住形态之中。以中国古代的四合院为例,老爷、太太住正房,儿子儿媳住厢房,妇女住内院,客人住外院。

(四)居住民俗的功能

1.居有定所的实用功能

人类先民们最初的居住状态,可用"居无定所,露宿野处"来概括。为了御风寒、避燥暑、遮雨雪、防侵害,人类的先民们开始寻穴而居,采木而巢。因此,获取居住空间,是人类解决生存条件和安全条件的必然选择。

2.寄托心灵的精神价值

居住空间不仅是人们生活的住所,还是人们的精神家园。人是有感情、有理性的动物,人的感情丰富细腻,有一处属于自我的空间,人就有了安全感。只有在自己的屋檐下,感情才得以寄托,情绪才得以宣泄,隐私得到保护,心灵也就有了归属。

3.强调家庭的社会功能

血缘关系是家庭形成的前提,而家庭是社会的细胞,人类文化的缩影。居住空间是家庭成员共同的生活空间。良好居住空间的营造,不仅有助于维系亲密的血缘关系,而且将促进家庭的和睦与社会的和谐。

4.体现艺术的审美价值

住宅运用建筑艺术独特的艺术语言,通过空间、形体、比例、均衡、节奏、色彩、装饰等多种因素的协调统一,形成建筑艺术特有的空间造型美。因此,民居建筑是一种实用与审美相统一的艺术,而且,随着人类实践的发展和物质技术的进步,民居建筑越来越具有审美价值。

二、中外居住民俗的主要表现

(一)中国居住民俗的主要表现

1.汉族居住民俗

(1)类型多样的居住形式。中国疆域辽阔,因所居地域不同,各地区汉族居住形式也有较大差别。北方民众居住的是四合院。北京一带的四合院最有代表性。四合院结构上的主要特点是方形对称式的布局和封闭式的外观。豫西、晋中、陕北、陇东等黄土高原的人们居住的是窑洞,多是黄土和木质混合结构的住房。江南地区的民居为四水归堂式建筑。它的平面布局同北方的四合院大体一致,只是院子较小,称为天井,仅作排水和采光之用。闽赣粤客家人居住的是客家土楼。客家土楼从模仿古代城堡建筑演变而来,其中量大面广的是方楼、圆楼和五凤楼。聚族而居是土楼的基本特征。安徽云南等地民众居住的是"一颗印",是四面房屋全部围合结构的瓦房结构住房。

(2)注重风水的居住文化。看风水,择地利,是起屋立宅的先决条件。风水术的核心内容是人们对居住环境进行的选择和处理。风水术讲究天、地、人三者和谐与东西南北中五方和气,地理应随山依地顺水脉。理想的住宅最好选择在山脚偏上处,院前应有宽平的场地,好接受前方来风,吸纳外气;大门朝南,以利于吸纳南方的正阳气;宅院左右最好有如双手抱胸状的低山拱卫,还要有茂盛的林木环衬和便利的道路配合。

(3)木架构为主的建筑结构。汉族人住宅在材料上多使用木材,并以木架构为主。此结构方式,由立柱、横梁及顺檩等主要构件组成。各构件之间的结点用榫卯相结合,构成了富有弹性的框架。由于这种结构主要以柱梁承重,墙壁只作间隔之用,并不承受上部屋顶的重量,因此墙壁的位置可以按所需室内空间的大小而安设,并可以随时按需要而改动。"墙倒屋不塌"这句民间俗语,充分表达了木架构建筑体系的特点。

2. 中国少数民族居住民俗

(1)满族。满族传统的房屋,一般为三间或五间,坐北朝南,大多东边开门,形如口袋,故称"口袋房"。中间开门,俗称外屋,两侧为里屋卧室。卧室内,西南北三面皆有炕相连,俗称"万字炕"。南炕为一家之长者居住,晚辈多居北炕。满族以西为上,故西炕多摆置祭品。火炕是满族人的取暖设备。

(2)蒙古族。蒙古包是蒙古族的传统民居。"包"是蒙古语"家""屋"的意思。蒙古包又叫毡帐或毡包。蒙古包呈圆形,可大可小,在包内一般是正面放长形矮桌,桌右端放大小衣箱,左边为橱柜、水桶、奶桶等家具,包的正中放炉灶,烟囱直通包顶。蒙古包最大的优点就是拆装、搬迁容易,适合牧民居住和使用。

(3)维吾尔族。维吾尔族的住房多为阿以旺结构形式。它采用土木结构,大厚墙、平顶房、壁橱凿、向北开门,屋顶上有天窗,可晾晒、堆放瓜果、粮食和杂物。室有夏室、冬室之分。带天窗的前室称夏室,又称"阿以旺",有起居、会客等多种用途。后室称"冬室",是卧室,通常不开窗。

(4)回族。由于回族与其他少数民族杂居的因素,他们的居住习俗既有本民族的特色,又受其他民族的影响。回族的房子工艺和装潢颇具民族特色:一般回民家庭西墙上都悬挂阿文中堂和具有伊斯兰艺术特色的工艺制镜以及克尔白挂图等。

(5)藏族。四川藏族人的住宅,由于自然条件不一,各地区的建筑形式也因之而有所差异。草原农区住宅以碉房为主。因其用土或石砌筑,形似碉堡,故称碉房。碉房一般为2~3层。底层养牲畜,楼上住人。牧区藏民都居住在适应于游牧生活的牛毛帐篷里。牛毛帐篷质地粗厚,可以抵御风雨雹雪。

(6)侗族。侗寨的房屋一般是用杉木建造的木楼,多为2~3层,在河边或山坡上的房屋大多为吊脚楼。吊角高达两三丈,一般楼上住人,楼下两侧堆柴草、杂物和圈牲口。鼓楼是侗族独特的楼宇建筑形式,是侗寨的标志。

（7）彝族。彝族遍布于西南各地,导致各地彝族民居有较大的差异性。彝族的房屋类型有瓦房、土掌房、草房、闪片房、木楞房、竹子瓦房等,其中以土掌房最为普遍。土掌房冬暖夏凉,防火性能好,非常实用。

（8）壮族。壮族称屋为"干栏",壮族的住房多为竹木结构的"干栏式建筑"。住房的主要形式,有全栏式、半栏式和平房三种。无论是什么房子,都要把神龛放在整个房子的中轴线上。前厅用来举行庆典和社交活动,两边厢房住人,后厅为生活区。屋内的生活以火塘为中心,每日三餐都在火塘边进行。

（9）苗族。苗族住房以吊脚楼最具特色。吊脚楼属于歇山式穿斗挑梁木架干栏式楼房,一般建在斜坡地段。吊脚楼分两层或三层。最上层很矮,只放粮食不住人。楼下堆放杂物或作牲口圈。屋顶除少数用杉木皮盖之外,大多盖青瓦,平顺严密,大方整齐。吊脚楼高悬地面既能通风干燥,又能防毒蛇、野兽,楼板下还可放杂物,是一种很好的生态建筑形式。

（10）黎族。黎族民居以各个支系的不同而各具特色。通过民居的不同特点可以区分出支系来。如杞黎以船形屋为代表,而润黎则以龟形屋为代表。传统的船形屋,高约三四米,宽约两米,以竹木为架,茅草为屋顶。地下以木板或竹子为主,可以防潮。这种茅屋冬暖夏凉,居住舒适。

(二)外国居住民俗的主要表现

1. 亚洲

（1）日本。日本人的住房以和式住宅为特色。和式住宅有很多特点,主要是木结构、瓦片屋顶,用隔窗和位窗隔开房间,房内铺设榻榻米。榻榻米是铺在地板上的,相当于毛毯。和式住宅还具有防潮、防震、防风的功能。日本人进屋必须脱鞋,这是自古以来的习俗。

（2）泰国。泰国的传统民居以高脚屋和水上浮屋为主。高脚屋是由六根或更多的木柱架撑起来的一种栏杆式建筑,与中国西南地区许多少数民族的住宅相似。泰国人喜欢依水而居,河流两岸的水上浮屋是泰国的独特景观。水上浮屋是在水上立有较粗的木桩,再将木筏拴在木桩上,然后在木筏上建造房屋。

2. 欧洲

（1）英国。英国人喜欢住带花园的一家一户的小楼。楼房一般是两层,每层有两间房间,一前一后,门厅上面可能还有一个小房间。英国老式的单元房,尤其是在郊外或乡野的别墅式小楼,往往老树成荫,绿茵遍野,颇富田园风光。

（2）俄罗斯。俄罗斯的传统住房是用圆木或半圆木建造的带有独特炉灶的小木屋。木屋由木房、储藏室、地窖、菜园组成。屋顶大多是两面倾斜,以便积雪自动下滑。木屋地下有半层,约一人多高,既可防潮隔温,又可堆放杂物。

（3）荷兰。荷兰的传统建筑以塔式结构为主,塔顶固有风车。风车是荷兰民族的象征。塔屋呈圆锥形,墙壁自下向上逐渐向里倾斜。荷兰的老房子以节约空间闻名。老式住宅一般4~5层,沿街立面都是窄窄的,连窗户也是像荷兰人一样,瘦瘦高高。

3.美洲

(1)美国。美国人喜欢经常搬迁,因此便出现了许多独具特色的活动房。这种房子多用木板、铁皮盖成,漆上乳黄、苹果绿等柔和色彩,外观漂亮,里面摆设的家具齐全。搬家很方便,一辆特大的载重平板车就可以连同里面摆设的家具一起整个搬走。

(2)加拿大。加拿大因纽特人居住的一般都是雪屋。他们的雪屋用各种规格的雪砖垒成。雪屋的寿命很短,一般住两个月就不能再用。所以因纽特人总是忙碌着造新屋,一个人一两个小时就会盖起一所雪屋。

4.非洲及大洋洲

(1)埃及。埃及农民的居住条件很简陋。埃及北部缺少石料、木材,所以主要用泥土做建房材料,为使墙壁坚固,还要在泥土里掺上稻草和动物粪肥。在南部阿斯旺地区,多以石头来建造房屋。大多数的房子看上去像个立方体,房间很少,一般只有一间,除开一扇供出入的大门外,很少开窗户,房盖有的用椰叶编成,也有的用泥土筑成。

(2)澳大利亚。澳大利亚人喜欢独门独院清静的居住环境,因此,其住宅多为独立的庭院。澳大利亚南部的塔斯马尼亚人有一种圆棚屋。因为这里比较寒冷,棚屋建造得比较严实。这种房屋用茅草和树皮盖成,四面下垂。棚屋很大,可住15人,但是只有一个小门。冬季,屋里放很多羽毛作御寒之用。

☞ 案例分享

天下第一茶——西湖龙井

西湖龙井茶素有"天下第一茶"之称。据史料记载,自东晋以来,西湖群山就种植茶树。世界上第一部茶叶著作——陆羽的《茶经》就记载了杭州天竺、灵隐二寺产茶之事。杭州西湖龙井盛名于世,被誉为"百茶之首""绿色皇后",源于唐,发于宋,闻于元,兴于明,盛于清,以色绿、香郁、味甘、形美"四绝"闻名天下,历来是茶中极品、朝廷贡品、国家礼品。乾隆皇帝六下江南,四次到了龙井茶区,品茶赋诗,赐封狮峰山下胡公庙前18棵茶树为御茶。美国总统尼克松访华,周总理以西湖龙井茶相赠,江泽民也曾用龙井茶招待来访的英国女王。

为充分展示西湖龙井茶文化的辐射力,深化茶产业发展,促进茶文化的传承,杭州市一直注重发展茶产业。自1998年开始,杭州每年都要举办中国国际茶博览交易会。2005年,杭州被中国茶叶学会、中国国际茶文化研究会、《中国旅游报》等权威机构授予"中国茶都"称号。中国杭州西湖国际茶文化博览会已经成功举行了6届,形成了相当高的社会声誉与品牌效应。如今,杭州市内茶馆大大小小数千家,家家藏茶收茶,日日宾客盈门,形成了浓郁而独特的以茶为核心的城市休闲文化氛围。

【问题分析】
1. 西湖龙井茶文化对于旅游者的吸引力如何?
2. 西湖龙井茶文化对杭州打造休闲之都有何重要意义?

 创意项目

"四川金牌旅游小吃"出炉,20种美味等你来品尝

在"中国金牌旅游小吃"四川赛区选拔赛暨首届"四川金牌旅游小吃"评选活动上,川北凉粉、绵阳米粉、钟水饺等20个"四川金牌旅游小吃"正式出炉。2月24日,四川最有名的小吃齐聚成都,在"中国金牌旅游小吃"四川赛区选拔赛暨首届"四川金牌旅游小吃"评选活动上一决高下,力争成为代表四川参加全国比赛的10个名小吃之一。

"现在上场的是,宜宾燃面……"2月24日上午11时许,虽然比赛已经进行到了中后段,但是现场气氛却更加激烈,评委和现场嘉宾、观众等热情高涨。精致的燃面不仅在每个评委口中品尝,也送到了试吃台供现场嘉宾和观众品尝。"我夹了一筷子,快速吃完,再一回头,大盘的面就一根不剩了。"参会嘉宾王先生一边说一边夹起盘底调料芽菜,"这个也好吃,不能错过。"当日的20道菜品,每一道都为专业评委和现场大众同时献上,让大家一饱口福。同时现场设置了专门的展示区,所有参赛小吃全都精心装饰、摆盘,让人大开眼界,满足了大家的眼福。

据了解,此次大赛不仅是为了选出参加"中国金牌旅游小吃"大赛的选手,也是为加强我省旅游要素建设,不断完善旅游产业链,深入挖掘具有浓郁地方特色的四川美食,打造独特的地方饮食文化,力争将"四川特色小吃"作为我省旅游名片推向全国、走向世界。为了这次选拔,来自全省15个市(州)的62家企业、107项特色小吃报名参加。小吃品种覆盖面广、各具特色,我省饭店和餐饮界组成的专家评审委员会依照"中国金牌旅游小吃"评选标准和程序,从食材、工艺、味道等多方面对各地申报的小吃进行严格筛选,最后在评分表上按照原料、环境、质量、文化价值、品牌、效益等六大板块逐一评分。成都龙抄手、钟水饺、赖汤圆、广汉金丝面、潼城片粉、绵阳米粉、川北凉粉、牛肉豆腐脑、宜宾燃面、雅安挞挞面等20个名小吃从初赛中脱颖而出,进入决赛争夺10个进军国家比赛的席位。

(引自:《四川日报》,2016年3月2日)

思考与练习

一、填空题

1.根据在人体上的不同分布,可将衣着分为(　　)、(　　)、(　　)三大部分。

2.(　　)是服饰最原始、最基本的功能。

3.(　　)即烤饼,是维吾尔族最主要的面食。

4.(　　)是西方美食的代表,被誉为"烹饪之国"。

5.(　　)是当今牧区的最主要的居住方式。

二、不定项选择题

1.不吃狗肉的民族是(　　)。
A.维吾尔族　　B.黎族　　C.满族　　D.壮族

2.满族、壮族、土家族、苗族分别居住的房屋是(　　)。
A.口袋房、干栏式、吊脚楼、吊脚楼
B.干栏式、吊脚楼、吊脚楼、口袋房
C.干栏式、口袋房、吊脚楼、吊脚楼
D.口袋房、长屋式、吊脚楼、吊脚楼

3.日本民族的传统服装为(　　)。
A.汉服　　B.旗袍　　C.韩服　　D.和服

4.(　　)被称作"墨西哥人的面包"。
A.玉米　　B.豆类　　C.米食　　D.面食

5.非洲沙漠中的"井中旅馆"属于(　　)居住类型。
A.长屋式　　B.庭院式　　C.地穴式　　D.帐篷式

三、名词解释

1.服饰民俗
2.饮食民俗
3.居住民俗

四、问答题

1.饮食民俗有哪些功能?
2.居住民俗有哪些类型?
3.汉族饮食民俗有哪些特点?

五、应用题

1.你的家乡有哪些富有特色的饮食民俗?
2.举例说明如何开发服饰民俗旅游资源?

第九章 交通行旅民俗

引 言

交通行旅民俗在人类的生产生活中占有十分重要的地位,它是人们在使用交通设施和交通工具的过程中,所产生的一系列习俗与惯制,具有地域性、神秘性、等级性、行业性等特点。交通行旅民俗事项丰富多彩,它的产生受自然环境和社会生产力发展的制约,每一种交通行旅民俗的出现,都与新型交通工具的发明和使用、历史文化的传承和民族出行传统等因素相关。旅游本身就是一种借助于交通工具的出行活动,因而,交通行旅民俗对于旅游活动的发展和旅游内容的丰富具有重要意义。

学习目标

1. 掌握交通行旅民俗的含义、特点和构成体系。
2. 理解交通行旅民俗产生、发展的影响因素。
3. 了解中外各民族丰富多彩的交通行旅民俗事象。

第一节 交通行旅民俗

一、交通行旅民俗的内涵

(一)交通行旅民俗的定义

交通行旅民俗是指在交通设施的创造、交通工具的使用和人们出行的过程中所产生的一系列民间习俗与惯制。它是伴随着人类交通出行活动而形成和发展的社会习俗,如道路或航线的开辟,桥梁的建筑,车船的制造和使用,交通管理的规约,交通信仰,送别与欢迎的仪式,交通动力的使用等。交通行旅民俗历史悠久,民俗事项门类纷繁复杂,始终处于各地区相互渗透、彼此借鉴的发展变化之中。交通行旅民俗在人类社会发展和人类文化交流中占有重要地位,它是连接社会群体之间、个人之间以及群体与个人之间的纽带,起到增强接触与交流,传递知识和信息,从而促进文化发展的作用。

 特别提示

有人把交通民俗又称为交通运输民俗。认为交通是指道路、桥梁、车船、牛马等基本设施和工具,是属于相对静止状态的;而运输则是指利用上述设施和工具,实现人员和物资的空间位移的活动,是属于动态的。但是两者又不是截然分开的,交通设施和工具发明使用的目的是为了使人员物资发生移动变化,是为了方便人们的交流活动;同样,要进行人员物资的运输,其前提基础是必须有相应的交通设施和工具,因此,两者存在着这种极为密切的关系。

(二)交通行旅民俗的特点

1. 地域性

交通设施、交通工具和交通的信仰、禁忌等,在民间很大程度上取决于当地的地域环境。北人乘马,南人乘船;马帮穿行在云贵川的崇山峻岭中,驼队跋涉在西北的沙漠上;黄河上漂着羊皮筏子,乌苏里江上行驶着桦皮船。特定的地域环境形成了不同的交通民俗。

2. 神秘性

外出旅行无论对旅行者自身还是对其亲戚朋友都是一件重大的事情,因为出门远去就意味着要经历跋山涉水之艰险以及对无法测知事件的担忧这样的难题。为了减缓人们外出行路难的内心恐惧,于是就将平安的希望寄托于路途中神灵的庇护上,行路信仰和禁忌也就由此产生。陆路有山神信仰、树神信仰、石神信仰;水路则有妈祖信仰、龙王信仰等。人们外出时和在路途中都必须对这些神灵予以真诚的敬仰和祭祀,不得对他们有任何忤逆和不礼貌的地方,这样也就形成了许多的禁忌。如途经山神庙等神祠时,不得嬉笑谩骂、损坏物品、便溺等,否则必遭神谴,遇飞来横祸。水路由于凶险甚于陆路,因此禁忌也就更为繁复,当人们在河湖上乘舟时,不但不许说出对水神不恭敬的话,而且就连不吉利的谐音字和双关词语也不准说出口,即与"翻""覆""沉"相谐音的词语,都属忌讳之列,显示出极强的神秘色彩。

3. 等级性

各种交通设施和交通工具的使用都有其严格的等级。古代的馆驿是供来往的驿使和官员休息和住宿的地方,根据过路官员的品阶和勋爵,待遇有所区别。官大住上厅,官小只能住小厅,表现出严格的等级观念和制度。例如,上海开埠之初,城里的最高级的代步工具就是轿子,官民有别,品种多样。上海道台乘八抬八扛绿呢大轿;知县乘四人抬的朱顶蓝呢轿;缙绅闺秀所乘为顶垂缨绪、旁嵌玻璃之"撑阳伞";一般贫民或出诊医生只能乘蓝布小轿;押犯人入狱或赴刑场,也用轿,只不过这种轿子小而无顶。到现在,轿子已不是常见的交通工具了,而且日渐失去了交通工具的意义,成为新嫁娘结婚时去夫家的一种具有吉祥喜庆象征意义的代步工具,但即便如此,我们也仍能看到,新嫁娘区别于一般化人的等级观念的遗留。

4.行业性

因经济不断发展和日趋繁荣,我国传统交通运输行业的分工也越来越细,陆上的各种车把式、脚夫(包括马帮与驼队)、轿夫、水上的船家、筏子客,各重要交通站口及码头的店家、脚行与牙行(代运商)等,在业务方面都有各自的活动领域和技艺传承,并形成了各自的操作规范、旅途规矩、行话、信仰、禁忌等一系列行业习俗。比如,东北平原上的车老板们对"大花轱辘车"的使役就极有讲究。吉林俗谚说"车老板进店,赛过知县",是说载重的多套马车进店,需要高超的使役技巧,车老板成竹在胸的神态,那鞭法的卓越,那吆喝的雄壮,的确令旁观者赞叹不已。那里的载货马车所用的马除辕马之外,尚有"里套""穿套""外套"之别,可多达五六匹,以里套的作用最为重要。吆喝声就是给马的口令,一个长声"吁——"就是停,"哦"是朝右,"吁、吁、吁"三短声是朝左,"抬"是令马抬脚。[①]

(三)交通行旅民俗的产生

1.交通行旅民俗的产生

远古时代,人们为了获取食物与保证安全,需要不断地来回奔走、迁徙。原始人群的这种经常性的往返,最终导致了最基础的交通设施——道路的产生。为将所采的野果和所获的猎物搬运回驻地,就需要一定的运输工具来完成这一任务。最初靠手提肩扛就能完成的物资运送工作,随着生产力的提高和交往的日益频繁,已经满足不了现实的需要,于是先进的运输工具就应运而生了。由驯养而来的牛马等动物首先承担了这一使命,随后出现了各种车船等代步、运输工具。适应于异彩纷呈的各式交通运输工具的产生和广泛应用,交通民俗也逐渐萌芽、发展、形成了。在传统社会,民众大多生活在熟人圈子里,乡邻、街坊、三亲六戚,相互之间诸事都有照应;家里、村里以及地方上都供奉着自己的保护神,俗信认为孤魂野鬼、妖魔精怪都被挡在这个圈子之外。这个环境给人的亲切感、安全感是人在任何时候都难以割舍的。超出了这个环境,人们就置身于一个陌生的世界,缺乏可以信任的

---

① 吴忠军.中外民俗[M].大连:东北财经大学出版社,2007:89.

人,没有自己信任的保护神,到处都充满了麻烦和危险,人们的陌生感、怀疑意识、危险意识自然就膨胀起来。于是,民众创造出一系列交通行旅民俗来应对这种状态。远行有远行仪礼;赶车有赶车的套路;舟船有舟船的信仰。

2.影响交通行旅民俗发展的因素

(1)自然环境的影响。各式交通工具的出现是适应于当地自然环境的需求而得以形成和发展的,反过来,自然界的地理、气候、水文等因素也作用于交通工具,使得人们在使用交通工具时呈现出与众不同的民俗特点。在地域上,平原地带道宽路直,大型车辆易于通行,而山区则道路崎岖,多用牲口驮物,在水网地带,则是以舟代步。在气候上,南湿北燥,因此南方舟楫较多,北方则是马车纵横,而在炎热的沙漠中,由于骆驼优越的耐旱耐沙特点,成了沙漠之舟。

(2)新型交通的发明和使用。随着社会生产力的发展和社会交往的加强,原有交通设施和工具逐渐不能适应人类交通生产和生活的需要,人们迫切需要有新的更为先进的交通工具和设施来填补这一空缺。正是由于不同时代人类需求的不同,导致了新型交通的发明和使用。在以新代旧的过程中,原先的交通民俗也必然受到挑战,直至发生动摇,最终为新的交通民俗所完全取代。以水上运输工具为例,最初的浮水器具都是一些现成的稍作加工即成的东西,如一段树干、数个葫芦、皮囊等。但这些浮具尚不能将人体从水中完全上托起,更谈不上物资的运输了,于是古人就发明了用竹子、牛羊皮等编排成的筏子。然而,筏子作为航行工具毕竟有其不可克服的种种缺陷,于是我们的祖先又开始了"刳木造舟"时代。随后船体渐趋增大,质量也越来越高,直至现今的"通海巨舶"。以筏、船为载体的水上交通民俗也随着筏、船的代代更替而以越来越快的速度产生、传承、变异和发展着。例如,明清时盛行于大运河上的溱潼会船到现今则只能以复原的方式展现于世人面前了。

(3)历史文化的传承和传播。民俗文化是民众在长期的社会实践中创造、传承并享受的文化事象,具有相对稳定的特征,也就是说,民俗一旦产生,就会伴随着人们的生产及生活方式相对固定下来,成为人们日常生活的一部分。只要社会稳定,人们的生产方式及生活方式不发生剧烈变革,民俗文化的稳定性就会越强。交通民俗作为民俗体系的一个分支,同样存在这种稳定性。但是,这里的稳定性并不是一成不变的,这是一种相对的稳定性,随着时空的变化会产生一些细微变化,但于主体却影响不大。这也就是在今日为什么我们仍能在黄河上看到漂流而下的神奇的羊皮筏子,看到西南少数民族地区流行的溜索,看到东北雪林的狗拉雪橇的原因所在。交通民俗文化的相对稳定性为其从古至今的传承创造了条件和根据。传承有两种形态,一种是纵向传承,另外一种就是横向传承,也可称为扩布。纵向传承如上述的羊皮筏子的传承,而关于横向传承,则是指社会之间的相互借鉴,将其他社会区域中的交通民俗融入自己固有的民俗文化之中的过程。例如,黄包车是日本人于1870年发明的,1874年3月,法商米拉由日本输入中国。第一次世界大战后,上海三轮车公司把自行车和黄包车结合在一起,制成了后来通行的三轮车,这种在中国出现、流行的交通民俗也就是历史文化的传播传承所最终形成的结果。

(4)民族文化因素。民族是具有共同的语言、地域、经济生活和表现有共同的心理素质的稳定共同体。他们在长期的共同生活中,逐渐形成了共同的文化特色,这些特色也就是他们民族所特有的标志。在居住上有居住上的特色,同样在交通上也有各自民族的特色。朝鲜族习惯于用头顶载物,蒙古族有以马为动力的勒勒车,而吉卜赛人由于长期居无定所的漂泊生活,于是大篷车就成了他们这个群体的标志。民族文化具有强烈的凝聚性与稳定性,因此许多民族的传统交通得以延续使用,至今仍能为世人所见。如流行于欧洲中世纪时期的马车,在今日汽车纵横的空隙中还能寻到它的踪影。

二、交通行旅民俗的构成

(一)交通行旅民俗的构成

交通行旅民俗应该包括交通工具、交通设施的制造和使用中所形成的习俗和惯制,也应该包括人们在利用这些工具和设施出行过程中所形成的惯常行为和传统观念。交通工具是指车、马、轿、船等民众所使用的代步工具;交通设施是指道路、桥梁等交通基本设施。它们是物质层面的构成要素。出行习俗是指人们在出行方式、出行仪式和出行观念等方面表现出来的传统,是精神层面的。物质的要素和精神的要素共同构成交通行旅习俗这一事物,二者共处于一个统一体中,不能截然分开。总之,交通设施和工具的发明使用,使人员物资发生移动变化,方便人们的交流活动,并由此产生了相应的习俗惯制,形成了交通行旅习俗。

(二)行车习俗构成

近世陆地交通的主要工具是车,各地民间对车的叫法很多,若从牵引方式来分类,有畜力车(如马车、驴车、骡车)和人力车(如独轮车、黄包车、板车);若从车轮来分类,有四轮车、三轮车、双轮车、独轮车,还有木轮车、胶轮车。

1.北方平原地区用车的种类

北方平原地区用车的条件比较好,车也比较多,主要有以下几种:

(1)太平车。太平车是大型车的代表,又称"大牛车",简称"大车",前面一个小轮,后面两个大轮,可由一至四头牛拉,载重量很大,能乘坐十多人。车轮的大小和车体的长宽在尺度上都有讲究,一定要带"六",以"六六"最好,如车架的大杆最短六尺六寸,最长一丈二尺六寸。农闲时十多人赶集,逢年过节全家去祖坟祭扫,接送老姑奶奶回娘家,就特别用得上太平车。

(2)双轮大车。双轮大车是以大牲畜(马、牛、骡)为动力的载重车,是过去各地农村普遍使用的运输工具,原为木轮铁角车,后改为胶皮充气轮胎,称为"大皮车""胶轮大车",用马拉的又称为"大马车"。这种车有两个大轮,车体两边的大杆向前延伸出五尺多,末端装一根横木,俗称"横担"。车体、大杆、横担之间形成一个长方形的框,俗称"辕门"。有的车辕、车尾装有镂花铜饰。车把势(车把式)坐在车上赶车,把一头牲畜放在辕门内,把横担搭在它的肩上或身上,谓之"驾辕",前面另外一头或两头牲畜拉车,俗称"拉套""拉边套"。架车骡马的绳套、笼头各装有铜饰与缨穗,骡马的头颈上又系着许多铜铃。这种车普遍用于运货、载人。载人时通常临时架个窝棚(席棚或布篷),若是客车,车上本来就装有防风雨的车罩,俗称"花轿顶子"。遇到赶集、走亲戚,用三套马拉上,合家老小一坐,人喊马叫,串铃声声,风光得很。春节后,头一趟出车时,车把式还得在厩旁焚香鸣炮,祈求马神保佑这一年"车行千里路,人马保平安"。

(3)独轮车。独轮车俗称"小车""土牛车"等。车体称为"车架子",呈梯形平面,前窄后宽;前边装独木轮,后边是一尺多长的两个车把,各装一个支架,俗称"小车腿",在停下休息时作为支撑。这种车由一个人用两手抓住车把向前推行,并有一根系在两边车把上的带子搭在推车人的双肩上。这种车结构简单,造价便宜,不受道路限制,大道小路、载人载物都能适应。载重物时,前边可用人力、畜力牵引。

2.近世城市交通民俗

城市在普及机动车以前,交通主要靠畜力和人力的车辆,各地都形成了一些约定俗成的服务项目。如老北京的轿车大多用骡子而不用马驾辕,所以又称"骡车"。轿车的服务既有短途,也有长途。

(1)"短盘"。出租轿车的市内服务俗称"短盘",如娶亲、送亲、送殡、上坟、走亲访友等,都要用到轿车。凡整齐一点的车把式,都为车备有送殡时的白围子、青围子,平日则是蓝围子。一般都是以日计价,很少以趟计价。除车价以外,还另加饭钱。若是老主顾,就会让车把式随同客人吃饭,或为车把式另叫食物,按惯例为斤饼斤面,外加烧酒。所以日久天长产生感情,成了熟主顾。

(2)"长趟"。出租轿车跑郊外的服务俗称"长趟"。这种生意以老主顾为多,平日顾客知道车把式是否可靠,车把式又熟知顾客的习惯,可以代替僮仆尽心,两相凑合。跑郊县的轿车,要装饰成长行轿车模样,用蓝布将车围子满包起来,下装垂脚箱,上装扶手板,如知有难行道路,还要另加牲口作为二套车。

(3)"趟子车"。节会期间的专线车俗称"趟子车"。每年庙会期间,如白云观、大钟寺等众多的市内和近郊的庙会以及稍远的妙峰山庙会,人们用以代步的除驴以外就是趟子车。这种车比敞车稍小,驾辕早年专用健骡,常年拉买卖的趟子车中铺有蓝布坐垫或家用的棉被褥。趟子车是男女合坐,乘客多时前辕、车尾都能坐人,连车轴上都卖两个站票,而女人多坐车内。庙会期间以外,有的趟子车专跑通州、海淀等地,颇像现代公共车的雏形。

专拉货物的大车是敞车,赶车人被辱称为"车豁子"。跑敞车的有人专包一行买卖,如拉煤的煤车,拉米的米车,拉砖的砖车等,每一行都有偷手,所谓干一行吃一行。例如,煤车代煤窑往城里送礼,因为收礼人不会过秤,拉车的便可大偷。又如拉米的可以使"探子"偷米。再如拉砖的可以吃"对头":买砖例应每百块有四块断砖,谓之"对头"。单买对头,在窑上是很贱的,几乎是白给。赶车的让多掺对头,可以换取不少好处。城里每一方跑大车的都有一个聚会的地方,俗称"车口儿",需要用车的人找车就方便了。这种聚会的地方大半是茶馆、饭馆,在这里喝茶、吃饭以及闲坐皆无不可,赶车的一般就在附近居住,一呼即至,说走就走①。

(三)行船习俗构成

船大致有捕鱼和运输之分。捕鱼之船多行于大海和湖泊,运输之船多行于江河。民间跑运输的船通常都以运货为业,捎带搭客。客船单独分化出来则是晚近的事。运输之船的一种特殊形式是渡船。一般行船都是上下游行驶,渡船却是在两岸之间来回跑。水上运输的一种简便形式是放排,如木排、竹排,把运输的货物编排成运输工具,顺江河漂流到目的地。千变万化的行船习俗,其构成大致相同,都包含以下三项内容②:

1.船工组织

小船的人手和分工都很简单,而大江大河行船都有比较复杂的组织,一是行业组织,二是船上组织。为了调节行业内部的协作和竞争,近世各个江河上的船工普遍建立了自己的帮会或行会。例如,川江上的船工组织的帮会称为"王爷会",各帮有自己的势力范围、组织系统和集体活动,比如各帮自行划定停泊码头,把持某一航段;订立帮规,由会首主持事务;全体船工在每年的王爷圣诞聚会,演戏酬神,商讨帮内大事,推举新的会首。船上组织和分工的复杂程度由船的大小决定。通常一条船上地位最高的是船老大,川江上称为"驾长"。川江上的大船还有两个驾长,前驾长看水路,后驾长掌舵,掌舵的又称"太公"或"艄公"。船上有橹或桨,橹很大,每条橹要数人推;桨又叫"桡片",推桡片的"三桡"比较重要,一条船视大小定桡工多少。船行下水,桡工推桡,每遇险滩,前俯后仰,全力以赴;船行上水,桡工又负纤拉船。拉纤的第一人最重要,称为"纤头"。一般纤夫是弓着身向前拉,"纤头"却要侧着身子拉,既要向后注意船的运行,又要看前面选择易走的路。

---

① 高丙中.中国民俗概论[M].北京:北京大学出版社,2009:132.
② 高丙中.中国民俗概论[M].北京:北京大学出版社,2009:133.

2. 船工祭祀

船工的崇拜对象有普遍的龙王和地区性的水神,如妈祖、各种"公""王爷"。川江船工奉祀"镇江王爷"。一说镇江王爷姓曹,一说是李冰之孙,一说是劈山救母的沉香,又说是斩蛟的赵煜。因为与水上运输有关的行帮如药材帮、木行、炭行也信奉"镇江王爷",所以川江两岸一个地方常有几个王爷庙。俗传农历六月初六是镇江王爷的生日,是日无论何人均不行船,各帮船工办"王爷会",请戏班子演戏,举办盛大的祭祀,祈求船货平安,然后大家聚餐。船工每次开船前,都要在船头祭祀王爷,祈求一路平安。船工祀神要杀一只大红公鸡,并把鸡血淋一点到头桡上,再贴上一片鸡毛。公鸡自然供大家"打牙祭",俗称"吃神福"。

3. 船工行俗

船工的行业习俗表现在语言和行为的各个方面,大都以促进行船的安全和顺利为宗旨。第一,船上说话有很多禁忌,一些词语一定要用行话取代,例如"倒"改说"倾";"雾"改说"罩子";"陈"与"沉"谐音,要称"烟";"吃饭"改说"炒粉子";筷子通称"篙竿",不一而足。第二,船上有一些忌讳,例如船头是祀神之处,严禁在那里大小便;船上要避免碗底朝天;吃饭时不能赤膊,不能用汤泡饭。第三,船上船工是很讲个人身份的,并有一定的仪式强化这种意识。例如,川江上的船工在吃神福时由老板把鸡分到各人的碗里,鸡头归喊号的或前驾长,后驾长吃鸡尾,推三桡的吃腿、脚,拉纤的吃鸡肠。但实际上只是一个仪式,各人开始吃饭前又拈回菜碗,大家共享。第四,船工的劳动强度和精神风险都很大,所以船工要找一些理由改善饮食,除了吃神福,船工还有见了城墙打一次牙祭的习俗,俗谓"吃过站";如果有谁触犯了禁忌,就得买肉买酒敬神,祭祀之后由大家吃一顿①。

第二节 中外交通行旅民俗的主要表现

一、中国交通行旅民俗的主要表现

(一)出行占卜择日

旅行是一件重要的大事,古人对于能不能出行、何日出行、出行是吉还是凶这诸多问题,是必要问神以求心安的。

从甲骨卜辞中,我们可以看到事关出行的占卜记录。湖北云梦睡虎地出土的《日书》甲种和《日书》乙种,就有"凡此日不可以行,不吉","是日大凶"等文字。当时全年行归的忌日竟达151天,占全年总日数的40%左右。但随着社会的发展,

---

① 孙旭军.四川民俗大观[M].成都:四川人民出版社,1989:151.

人们的交往日益频繁了,每次出门都要占卜打卦实在不方便,于是便有了固定吉行日的出现。清末至民国年间的农历历书上(俗称皇历),基本上都有"宜出行""忌出行""忌行舟""忌行船"之类的注明。很多人还相信这种历书,要出门时多会看农历挑一个好日子。出门挑日子,是当时民间百姓普遍的风俗习惯。如山东沿黄河两岸的居民,以农历三、六、九为出门吉日,以二、五、八为归返的吉日。当地俗谚说:"三六九,往外走。二五八,好回家。"而河南沿黄河地区却以七、八两天为忌日,说是"七不出门,八不回家"。类似的俗谚口语各地都有,出门挑日子的习俗相当普遍。

(二)饯别的习俗

古往今来,饯别的习俗在中国极为普遍,上至官员,下到一般的百姓、亲友相别时总要聚会饯行。由于主客不同的身份,饯别宴会自然有所差别,但"无酒不成礼",饯别时一般的百姓人家家酿的米酒总会敬上一杯。有些地方如商洛地区,在送亲人出行时,还多会吃饺子,认为吃了饺子,能保证亲人外出时平安,故有"出门饺子进门面"的说法。

民国十八年(1919年)六卷铅印本的《合江县志》说:"远行者有贶,有祖钱,为'欢送';远来者有洗尘,为'欢迎'。"这种出行饮酒上路的习俗,在文人官吏中更为普遍。即便是旅行中在一地方小住后,要开始新的旅途时,往往也会以酒壮行色。

在《中国古代邮亭诗钞》中这种诗很多,清人李化南是乾隆七年(1742年)的进士,在今河北省宣化县西北二十里的沙岭驿,因雨耽误了行程。他在《沙岭驿阻雨》中说:无端小驿滞行装,好雨留人六月凉。淡抹远山横紫寨,乱流野水入红塘。年丰信有千家喜,河广难将一苇杭。小饮三杯助行色,四周烟树暖苍苍。

这种出行饯别的习俗在全国极为普遍,连远在海边的小县镇也不例外。据《福清市志》记载,旧时本地人出洋留学、外出经商时,临行之前,他的亲朋好友必要准备线面、鸡蛋给出行人"煮点心"(必须是煮线面和鸡蛋)饯行,预祝出行人一路顺风、一路平安。而当远行人归来时,亲朋好友则要为他送鸡蛋、面札,当地俗称"脱草鞋",也即洗尘。主人受礼后还必须给亲朋回礼,礼品多为衣物、毛巾、肥皂等小物品,谓之"还谢"[①]。

(三)行旅饮食习俗

在20世纪六七十年代之前,人们出门旅行多自带食物。沿途投店住宿时,简单打火进食。这些行旅食品俗称干粮,当然也包括干肉、干菜,或辣子、腌菜之类的食品。

俗话说"出门在外,干粮多带"。因为是行旅特用的食品,故而求其少含水分、

---

① 齐涛.中国民俗通志(交通卷)[M].济南:山东教育出版社,2005:92,98.

不易腐坏、易于携带的特点。

北方地区多产小麦,因而烙馍、火烧、烧饼、锅盔、馕等传统食品是旅行者必备的。新疆火炉烘烤而成的馕饼,即便是饮凉水时食用也很可口。山东微山湖畔的挎包火烧,用拌以油、盐、香料的面,加以揉搓、擀压,做成正方形如挎包大小的形状,经木炭火烘烤,便成了香脆焦酥的火烧。挎包火烧外皮向两面鼓起,内里有五六层夹层,可以夹菜食之,很适于外出携带食用。旧时陕西乾县的锅盔厚达10厘米左右,外实内松,可保存一个月不坏,吃时越嚼越香。

而南方稻作区多用冻米。冻米因多在冬季制作而得名。先把糯米水浸五六天,取出蒸成饭,待饭冷却后,将其抖松散,然后放在露天冻酥,再晒干,使之成为一个个互不粘连的饭粒。这样再用砂去炒,就成为松而酥的冻米。旅途中可长时间带它而不坏,热开水一冲即可食用。

山东潍县留饭桥镇地处进京的要道旁,制作一种"杠子头"火烧。因为从此镇北上后,好几天的路上没有供应旅客伙食的地方,所以镇上的店家便制作这种硬面火烧,供应长途旅客。火烧一斤一个,中间弄个洞儿,用麻绳穿成一串,挂在马鞍或车辕上,经风干后长期不坏。长途旅行的人食用火烧非常方便,可干吃,可烩吃,可泡水吃,一直能吃到北京。

东北地区因寒冷季节长,行旅可多带食物而不易腐坏。有的大车、雪橇装有米面、蔬菜、烧酒、手扒肉等。而一般的旅行者,多喜欢带黏豆包,有皮有馅,到店里加热后吃来可口,路上饥饿时也可冻啃。

旅行者离开本乡本土到远方后,若不适应当地的食物和饮水,就会使人难受乃至于生病,俗谓之"不服水土"。温州人若远行出门时,有些人就用清油干炸一罐泥鳅,带着一路食用,以渐渐适应新地方的"水土"。而云南人出远时,有的人会带酸韭菜根之类的小菜在新地方吃用,使自己适应变化了的"水土"。有地方的人们出远门时,甚至会带一包家乡的泥土,在新地方饮水吃饭时放一点泥土,使自己适应水土[①]。

(四)行栈习俗

行栈是城镇、码头、交通枢纽地供客商堆货、寓居、进行商贸交易的活动场所。

行栈大多是客栈与货栈结合一体经营的,不仅接待客人的食宿,有的还代办存货、销售,办理缴税、运输等手续,进而从事代客采购货物等业务。如20世纪初至50年代,在天津经营的同和兴货栈,客商的货物到了天津,不管人到否,货栈都代客去提货、运送、存放、管理,还代办保险、纳税等手续。征得客人同意后,还代卖、代运、代购,代垫运费、倒垛费、佣金等,很受客商的好评。

---

① 齐涛.中国民俗通志(交通卷)[M].济南:山东教育出版社,2005:106.

在食宿接待上，货栈让客人住在货栈客房内，供客人伙食，每天只收食宿费七角钱，还定期设宴款待客人。有的货栈只收很低的食宿费，甚至免费以招徕客人。如天津的达孚货栈，对一般客户每天仅收四角食宿费。对外地来津的客商免食宿费，对热销货物的客户不仅不收食宿费，还招待住高级客房。因为货栈在客人交易当中提取一定比例的服务费，因而客栈免收食宿费等，仅仅是经营上的优惠手段。

杭州京杭大运河的码头是湖墅，因是商品贸易的集散地，因此行栈兴盛。有著名的"三行一市"，即米行、纸行、箔行和鱼市。以纸行为例，纸行行栈就有三四十家。来此进行交易的客帮，来自福建、江西、安徽等地的货主俗称"山客"；从上海、苏州、常州、无锡、镇江及苏北来采购的买主俗称"水客"。当地习俗，山客与水客是不直接谈生意的，由纸行行栈居中周旋，替双方说价议事，以便买卖成功。一些大的纸行，如裕长隆、公信等行栈，免费接待山客、水客膳宿。山客一般不在纸行栈住宿，他们各有自己的会馆公所，但水客一般都在纸行客房膳宿。

（五）花轿习俗

自清末、民国至20世纪50年代，中国广大地域间娶亲迎接新媳妇时都用轿子，民间称作花轿、喜轿。办喜事的花轿，按俗规有一种特殊的权利，如老北京时花轿上街可以走路中间，一般的行人和车马、轿子都要避让。官员乘坐的绿呢大轿很是威风，但不论官职多大，如路上遇到迎娶新娘乘坐的花轿时，均会自动停轿让路。似乎大家都认同迎亲是大喜大吉之事，不能让新人耽误吉时良辰的。

花轿多装饰得喜庆、讲究，带有红火热烈的色彩效果。花轿按等级有二人抬、四人抬乃至八人抬不等。迎接新媳妇时花轿一般都要雇用三顶，新娘子乘坐大红花轿，娶亲太太和送亲奶奶各坐一顶绿呢轿子。

娶亲用花轿有很多讲究。民国年间，在老北京，当准备迎娶新娘的花轿要启动出门时，要打开轿帘，娶亲太太先点上灯花，以铜镜子在轿里的四面、上下晃照一番，谓之"照轿"。百姓认为这可以驱邪，因为结婚这一天是人生特别重要的时刻，绝不敢有丝毫疏忽而使外邪鬼祟影响到新人。民间俗信镜子有照妖邪的法力，用镜子将轿内照一番，如果有外邪的话也就被驱走了。

照轿后要用芭兰在轿里晃几下，谓之"熏轿"，仍然是为了驱逐污邪；然后在轿内撒上喜果以求吉祥；最后由娶亲太太在轿里盘腿打坐，不放轿帘，此为"压轿"，以避免迎娶路途中空轿子又钻进来邪祟。

娶新人的喜轿到了女方家门，若是同来三乘或四五乘轿的，女方只让新人乘坐的那顶轿进门，其余的都在门外立候。如果女方家门口宽敞，喜轿就不撤杆，不卸顶，直接抬进去。由四名轿夫提着轿腔子底端四角的"坐绳"入门，一直堵到闺房的门口，等候新人上轿。这儿的要求是新人上不见天，下不见地，方能保证新人的吉祥平安，无受外邪侵入。

新人上轿后往外抬,谓之"起轿"。金灯执事从排头开始掉转头,依次从行列中间向回走。但讲究喜轿不能走原道回去,要走另外一条道路,讲的是不能"一条道走到黑"。这寓意着新婚夫妇在今后的生活中多开辟道路,前方的道路四通八达。

当新人一坐上喜轿后,就成了"宝轿",必须放下轿帘,使之完全封闭。这也是要防备被禁忌的某些外人和邪祟冲犯了新人。当坐上新人的轿子路过庙宇、祠堂、坟茔、井、桥梁等地方时,迎亲的人会用红毡子象征性地进行遮挡。有的人家还会撒红帖子或谷物,以求能平安通过。

"宝轿"要求走得平稳,以寓意今后的生活安稳不出颠簸。当然,民间有些地方也有"颠轿"的习俗,轿夫故意上下起伏使新娘讨饶,这含有喜庆欢乐班要热闹的意思,并没有什么恶意。

当喜轿抬到男方家门口时,男方家做好了一切迎接新人的准备。男方家要撒"满天星",扔出几百吊大铜钱犒赏轿夫们。

男方家的院中已摆放了木炭火盆,"宝轿"从门外卸了轿顶,撤了轿杆,由四名轿夫用手提着轿厢四角上的坐绳缓缓越过火炭盆,谓之"熏煞"。然后轿子停在喜房门前,紧紧堵在房门上,如轿厢低于门的话,还要用红毡遮挡住轿子上边的空间。

此时新人还是不能下轿的,还要在轿内接受"射煞"的礼仪。由新郎面向轿帘虚发三箭,仍是为了驱邪。新人是不能空手下轿的,所以有时新娘手拿苹果,或迎亲人递给新人宝瓶、柴禾、碟子等,取意为平安、红火、多生子等,至此花轿才能撤离婚庆场所[①]。

二、外国交通行旅民俗的主要表现

(一)蒙古特色交通行旅习俗

蒙古虽然已经以铁路和公路为主要的运输方式,但在广大的牧区,牧民们现在仍然是以牛、马、骆驼、勒勒车为主要交通工具。牛用以驾车,马是主要的坐骑,骆驼被称为"沙漠之舟",勒勒车是通用的交通工具,制作简单,易驾驭。

勒勒车,古称"辘轳车""罗罗车""牛牛车"等,是蒙古族牧民使用的传统交通工具。一般多以桦木或榆木加工制成。不用铁件,结构简单,易于制造和修理。整个车一般分下脚和上脚两部分。下脚由车轮、车辐、车轴组成。车轮的制造一般是先用硬木削刻12付车辋,将12付车辋连接固定在一起便形成圆形车轮,支撑车轮的车辐条一般有36根左右。上脚由两根车辕和10条车撑构成。车辕长约4米左右,中间用10条车撑固定即可。一辆勒勒车自重约一百斤左右,其特点是车轮大、

---

① 齐涛.中国民俗通志(交通卷)[M].济南:山东教育出版社,2005:193.

车身小,载重可达数百斤乃至千斤,适于草地、雪地、沼泽和沙漠地带搬迁和拉东西。牛拉勒勒车排成长长的队缓缓远行,显示了牧区特有风情。

勒勒车轻便宜驾,适宜在草原、雪地、沼泽、沙滩上行走,可用来拉米、牛奶,搬运蒙古包和柴草等货物。行驶时可一辆辆排成长长的车队,首尾相连,如草原列车般行进在广袤的草原上,一个妇女或儿童即可驾驶七八辆至数十辆,承担全部家当的运输任务。现在,蒙古的勒勒车已经逐渐被汽车、摩托车等交通工具取代。

(二)意大利特色交通行旅习俗

威尼斯及其潟湖,由118个岛屿组成,素有"水都""水城""桥城"或"百岛之城"的美称,是意大利威尼斯省的省会。威尼斯全市有117条大小河道相通,靠401座各式桥梁把它们连接起来。威尼斯水道是城市的马路,市内没有汽车和自行车,也没有交通指挥灯,船是市内唯一的交通工具。

桥,是威尼斯的一大特色,在威尼斯全城,各具特色的桥梁造型优美,雕刻精细,格调迥异。

船,构成了威尼斯的又一大特色。这里有各种各样的船,如交通船、小型汽艇、"比赛纳"木船、"贡多拉"小船、汽船等。各类各色的船只南来北往,穿行于大大小小的河道上,构成了一片特有的繁华景象。市政当局规定,威尼斯城里的陆地,不准任何车辆行驶,以舟代车。因此,威尼斯只见船桨动,不闻汽车声。

威尼斯的船以"舟"为主,当地独具特色的小船被称作"贡多拉",坐上"贡多拉"周游水城,游客可以真正体验威尼斯水城之神奇魅力。

"贡多拉"制作严格而又讲究:长11米,宽近1米半,以栎木板为材料,用黑漆涂抹七遍始成。坐满六人,加船夫一人。

"贡多拉"现已无从考证,可能源自希腊语的 kondyle,意为轻快小舟;或者 kondoura,一种船的名字;也或许来自拉丁语的 cymbula,即小船。贡多拉是由威尼斯的工匠按照古老的口传工艺制造的。这种小尖舟古时候并不完全像今天这个样子。15世纪和16世纪的绘画所描绘的那时的贡多拉比较扁平,船尾和船头也不像现在那么高。船旁边沿绘着鲜艳的图案,有的还装点着昂贵的饰物。名门贵族则以此炫耀门第、互相攀比。

这种小舟有两个部位可体现工匠们的想象力,一个是自然奔放的船头,很像15世纪和16世纪用的六齿钺戟(每一个齿代表威尼斯的一个区),另一个是依奥尼亚式船尾。到了18世纪,这种威尼斯尖舟的形状和大小慢慢地固定到今天这个样子(从前的贡多拉也有大船,好几位桨手同划)。

小舟的平底呈不对称型,这样可以较好地保持只靠一侧单桨划船的平衡。贡多拉船夫现在只穿着一件带横条的紧身针织上衣,戴着一顶草帽。过去船夫们的制服是很奇特和考究的。划船的时候,船夫站在船尾上,用搁在弯曲桨架上的长长的单桨划行。

1562年，威尼斯元老院颁布禁令：不准在尖舟上施以任何炫耀门第的装饰，已经安装的必须拆除，所有的贡多拉都漆成了黑色。唯一留下来供装饰用的只有船头的嵌板。结果，潟湖一眼望去清一色黑色贡多拉与碧绿的湖水搭配得煞是好看。从前，贡多拉的中间船舱还有一个可以活动的船篷，用来给旅客遮阳挡雨，有的船篷上面开有小窗和小拉门，后来这种船篷也消失了。今天，贡多拉依然来往于威尼斯的河道上，但其数目仅是18世纪的二十分之一。让人高兴的是，像圣特洛瓦索这样的小船厂仍旧在制造并修理这种小船，使这种古老的威尼斯传统得以流传。

（三）丹麦特色交通行旅习俗

丹麦人因为酷爱骑自行车而闻名天下。在丹麦，不论男女老少都爱骑自行车，不论穷人富人都把自行车当作日常的出行工具。一项调查表明，丹麦86%的议员都骑自行车出行；540万人口中就有300万人骑自行车。每天骑自行车使得丹麦人身体健康、精力充沛。

丹麦人认为骑自行车既对身体有好处，又能节约能源。在伟大的童话作家安徒生的家乡纽堡是看不到汽车的，各种年龄的旅行者都骑着自行车，自行车的车架上装着旅行者的必需品，如睡袋、食品袋、小帐篷，还有的旅行者背着提琴和吉他。在丹麦的许多自行车线路上，发售各式各样的旅游小册子，介绍风景区、旅馆、疗养所等。丹麦生产一种双座自行车，现在又在设计一种轻便自行车和装在旅行袋里的微型自行车。

对许多丹麦人来说，自行车成了其身份象征的一部分，因而，自行车文化十分流行。在哥本哈根，人们经常花费巨资打理旧自行车，比如将车喷成引人注目的色彩组合，自行车已经成为丹麦人的时尚宣言。此外，丹麦人骑车很守规矩，很少有人违反交通规则。他们刹车的时候，会伸手告知后面的骑车人。

（四）俄罗斯特色交通行旅习俗

俄罗斯的涅夫赫族每个村庄都养有几百条狗，用狗拉车、拉雪橇。狗是涅夫赫人日常的运输工具。因纽特人现在基本上使用摩托船、机动雪橇、小型摩托车等运输工具，但在某些地方仍有使用狗拉雪橇和海豹皮制的"独木舟"的遗风。汉特人和曼西人传统的运输工具则有独木舟、带篷的平底木船、狗拉雪橇和滑雪板等。科里亚克人在冬季仍然广泛使用鹿拉雪橇和狗拉雪橇来运送货物和客人。另外，涅吉达尔人、埃文克人、那乃人、尼夫赫人等至今仍保留一种用桦树皮制成的小船，这种船具有轻巧、灵便等特点，非常适于在小河中划行。

（五）北非特色交通行旅习俗

北非人爱骆驼和马，在北非沙漠地带，"沙漠之舟"骆驼不仅作为交通运输工具而存在,而且驼奶和驼肉还是居民的主要食品,因此非洲牧民特别珍爱骆驼。在毛里塔尼亚,向贵宾奉献驼奶和以骆驼队夹道欢迎,是这个国家最高规格的迎宾礼,只有来访的外国元首和政府首脑,才能享受这一待遇。在索马里,骆驼成了人们的衣食之源,其身价也相当高昂。埃及人喜爱骆驼,是因为骆驼能在沙漠中巡逻,追捕走私犯。在沙漠和山区地带执行巡逻和追捕任务时,吉普车和直升机都只能是骆驼部队的补充。另外,在尼日利亚中部的且努族地区,人们视马为亲人,对马十分崇敬,从来不吃马肉,每个人都有一手过硬的骑马本领。为表示对马的崇敬和爱惜,加蓬有一个最具特色的民间传统节日——献马节。而另一个非洲岛国科摩罗,那里的人们则是三句话离不开马的话题,将所有值得崇敬的事情和人物都誉之为"铜马形象"。

贝宁冈维埃水上村庄的居民相互往来的唯一交通工具是独木舟(汽船专供游人使用)。他们把粗大的椰树树干按需要锯成一定长度,然后把树剖成两半,挖空树心,放到水里,一条独木舟就制成了。

(六)澳大利亚特色交通行旅习俗

澳大利亚土人的水上交通工具是船筏,有下列几种:

1.树皮船

树皮船是木筏和树皮筏的进一步发展。树皮船分为两种,一种用整块树皮制成,另一种用几块树皮经加工缝制而成。用一块树皮制作的比较简单,先将一整块树皮加工成圆形,在船体的两端折成一些皱褶,用植物做的细绳缝起来或扎起来,两舷之间支撑几根横木,然后用文火烤,树皮船便制成了。用几块树皮缝制的则比较复杂,必须把几块树皮逢合在一起,接口的地方涂上树脂或蜂蜡,上边铺杂草或泥巴。这种船底部扁平,两舷倾斜。这种船长4~4.5米,甚至有的长度超过6米,可载8~10人。土人用这种船捕鱼捞虾,在船上生火烤鱼吃。

除使用树皮船外,土人们还使用由几捆树皮捆在一起而制成的树皮筏子作为交通工具。树皮筏子厚20厘米左右,船身长5米,宽1.2米,这种筏子浮力也很大,可运输半吨货物。树皮筏子一般用长杆或长矛撑,有时也用桨划,有的地区甚至人坐在上边用手或脚来划。树皮筏多见于澳大利亚大陆东部沿岸水域和卡奔塔利亚湾沿岸水域。目前,随着澳大利亚经济的发展和旅游业的开发,树皮船和树皮筏子被保留了下来,成为旅游业中的奇特一景。

2.独木筏

独木筏是最原始的一种水上交通工具。它是用一段木头漂浮于水,一些土人爬上这段木头用脚和手来划动。木筏是独木筏的发展。它是由几根木头联结在一起而成,用桨来划动。这种木筏在整个西北沿海地区、卡奔塔利亚湾沿岸以及亚历山大湖广泛使用,是这里唯一的水上交通工具。此外还有用两层树干做成的木筏。

3.独木舟

独木舟是一巨大的树干挖空树心而成。据考证,制作独木舟的技术系从美拉尼西亚人那里引进的。独木舟上常装有平衡杆,史家说平衡杆是从巴布亚人那里学来的。独木舟广泛用于东北沿海水域和新南威尔士沿海一带。带桅杆和帆的小船仅在北部的格鲁特岛上发现有。这是澳大利亚土人最先进的水上交通工具,是上述船舟的集大成,是澳大利亚土人不断前进的标志。制造这种船的技术也是引进的,一般史家认定是从巴布亚或马来亚引入的。筏和船对澳大利亚土人来说还是一种捕鱼的重要工具。

(七)秘鲁和玻利维亚特色交通行旅习俗

居住在秘鲁和玻利维亚接壤的安第斯山脉崇山峻岭中的乌罗族人,保持着一些古老的生活习惯。他们以捕鱼、打猎为生,湖畔茂密的香蒲草不仅是他们盖房子的主要建筑材料,还是他们造船的材料,他们用香蒲草捆成小筏作捕鱼和水上的交通工具。乌罗人经常驾着这种草船往返于碧波之上,捕鱼、运输或从事其他水上活动。这些小巧玲珑的草船船体与广阔的湖面形成鲜明的对比,让人更感到它的轻盈灵巧。①

案例分享

西藏昌都茶马古道旅游

最佳时间

昌都地区距离帮达机场较近的地方一年四季均可旅游,其他地方因处于高山峡谷区,11月至次年3月大都大雪封山,而7、8月雨季时泥石流和塌方较多,因此5、6、9、10月是去昌都旅游的黄金季节。

交通指南

航空:昌都与西藏拉萨以及内地成都之间有航班来往,都为上午的航班,从昌都发往成都的航班是成都抵达昌都一小时后返航。公路:昌都有长途汽车往来于成都和拉萨,昌都至成都全程一千二百多公里,车程大约为三天两夜,每星期大约有两至三班。除了长途班车之外,昌都当地的旅游局也偶尔会开办至拉萨的旅游汽车,因为以游客为主,所以夜间不行车,可以在过路的旅店休息或吃东西(这些店家也都是旅游局的定点单位),所以路上需时较多,全程大约要5~6天。

景点描述

茶马古道实际上是一个道路群,以走向而言可称为一条,其实局部线路众多,

---

① 吴忠军.中外民俗[M].大连:东北财经大学出版社,2007:101.

犹如江河主脉与支流。形成主脉的两条分别是川藏古道和滇藏古道。川藏古道从四川雅安出发,经康定、巴塘等地到达昌都,另一条则经康定、甘孜、德格前往昌都。从云南的普洱茶产地思茅一带出发的滇藏古道,则向西北经由大理、丽江等地进入西藏,又经左贡到达昌都。自昌都以西,川藏古道和滇藏古道发生整合,从昌都开始,经洛隆、嘉黎、工布江达到拉萨。

然而拉萨既是终点又不是终点。更广意义上的茶马古道还继续向西延伸。从拉萨再度出发,经江孜、日喀则,向西南前往中亚、西亚和南亚。不过路上往返的货物已与来时不同,茶叶已经不是主要的物资,而且负责运输的也不再是同一批马帮。实际上,自古以来很少有人能够走完这条万里长途的古道。

"茶马古道"起源于古代的"茶马互市",可以说是先有"互市",后有"古道"。"茶马互市"是我国西部历史上汉藏民族间一种传统的以茶易马或以马换茶为内容的贸易往来。宋代在四川名山等地还设置了专门管理茶马贸易的政府机构"茶马司"。茶马贸易繁荣了古代西部地区的经济文化,同时也造就了茶马古道这条传播的路径。茶马古道是壮阔的,而对于当年行走在古道上的马帮来说,那却是一条充满了艰险的征途。西南地区山高水急,水上交通不可想象。而山道的险峻曲折,又根本无法行驶车辆。在这样的条件下,马帮成了唯一适用的运输方式,它形成了茶马古道上一道独特的风景。

可以说茶马古道是一条用人力和马的脚力踩踏出来的道路。从一个山谷到又一个山谷,从一个村寨到又一个村寨,马帮们踏出了一条沟通各地的生命道路,成了大西南地区的联系纽带。这些马帮曾经停留进行商品集散的驿站,成了后来的城镇。今天的丽江古城就是迄今为止茶马古道上保存最为完好的古城,被誉为是"活着的茶马重镇"。抗日战争中,为了阻击日军向怒江以东地区进犯,我守桥工兵果断炸毁了惠通桥,截断了当时唯一的一条国际交通道路——滇缅公路。于是在抗日战争中后期,茶马古道上的运输兴盛起来,成了大西南后方主要的国际商业道路。

【问题分析】
1.茶马古道民俗旅游的客户群包括哪些人?
2.茶马古道旅游产品设计应该突出哪些民俗特色?

 创意项目

台湾自驾游:垦丁之旅

有时候,总是会想放下一切恼人的工作,开着车享受一趟长长的公路之旅。赶在夏末秋初时刻,沿着国道三号一路往南开,途中景色几经变化,时而都市景致,时

而高山风景,让人觉得台湾真的很美。开四个小时,下了林边交流道,在前往垦丁的路上,可在枋山乡稍作停留休息。

在台1线455公里附近的"好乐杯冰",是一间充满文创特色又拥有无敌海景的咖啡店。好乐杯冰保留原址的平房格局,使用旧窗框及漂流木等素材打造充满乡村风的店景。

店家保留原址的平房格局,透过旧窗框、漂流木、浮球等回收素材,打造颇具乡村风情的景色,以茅草搭成的户外用餐区则带点热带南洋感觉,不论是室内还是室外座位区,都充满文创风格。电线杆上停留着几支以石头及钢筋制作的鸟儿停在上头、猫头鹰彩绘石头搭配上手工制作的小木椅,以浮球制作的灯具,都颇具童趣及设计感。

来到古城恒春,在南门附近文化路上,有着一间近百年建筑改建的餐厅,里头的店景则同样感受到老房子的魅力,搭配上店长个人收集的古董桌椅,后院还有一口如今已相当少见的古老活水井,复古中又带点工业风特色,二楼则规划为展览空间,也让整间店更添文青气质。

可别以为这类型餐厅只靠特色建筑撑场,店里除了提供超过十种的单品手冲咖啡外,餐点则走高质量、售价又合理的路线,每季都会更换新菜色。店内厨师以在地食材融合南欧料理方式,即便是看似寻常的"手撕猪起司古巴三明治",也能感受到用料实在的口感。"纸包鲈鱼佐水果沙沙"则是将新鲜鲈鱼片烘烤,搭配上北非小米、巴萨米克醋、新鲜蔬果与风干菠萝片,满口自然好滋味,像极了恒春给人的感受。

(引自:陈威任.台湾自驾游:垦丁之旅[J].驾驶园,2016(7).有删减)

 思考与练习

一、填空题

1.( )是大型车的代表,又称"大牛车",简称"大车"。

2.老北京的轿车又称( )。

3.( )是老北京节日、庙会期间的专线车,相当于现在的公共汽车。

4.把运输的货物编排成运输工具,顺江河漂流到目的地,这种水上运输形式被称为( )。

5.大船有两个驾长,前驾长( ),后驾长掌舵。

二、不定项选择题

1.老北京轿车的服务既有短途,也有长途,它们分别被称为( )。

A.短盘 　　B.敞车 　　C.趟子车 　　D.长趟 　　E.马车

2.为了调节行业内部的协作和竞争,近世各个江河上的船工普遍建立了自己的(　　)。
　A.协会　　　B.帮会　　　C.工会　　　D.行会　　　E.自治会
3.大船上掌舵的又称(　　)。
　A.太公　　　B.艄公　　　C.船公　　　D.舵手　　　E.船老大
4.川江两岸一个地方常有几个王爷庙,是船工奉祀(　　)的地方。
　A.龙王　　　B.镇江王爷　　C.李冰　　　D.沈香　　　E.赵煜
5.独轮车俗称(　　)等。
　A.车架子　　B.板车　　　C.一轮车　　　D.小车　　　E.土牛车

三、名词解释
1.交通行旅习俗
2.交通工具
3.交通设施
4.出行习俗

四、问答题
1.交通行旅习俗的特点有哪些?
2.交通行旅习俗发展的影响因素有哪些?
3.行船习俗的构成如何?

五、应用题
"游览老北京胡同,没有黄包车是不行的,老北京的黄包车一律是红顶棚,车夫们都穿着统一的白衬衣,一排儿停在路边,那模式很壮观的,也为京城旅游增添了许多特色。有了黄包车北京更古老。我们坐上了黄包车,穿行在弯曲窄小的胡同里,听车夫给我们介绍北京的胡同,感觉很有韵味。"这是一位北京游客的心里话,请你根据交通行旅习俗的构成,分析一下这一民俗旅游资源的价值。

第十章 生产民俗

引言

物质生产是人类社会赖以存在和发展的基础。生产民俗是人类在进行物质生产活动中产生和遵循的民俗。这类民俗伴随着物质生产发生而存在,多方面反映了人们的民俗观念,在历史上对保证生产的顺利进行具有积极的促进作用。具体而言,生产民俗包括农业、牧业、渔业、手工业等行业民俗。

学习目标

1. 掌握生产民俗的内容构成及特性。
2. 了解中外不同国家、地区生产民俗的特色。

第一节 农业民俗

一、农业民俗概述

(一) 农业民俗的定义

世界上各民族在繁衍发展中离不开物质生产,在长期的物质生产中就自然形成了一些独特的风俗习惯。农业作为人类生存的基础性产业,具有周期性、季节性、自然性等特点。农民为了让自己的生产活动更加有条理、有保障,尽力避免各种自然灾害的发生,就依据自己的日常经验和认知能力制定了丰富多彩的民俗节日和生产禁忌。这些习俗慢慢演化成为传统文化中的固有成分,用来指导人们的生产活动。

所以说,农业民俗是人类在长期农业生产过程中逐步形成的关于农业生产过程、经验和规律的总结和惯例化。很多习惯和禁忌至今为不同地域的农民所遵循和使用。

特别提示

农业民俗属于民间乡土文化的一部分,有着自己独有的审美情趣和价值观念,对人们的道德观念有着潜移默化的影响。它是某一特定地域历史文化沉淀的产物,具有约定俗成、世代相传的特点,如耕作习惯、生产禁忌等。至今,许多农业民俗依然在乡村生产生活中发挥着重要作用。

 拓展知识

随着全球化、城市化日趋加剧,生活在城市里的人们开始为高强度的工作和喧嚣的生活所累,怀旧大自然、回归乡村文化成为一种时尚。乡村民俗自然成为这种心灵放飞的文化故乡。因此,发展乡村民俗旅游成为现代旅游业和新农村建设的一个新亮点。

(二)农业民俗的特点

农业民俗展示了人类在生产过程中形成的诸多关系。世界上不同地域不同民族的农业生产对象、生产方式、生产程序虽然各有不同,但是整体上依然有规律可循。

1.季节性

农业生产与大自然息息相关,季节轮回决定着农业生产从下种、管理到收获的方方面面。因此,在农业生产中,人们总结了许多关于农时的谚语来帮助生产,如"谷雨前后,种瓜种豆""冬耕深一寸,抵上一遍粪""头伏萝卜二伏菜,三伏过来种荞麦"等。可以说,农业民俗的季节性特点是大自然变幻的直接体现。但是,随着现代农业的发展,这一特性也在逐渐发生变化。例如在一些地区出现的地膜覆盖、观光农业园,就出现了模拟农作物生产环境的反季节蔬菜、水果问世。

2.地域性

农业生产因地域的不同而存在着较大差异。平原、深山、密林、水乡、沙漠、海岛等地域在气候条件上差异明显,因而在种植农作物、树木上各有不同。世界水稻种植的主要分布地在东亚、东南亚和南亚的季风区以及东南亚的热带雨林区,而地处北美的美国则是玉米最大生产地。农业生产的地域性在我国可以用"北麦南稻""南蔗北甜""东耕西牧"等语词加以表述。因此中国民间流行着"十里不同风,百里不同俗"的说法。"清明断雪,谷雨断霜"意思是清明节之后就不会下雪了,谷雨节之后不会下霜。但这一谚语只适合于中原地区,对于塞外和岭南地区就不适合。

3.科学性与实践性

农业民俗是长期生产实践中人们不断观察季节、物候变化,不断总结经验教训,不断验证而最终形成的习俗,因此具有实践性、科学性特点。例如,英国地处温带海洋区,湿润多雨,适宜牧草生长,所以英国畜牧业和园艺业十分发达。在中国许多农业谚语中,保留着许多科学种植的规律。"清明早,小满迟,谷雨种棉正适时""过了小满十日种,十日不种一场空""寸麦不怕尺水,尺麦但怕寸水""玉米去了头,力气大如牛""荞不见霜不老,麦不吃风不黄""头麻见秧,二麻见糠,三麻见霜"等,这些谚语有很多气候学、生物学的知识在里面,对于指导当地农业生产具有重要功用。

(三)农业民俗的分类

根据农业生产民俗的特点,我们不妨将种类繁多的农业民俗分成以下几类:

1.季节交替、节令惯例习俗

考察农业民俗的形成,可以发现有相当一部分习俗源自季节与农时节令的变换。农业生产从耕地、播种、管理、收割到庆祝丰收,都要按照一定的程序进行。否则一旦误了农时,就会出现减产或绝收。农民经常说:庄稼不等人。农业生产民俗蕴含着千百年来本地人对农耕经验的累积。例如,中国民间常用的二十四节气,就是用以农业生产的重要民俗。"惊蛰"是到了万物复苏的季节,而"谷雨"则是到了播种的时节,俗语说:"谷雨前后,种瓜种豆。"

2.预测农事、占卜习俗

从事农业生产,要经常面临风霜、雪雨、干旱等自然灾害的威胁。农人特别期待来年有个好年景。预测农事、祈福来年丰收就成为人们的日常习俗。例如陕北的"品天"就是一种极为典型的农事预测。在除夕夜,很多老人都会在夜间走出家门,上山向东而望。因为他们认为,从破晓的天色上能看出今年庄稼的丰歉和村庄的吉凶。"八月十五云遮月,正月十五雪打灯"则是流传在中国广大地区的一句农谚,意思是说如果当年农历八月十五中秋节这天天空被云幕遮蔽(阴天或下雨),看不到圆月,那么来年正月十五这天必会阴天或下雪。

3.生产禁忌习俗

在科学不发达的年代里,人类获取生活资料的主要渠道来自农业。但是各种灾害却让作物种植面临着许多难以预测的灾难,因而古人就期望通过神灵祭祀和崇拜获得保护。这些神灵祭祀活动后来虽然逐渐消失,但祭祀时的禁忌习俗却保留下来并为人们遵守。例如,土家族在旧时忌每月初五、十五和二十五下地劳作。因为在土家人看来,逢五为"破五","破"就是不吉利,所以不能耕作。除了对时间禁忌之外,还有对一些事物、言行等的禁忌,例如瑶族忌女子插秧,毛南族忌讳种田时谈及鸟兽、忌在收获时打听别人亩产等。

4.耕作习俗

自种植业诞生伊始,不同地域的人们就逐渐在耕作方式、农具制作等方面形成了各自不同的习俗。至今,人们依然在不同程度上沿袭着这些古老的习俗,如选种、下种、田间管理、收获、制作农具等。生活在中国北部的达斡尔族,为了适应当地气候寒冷、生长期较短的实际,一般种植燕麦、黑豆、玉米、高粱等品种。他们对选种极为重视,一般在秋后经过几次筛选留出最优质的种子。清明前后,人们开始准备下种,先是小麦,然后是谷子、黄豆、燕麦、荞麦、大麦等。收获季节,达斡尔人一般在冬季打场,也就是在冬天将田园浇上水做成冰场,然后将石磙和连枷放到场子上脱粒、扬场。

5.祭祀娱乐习俗

早在原始社会时期,人们为了采集到更多的果实或猎取丰富的野物,就开始对天、地、山神等展开祭祀活动。后来代代相传,逐渐形成了对诸神灵的祭祀习俗。如生活在云南永宁的摩梭人,认为土地是决定人畜和作物生长的重要因素,土地、山川都有神灵,就形成了家家户户祭地神、山神的习俗。在泰国,人们多种植稻谷,因而对农作物十分崇拜。禾苗结籽时,被视为怀孕的母亲,谷粒则是稻谷神的孩子。为了讨好土地神灵和稻谷女神,人们在每年春耕之前选择吉日进行开犁祭典。

二、中外农业民俗的主要表现

(一)中国农业民俗的主要表现

1.狩猎民俗

狩猎是人类在原始社会时期一种十分重要的生产方式,后来随着种植业、养殖业的日益繁荣而逐渐退居次要地位。在广大乡村,除了以狩猎为主的猎户外,人们大多只在农闲时节才出去打猎,以求获得一些辅助性的生活资料。狩猎作为一种生产方式,在其发展进程中逐渐形成了一些丰富多彩的习俗。这些习俗有的是对神灵的祭祀,有的是狩猎技艺的传承,有的是获取猎物后的庆祝。后来,有些习俗进入人们的日常生活,成为节日习俗或禁忌。

(1)节令、季节性是狩猎民俗的重要特点。在我国东北等地,人们一般在秋、冬季节进行狩猎。因为,此时一方面农业活动已经基本结束,可以趁农闲采集野物,而且天气寒冷,采集到的野兽也易于保存;另一方面,野兽在秋、冬季节膘肥体壮,皮毛最佳,是最好的猎捕时期。古人在秋、冬季狩猎还是遵守自然界法则的原因所致。在古代,什么季节、什么野兽可杀等都是有严格规定的。马可·波罗在他的游记中记载了当年元世祖忽必烈的狩猎规则:每年的三月到十月之间禁止所有的臣民狩猎,目的是让"每种猎物能够大幅度地繁殖"。几百年来,蒙古族人一直沿袭着这一传统习俗,对怀胎的母兽严禁杀戮。

（2）狩猎方式。不同民族的狩猎方式可谓多种多样,有猎具狩猎、动物狩猎和水火狩猎等多种形式。中国东北地区打黑熊,是趁着冬季黑熊进入树洞冬眠的时机进行的。人们把黑熊冬眠叫"蹲仓",管从中猎取叫"掏仓"。进行掏仓时,由一个人先到树边去叫仓,或者用大斧子猛击树干,等黑熊出洞将其击杀。我国甘肃地区至今保留着驯化猎鹰捕捉野兔的习俗,而江南某些地区还有用鸬鹚捕鱼的习俗。

围猎是广大狩猎区经常采用的一种狩猎方式,体现了人类集体协作获取生活资料的精神。蒙古族、土家族、黎族等少数民族都有围猎的传统。例如土家族,围猎主要是为打野猪。人们将整个围猎过程分成"理脚迹""堵卡子""守网壕""赶山"等不同工序。现在,这种活动的开展不仅是为了获得野猪肉,而且是一种极为有意义的娱乐活动。

> 📖 **拓展知识**

蒙古族围猎:蒙古族狩猎又称为围猎、打围。大型围猎活动一般有固定的时间和程序,人数从几十人到上百人不等。一般而言,打什么围就有什么章法。从猎取目标来看,有虎围、狼围、黄羊围、狐狸围、野兔围、野鸡围等;从规模上看,有五段长围、四段长围、三段长围等。

（3）狩猎信仰。猎人在猎前通常要进行祭祀猎神的仪式,乞求猎神保佑狩猎活动进展顺利。例如,在甘肃小陇山林区,打猎之前要祭祀"翻坛爷"。在旧时湖北郧阳一带,猎户们十分敬重二郎神,狩猎时都要烧纸敬香。因为在传说中,二郎神有三只眼睛,手持三叉刀,身后跟着哮天犬,被认为是征服野兽的神灵。在神农架地区,上山打猎要选择吉日,并在山前烧纸钱,供上鸡肉馒头,还要跪拜祷告翻筋斗。鄂伦春族的人们普遍信仰虎神、山神和与狩猎有关的无头神。人们在进山打猎时,必须要到山口去祭拜刻有白胡子猎神的神树,敬献烟酒,将树神的嘴上抹上兽血。因为唯有如此,才能保证出入平安,获取更多的野物。虽然这些信仰、禁忌中包含着许多迷信性成分,但是也有着一些科学道理。

> 📖 **拓展知识**

梅山娘娘:土家族人在每次打猎之前要举行祭祀猎神"梅山娘娘"的习俗。梅山娘娘,也称为梅山土地、云霄娘娘,是土家族在出猎和狩猎归来必须祭祀的猎神。据传说,梅山娘娘本是一位聪明漂亮的土家族姑娘,擅长狩猎,"从小不但识鸟语,而且还能通兽语",后来为土王害死,死后"英灵不散变猎神,安民除害司百兽,永保土家打猎人"。她的神位被设置在房屋外的右侧,用三块砖合成。农历除夕,土家族人将猪头、猪脚、粑粑以及新衣新鞋祭献给猎神。平时赶场祭祀时,猎人必须衣着整齐,表示对猎神的尊敬;赶场归来,必须将所有野物供奉,然后才能加以分配。

(4)猎物分配方式。猎物的分配方式体现了人们对狩猎文化的不同理解,成为一种富有文化韵味的习俗。内蒙古地区有"见面分一半"的习俗,而东北地区的人们则遵循着"上山赶肉,见者有份"的规矩。这源于牧区人对狩猎的认识——"打猎靠大家,猎物众人拿"。因为既然猎物是上天赐福人类的,那就应该人人有份。不管是参与打猎的还是左邻右舍,还是路上遇到的行人,都有权利享受猎取的收获。人们一般根据狩猎者功劳的大小来分配猎物。例如,藏族人在分配猎物时,有着五种以上的方式。在集体狩猎时,猎物平均分配;领头打猎的出色猎手可以多分一份。

2. 林业民俗

林业民俗是关于林木采伐和林木栽培的风俗习惯。关于林业民俗,最早可以追溯到原始社会,人们那时采用石刀、石斧等工具来砍削树木。商周时代,人们已经开始进行人工造林。"列树以表道"(《国语·周语》),体现了人类主动植树造林的端倪,标志着真正意义上的林业诞生。春秋战国时期,齐国宰相管仲认为,为人君如果不能注意保护山林,不可以为天下王。著名历史学家司马迁则将千棵果树与"千户侯"般富足等同起来。到了近代,孙中山是最早意识到造林重要性和倡导造林的人。1915年,在孙中山的倡导下,当时的北洋政府正式公布每年清明节为植树节。后来,为纪念孙中山先生,国民政府决定将孙中山逝世日定为植树节。

在世界其他国家,植树活动也为人们重视。美国早在1872年就在内布拉斯加州会议上决定将4月10日定为该州植树节;日本于1922年规定,每年的4月3日为植树节;菲律宾的植树节已经有70多年的历史了,将每年9月的第二个星期六定为植树节。

(1)植树民俗。植树作为一种社会风俗在世界各地十分普遍。在我国广大地区,人们都有栽种树木的习俗。受地域气候的影响,各地栽种的树木品种和栽种的方式不尽相同,风俗也有着很大差异。在中国广大地域内,安徽一带居民喜欢将果树、桂树、万年青、枫树栽种在村子左侧;皖中百姓则喜欢栽种白杨树、泡桐等。在闽台地区,人们建立新村时往往在村子周围或村后山上种树,保护村庄,俗语称为"把风白"。民间传说,村前村后造"风景林",可以保护村庄的风水。此外,植树还是人们寄托个人心愿和祈福的象征。在中国广大地区,家里如果有孩子出生,就会在院子中种上一棵吉祥树,如梧桐、枇杷、枣树等。人们认为树木与孩子一起成长,等孩子长大了可以作婚嫁时的家具,建新房时用作房梁,年老时作为棺椁使用。

在西方,在几百年前南斯拉夫制定了一项法律,规定每对新婚夫妇必须先种植油橄榄树70株。在日本有一项特殊的规定,凡是私人添加一辆汽车,必须植树一棵。因为每辆汽车要排出大量有毒的碳氢化合物和噪声,树木具有消除这些有害物质的功能。此外,还有一种"添丁植树"。在坦桑尼亚许多地方,谁家生了孩子,便把胎盘埋在门外的土地里,并种上一棵树,以表示希望孩子像树一样茁壮成长。

(2)采伐习俗。不同地区,砍伐树木也有不同的习俗。在吉林地区,民间伐木时有喊山、放排等习俗。在树林中伐木时要看好方向,树一倒叫"喊山"。"喊山"依据树倒的方式可分为三种类型:"顺山倒""排山倒"和"迎山倒"。所谓"顺山倒",就是树头向山下倒;"排山倒",是树干横向倒;"迎山倒",则是指树头向上倒。喊山是为了防止伤人事故的发生,让人听到后及时躲开。放倒树木后,人们还要将树木运到山外去,叫"抽林子"。而所谓的"放排",是利用江流运送木材的一种古老运输方式,可分为"放横排""放散羊"和"漕排"。

(3)植树方法。早在中国古代,人们就已经开始研究树木栽培技巧。唐代文学家柳宗元被贬柳州时,大力倡导植树,并总结出植树的程序:植木之性,其本欲舒,其培欲平,其土欲故,其筑欲密。

树木种植方式方法也因品种的不同而存在显著差异,人们总结出了适应于各种树木培育、管理的方法。例如,"榆钱撒,桃爱嫁,砍下柳枝河边插""棕要剥,椿要扳,核桃要用刀子砍"。榆树生存能力极强,其繁殖方式通过抛洒榆钱的办法即可完成;桃树则需要嫁接,因为不进行嫁接,长出的桃子又涩又小;柳树在湿润的河边最容易繁殖,只要插柳枝即可存活;棕树需要每年剥皮,不剥皮树干就被树皮束缚不能成长;椿树每年发芽两次,第一次扳掉一个芽,第二次就会发出二到三个新芽,所以人们每年要扳香椿芽,既可以食用又能促进其成长;而核桃每年要在树上砍上几刀,才能让树结出果实。

(4)植树禁忌。由于文化不同,各地在植树方面也存在着禁忌差异。皖西人喜欢在庭院中栽种梅、桂、天竹、芭蕉等。陕西地区关于植树有着自己的地域特色,"青松爬山头,垂柳河边走""杏花门前开,白果屋后栽"。这是因为,松树适于生长在高山上,柳树在河边容易成活,而杏花的"杏"与"幸"谐音,意味"幸福花开","白"的谐音为"百",象征"百年有果"。

人们一般在祠堂、坟墓旁边栽种柏树、白杨,这种树被称为"风水树",而不会在门前栽种桑树,屋后不栽柳树,"门前不种桑,屋后不插柳,院中不栽'鬼拍手'"。因为桑的谐音是"丧",门前种桑即为门前栽丧,而柳是"绺"的同音,屋后栽柳会招来祸事或土匪,白杨树又名"鬼拍手",会在大风天发出拍手声,干扰人休息,十分不吉利。

祭祀树神源于远古时代对大自然的敬畏。人们认为树木秋天落叶，冬季休眠，树根连着地狱，树冠直上苍穹，是大自然神灵的化身。至今，在我国西南少数民族地区依然保留着信仰树神的习俗，认为"寨无树木，人不长寿，五谷不丰，家无兴旺，村无久安"。在印第安人的奥日贝族，不准砍伐正在生长的树木；在德国、美国等地，也都有神林崇拜习俗。

3. 牧业民俗

牧业是通过饲养、繁殖来获得生活资源的一种生产方式。草场游牧在中国北方、西南和澳大利亚、北欧、北美、非洲、西北亚、南美等地分布较广，主要形态为高原草场、高山草场和森林苔藓。由于人类长期进行游牧生活，逐渐形成了这一行业所特有的民俗风情。

（1）放牧方式。受自然条件影响，"逐水草而居"是游牧民族的重要习俗。放牧方式多有讲究，俗语说："会放放一条线，不会放一大片。"时间安排上，春夏两季出牧要早，秋冬两季出牧要晚。各种牲畜的放牧方式也存在着很大差异。以内蒙古牧区为例，放养马群时，春季牧场一般选择在可以躲避风雪灾害的草场，那里有荒草、蒿地、苇子等，便于马匹健康成长和繁殖；夏季牧场则要选在河边不远处，每隔七八天还要把马群赶到有碱的地方去，让其补充体内所需碱分；秋季牧场则要找那些牧草茂盛、水源充足的地方，让马匹好好长膘；冬季牧场要选择山的南面、山前、山谷等地方，便于让马匹过冬。

照看牧群的主要方式有赶牧、领牧、天牧和瞭牧。赶牧，就是放牧人跟在牧群后面或侧面看管畜群。这种放牧方式有利于牧群自由择食，适于在荒漠或半荒漠地区。领牧就是放牧人走在牧群前面，看着牧群食草。天牧和瞭牧则是将牧群放在高山上，然后任其活动，过上一段时间才来查看一次。这种放牧方式目前在我国西南少数民族地区依然存在。

（2）游牧工具。牧民从事畜牧业，有着特有的工具。正是这些游牧工具，让整个牧业生产成为一个独立的生产部门。按照工具的不同用途，大体上可分为以下几类：剪毛和梳羊绒用的工具，如羊毛剪子、羊绒抓子、剪毛机等；牛奶分离工具，像打酥油桶、奶油分离器；打草工具，如打草机；马具，如马鞍、马鞭、套马杆等。此外，各个民族因所处地域和气候条件不同，还有一些自己特有的工具。

4. 渔业民俗

渔业生产起源于原始社会，是靠近水域的人们生存繁衍的重要生活资料来源方式。直到今天，渔业依然是人类社会不可或缺的食物获取方式。按照渔业生产规模大小，人们往往将出海打鱼叫大海市，将近海落潮捡拾称为赶海。目前，现代机械捕鱼和养殖业已经逐渐取代传统渔业而成为渔业主流，但沿袭至今的一些习俗依然为人们所遵守。

（1）捕鱼工具。从事渔业生产，离不开船和渔具的制造和使用。世界各地的渔民在使用这些工具的漫长历史中，制作出了形形色色的渔具。例如在山东荣成一带，人们使用舢板、单篷船、大风船、机帆船等渔船出海捕鱼。舢板主要用于近海作业，单篷船用于出海打鱼。单篷船由人舱、鱼舱、货舱、机舱、冰舱构成。而新船第一次下坞时，要举行"祭船"仪式，放鞭炮，烧纸钱，乞求人船太平。

拓展知识

舟山"木龙"：舟山渔民尊称造船为"木龙"，主要有两个重要附件，一是安装"船眼睛"，二是要置"船灵魂"。过去，每一条新船船壳制好后，造船师傅总要用上好的木头精制一对船的眼睛，钉在船头两侧，俗名"定彩"。"定彩"又分"封眼"和"启眼"。在封眼时，按金木水火土五行，用五色丝线扎在船眼睛的银钉上，由船主将它嵌打在船头，然后用新的红布条或红纸把它蒙住。启眼：新船下水时，在一片鞭炮、锣鼓声中，船主将封眼的红布或红纸揭去，船便下水，俗称"赴水"谐音"富庶"。所谓置船灵魂，是在新船"水舱"的龙骨合拢时，用一块小木头，挖个小孔，里面放进铜钱或银圆，或是妇女的头发，表示船的灵魂，放在水舱内。据说船为木龙行于水，有了灵魂，就是活的生命，方能呼风唤雨，不被鱼虾欺负。现代的舟山渔港，还可经常看到船体装了两只大眼睛以及置了船灵魂的舟山渔船①。

（2）渔猎方式。捕鱼方式在世界各地有着显著差异，特别是至今依然使用的那些古老的捕鱼方法，对人与自然和谐共存起着重要作用。生活在北极的爱斯基摩人，东部地区采用建造堤坝和使用鱼叉的方法捕鱼，而西部地区更多是使用渔网捕鱼。我国东北地区的鄂伦春人，根据不同的季节采用不同的捕鱼方式。春夏秋三季主要采用叉子叉鱼，特别是到了秋季，大马哈鱼成群结队顺流而上，人们就站在河边或乘着桦皮船不分昼夜地叉鱼。此外，鄂伦春人还采用挂网、"拦梁子"等方法捕鱼。

（3）渔业信仰。渔业生产在江河、湖海上进行，具有较大的风险性，民间谚语云："半寸板内是娘房，半寸板外是阎王。"人们为了求得安全，就格外注重对神灵的祭祀。其实早在原始社会时期，人类在发展渔业伊始就开始了对自然神的崇拜，后来这些崇拜逐渐演化成为渔业发展的风俗。早在夏商周时期，中国古代帝王就已经开始了对大海的祭祀。生活在水边的渔民，在进行捕鱼活动前要进行祭祀海神、河神的活动，请求海神或河神保佑捕获丰收，期待船和人能够平安归来。人类经常祭祀的神灵有龙王、水神、妈祖、海神、河伯等。

---

① 陈勤建.中国民俗学[M].上海：华东师范大学出版社，2007.

渔业活动中,占卜是其中一项十分重要的民俗。对渔汛和天气的预期心理,让海事占卜成为十分流行的习俗。占卜内容涉及风雨、阴晴、潮汐、风向等,实际上是渔民长期渔业生产经验的总结,但是也不同程度上掺杂了封建迷信色彩。在中国东南沿海一带,人们一般在正月十三出海捕鱼前祭祀海神,称为"摆顺风酒"。届时,人们将海神从庙宇中抬到沙滩上,敲锣打鼓,燃放鞭炮,设祭坛,点上香烛,进行祭祀。到了农历六月十三,人们再次举行捕鱼结束后的祭祀。今天,这种祭祀活动已经转变成为盛大的节日。

在日常生产生活中,沿海一带的人们还保留了诸多禁忌。例如,造船时,有"头不顶桑,脚不踏槐"的说法,就是船的驾驶室顶板用料不能是桑木,因为"桑"是"丧"的谐音,不吉利;甲板不能用槐木制作,因为"槐"字是"木"与"鬼"的合成。在吃饭时,不能翻着吃,因为翻着吃有"翻船"的意味;船上吃饭用的碗是木制或金属的,因为瓷碗和玻璃碗容易破碎,破碎就意味着船破;盛饭不能称为"盛饭",因为"盛"字和"沉"的读音十分相似。总之,各种禁忌都是为了行船安全便利而设。

在我国舟山一带,还流传着禁止女性上船出海的习俗。因为在当地人看来,女性出海冒犯海神,"女子乘船船要翻,女子下海海要荒"。这些禁忌随着时代的发展,如今已经逐渐淡出了人们的视野。

(二)外国农业民俗的主要表现

1. 印第安人狩猎

生活在北美落基山以东到密西西比河西岸广大地区的印第安人,以捕猎大型动物为生。他们主要以捕猎野牛为主,而且设计了一套对付野牛的办法。在捕猎时,猎人们将野牛赶到悬崖边上,然后逼其跳崖死亡,从而获取猎物。这就是所谓的"野牛跳崖"。他们用牛皮、牛筋建造房子,制作衣服和鞋子;用牛粪做燃料,用牛的膀胱做水壶和饮水器皿。他们的狩猎过程有许多独特的风俗习惯。例如加拿大东北部的印第安部落纳斯卡皮人在狩猎之前,为了寻找猎物的方向,通常把干燥的驯鹿肩胛骨放在火上烤,直到骨头变热、裂开、产生斑点,然后按照裂痕的指示去寻找猎物。

2. 爱斯基摩人狩猎

在北极地区,狩猎是爱斯基摩人的特权。他们一般在冬夏之交猎取海豹,6—8月打鸟和捕鱼,9月猎捕驯鹿。爱斯基摩人采用不同的方式猎取海豹。他们在夏季划着单人皮划艇,带上海豹叉或带刺梭镖、网、绳子等工具,去海豹经常出现的海面上寻找猎物。到了冬季,爱斯基摩人利用海面结冰的时机,专门寻找海豹在冰面上的呼吸孔来猎取。他们在冰面上找到一批呼吸孔,每个孔上守着一个人。爱斯基摩人还喜欢猎捕驯鹿,这是他们赖以生存的主要食物。

第二节 工匠民俗

一、工匠民俗概述

(一) 工匠民俗的定义

人类社会初期,生产过程中不存在严格意义上的社会分工。从事农业生产的人必须会种植作物,会制作镰刀、耧车等生产工具,从事狩猎行业的要具有捕猎和制作弓箭、刀枪等技能,从事渔业的要会捕捞和制作船只、刀叉,而且,在从事生产之余还要有制作衣物、加工粮食、修葺房屋等技能。因此,在狩猎、农耕时代,人类社会的分工意识并不突出,往往一人身兼数职。

随着社会发展水准的不断提升,特别是人口的增长和人们对生活水平需求的不断提高,各行各业的分工日益细密全面。在这种社会需求下,每个人开始各自发挥自己的特长,于是,从事房屋建造的石匠、泥瓦匠、木匠,从事农具加工的铁匠,从事衣服加工的裁缝、皮革匠、鞋匠、染织匠,从事寺庙建设的画匠、乐器匠,日益成为独立的生产部门,拥有自己行业的习俗规则,最终形成了严格的生产工艺和组织行规,工匠民俗与工匠技艺。手工业在经过一代代匠人的传承后,生产技术上精益求精,逐渐形成了各自不同的行话和禁忌,进而形成了极具特色的工匠习俗。在工匠民俗中,工匠技艺的传承是最为重要的。司马迁在《史记·货殖列传》中写道:"农不出则乏其食,工不出则乏其事。"随着手工制作技术不断提升,工匠业成为一支代代传承的生产力量,在各民族经济乃至整个人类发展中具有重要的作用。

 拓展知识

我国历史文化悠久,拥有丰富多彩的民间工艺民俗。它们是千百年来中华民族精神的结晶,集中体现了劳动人民的智慧和力量。特别是那些技艺精湛、价值独特和地域文化特色鲜明的工匠技艺,成为发展地区旅游业不可或缺的构成因素。

(二) 工匠民俗的特点

1. 严格的师承关系

在手工业漫长的发展历史中,工匠技艺的传承主要通过师徒严格的传承来延续。生活的艰辛与激烈的竞争让工匠技艺的流传变得十分严格。从选徒、拜师到传艺、出师,都有着极为复杂的仪式。选徒在中国古代都有着一定的谱系性特点。工匠们所收徒弟大都是自己的子弟,或者是自己同乡。这样是为了保证技艺不外传,从而起到保守工艺秘密的效果。

收徒有着严格的选拔和拜师仪式。学徒期限一般为三年,不发给工钱。三年期满,学徒要办"满师酒"。满师后的学徒只能拿师傅工资的一半,称为"半作"。"半作"在外做生意或承担业务时,不能抢师傅的生意。此外,在学徒其间,徒弟要无怨无悔地给师傅家里做家务。所以,中国传统社会中流行着"师徒如父子"的说法,体现了师徒之间亲密的感情。

2. 技艺传授方式的封闭性

在中国传统工艺行业中,同行之间彼此有着很大防范性。俗语说,同行是冤家。对非一师承同行,相互之间防范得十分严密。许多作坊有着"传男不传女,传媳妇不传姑娘""祖传秘方,概不外传"等习俗,就是为了防范技艺的外传。动画片《老虎学艺》的故事就是一个极为典型的展示。

3. 生产过程的神秘性

工匠行业在技艺的传承过程中,由于创造者或者技艺本身存在很多难以解释的东西,加之为了宣传和保密的需要,很多技艺被蒙上了一层神秘色彩。例如,打铁行业中的"淬火"工艺,就要求操作者必须依据实际经验和操作技巧把握好火候,早了晚了打出的铁质地都不好。而且,很多工艺在生产之前、生产过程中都要举行祭祀性仪式,以求得神灵的保佑,让技术染上保密色彩。神秘性的存在,保证了手工艺存在的安全性。

二、中外工匠民俗的主要表现

(一) 中国工匠民俗的主要表现

中国民间有"三百六十行"之说,现实中的行业远不止这些。民国时期,人们将工匠称为"百作手艺"。也就是说,行业中的工匠们各有各的专长,常见的有铁匠、石匠、木匠、泥瓦匠、漆匠、剃头匠、铜匠、锡匠等。每个行业都有自己的行规和祖师爷,工匠必须尊崇祖师,恭敬祖师。下面将几种常见行业做较为系统的介绍。

1. 建筑行业民俗

建筑行业一般由泥匠、木匠和石匠构成,他们通常供奉鲁班为祖师爷,尊称其为"百作手艺供鲁班"。自明清以来,各地都有供奉鲁班的活动,并建造了大量的鲁班庙、鲁班祠等,定期举行"鲁班会"。据传说,农历五月初七或六月十三、七月二十一是鲁班的生日,人们在这一天要举行祭祀活动,为祖师爷贺寿。届时,人们将自己的一件工具放在祖师爷牌位前,焚烧黄表纸,乞求恩赐。

石匠供奉的祖师通常也是鲁班,但有的地方石匠则信奉女娲或盘古,因为他们认为女娲曾经炼石补天,传下了打石的经验。江苏海州人崇拜"石婆婆",在正月初一或初二敬山神。通常他们会带领全家男孩到山神庙放鞭炮磕头,烧完山神纸后拿着锤头在石头上敲几下,意思是山神受过香火,允许开山打石了。石匠大体上分为三种类型：一类是专门在山上开采石料的石匠，一类是以制作石磨、石碌、石槽等粗重石器的石匠，还有一类是砌墙、修桥的建筑石匠。但是这种划分也不是绝对的，很多石匠能够身兼数职。石匠业有着许多禁忌，和其他行业一样是为了从业设立。

木匠业认为鲁班是他们最亲的神灵，所以木匠的尺子也叫"鲁班尺"，而弹墨线的墨斗叫"班母"。木匠做家具、造房子时，主人家都要送去纸包，请吃喜酒。因为在人们看来，一旦他们得罪了木匠，木匠就会施用"鲁班法"让你运气不好，全家不和。

木匠可分为水木匠和旱木匠，也叫"水作"和"旱作"。水木匠主要是制造、修理船只和其他一些水上用具。特别是制作木船，很多地方有着独特的风俗，如前文涉及的舟山渔船的制作。旱木匠主要从事陆地上的工作，可分为高木匠和低木匠。高木匠主要从事建筑业，低木匠又分为方木匠和团木匠，方木匠擅长从事木器家具和工艺品制作，团木匠专门从事制桶手艺。除此之外，很多地方对木匠的分类也有不同。

拓展知识

在木匠行业中，师傅对徒弟手艺的考察通常采用制作条凳的方式进行，也就是让徒弟做一对条凳，一条仰放，一条四脚放在仰放条凳的四脚上。如果八只脚相对，严丝合缝，那么其技艺就已经十分高超。这是一道难度很大的题目，成为木匠行业中的传统难题之一。

2. 五金行业民俗

五金行业是指金、银、铜、铁、锡五大行业，在民间最为常见的是铁匠和小炉匠。这个行业信奉的宗师为李老君、火神、女娲等，最为普遍的是李老君，也就是我们经常所说的太上老君。同一地方的五金诸行每年要祭祀祖师，或者是联合祭祀，或者分行业祭祀。祭祀时，全行业老老少少站立在画像前，由会头或者辈分最高、年龄最大、手艺最强者训话，说明为祖师祝寿，不要忘了祖师的恩德，不得践踏祖师的遗风，不得违反行规，要尊敬师傅师叔，要兄弟和气等。仪式结束后，全体人员入席喝酒。有的还趁机重立行规，进行行业比赛活动。

铁匠业专门打造炊具、农具、工艺品等生产、生活用品，行规十分严厉。所有铁匠家的炉子一定要支在门的左前方，视为"上首"，表示对李老君的尊重。一般一个铁匠只会带一两个学徒，学徒的主要工作就是抡一把大铁锤，帮助师傅将被炉火烧红的铁毛坯锻造成形。工作开始时，师傅拿着小锤只要在砧子上敲打两下，徒弟们就赶紧跑到炉前；锻造过程中，师傅或大铁匠拿着小锤打到哪里，徒弟的大锤就要跟到哪里。以山东章丘铁匠为例，他们一般外出打铁时一共三人，由师傅、大伙计和小伙计组成。分工十分明确,师傅也称"掌柜",是领头人;打头锤的一般是大伙计或二师傅,主要负责打头锤和对工具的炝磨;小伙计负责鼓风助火,打旁锤。此外,每一铁匠都有着自己的打铁印记,就是每生产一件产品就要往上面打上自己的印记。平时,不准任何人坐在砧子上,更忌讳妇女坐在上面。

锡匠业专门制作各种锡器,手工制作,工艺简单,主要产品是锡茶壶、锡酒壶和锡香炉。在冬闲时节,他们就开始走村串户,招揽生意。每到一地,就支起炉灶,将村里人送来的破旧锡器收集来,按照来人要求打造器皿。要制成一个锡制产品,工艺十分复杂,一般经过化锡、剪裁、打磨、焊接、抛光等工序。

3.生活用品行业民俗

生活用品行业主要有服装、食品、用品等构成类型,例如服装行业中的裁缝,用具行业中的陶瓷生产,食品方面的磨坊、酒坊、豆腐坊,等等。这些行业一般历史悠久,都有着自己独特的制造工艺和习俗。

印染业以梅、葛二仙为祖师,他们被尊称为"梅腊老祖"和"秋葛老祖"。人们常年在染坊的染缸旁设香案供奉二神的牌位,香案两边一般贴有对联"鹅黄叶绿鸡冠紫,鹭白雅青鹤顶红",在每年农历九月九日会做祭祀。旧时民间穿着衣服的颜色以蓝色为主,土法染蓝十分流行;在花色上,农村以鲤鱼跳龙门、狮子滚绣球、麒麟送子等最为流行;印染布料多为绸缎、麻、葛和土棉布。

裁缝行业的祖师是轩辕氏。每年农历七月二十三日全行业为祖师祝寿,称为"轩辕会"。裁缝用的工具有很多讲究:一把量衣服的尺子,叫"三元尺",还有一个烫衣服的熨斗,一根挂丝线的棍子,一个木雕的龙头。这几样东西被说成皇帝做龙袍时曾经封赏过的。因此,在各行各业中,唯有裁缝可以使用龙头图案。裁缝在旧时一般上门做活。在办喜事的人家,做活必须成双数,据说单数不吉利。

酿酒作坊也叫酒坊,祖师爷为杜康。每年正月开门时,匠人要在酒坊内烧香拜祖师。造酒用甑蒸熟粮食,然后发酵淌酒。在行业中,以高粱为原料、用大曲发酵的酒叫"大酒";以高粱或大麦、瓜干蒸,用酒药发酵的酒叫"小酒"。酒的质量分为"原干"和"花酒"两大类,原干不掺入一点水,花酒是掺入水的酒。掺入一成水叫一个浆或一个花,最高能掺五个浆。

(二)外国工匠民俗的主要表现

1.意大利玻璃工艺

意大利玻璃制造业的历史可以追溯到西罗马帝国灭亡后,是地中海东部和中东地区的难民迁徙带来的。在公元982年,威尼斯的玻璃制造业就已经形成规模。因为意大利玻璃工艺最早产地是威尼斯的姆拉诺岛,所以这一工艺也叫"姆拉诺式玻璃器"。威尼斯玻璃制品的主要原料是石英砂和纯碱,制作要经历两道工序:成型烧制和二次烧制。工艺师在玻璃达到1000多度下开始制作,动作娴熟,一气呵成。到目前为止,这一门工艺流传着传男不传女的习俗。

2. 德国宝石加工

德国奥伯斯堡是个从事宝石加工业的小城。小城经营着大大小小600多家宝石作坊。每年来自世界60多个国家的宝石在这里进行精雕细磨,出口到130多个国家。这里逐渐形成了一个世界上宝石生产和贸易的信息网络。世界上任何一个地方开采出价值较高的宝石,几个小时之后信息就会传到这里。城里还有一个宝石博物馆,藏有许多稀世珍宝和名贵宝石的仿制品。

第三节　商业民俗

一、商业民俗概述

(一) 商业民俗的定义

商业是随着社会发展和物质交换需求不断提升而出现的一个行业。当生产力发展到一定阶段,社会上就出现了剩余产品,于是物品交换就出现了。例如,早期山民们在狩猎和畜牧活动中有了剩余,就想着拿到外面去换取自己所需的工具、衣物等生活日用品。其他村庄的人们亦是如此。这样就出现了人类历史上最早的"物物交换"。后来,随着生产规模的扩大和交换频率的加剧,社会上出现了专门为交换而生产的生产部门和专门从事交换的商人。在中国民间,商业一般被称为做生意,从事商业的人则被称为生意人。他们在从事商业活动的过程中,形成了一系列行业惯例。商业民俗是人们在漫长的集市贸易发展史上逐渐形成的众多颇具民族色彩的商业习俗,是一种具有丰富文化内涵的民俗形式。

特别提示

随着历史的变迁,很多传统商业民俗发生了变迁,甚至有的已经失传。今天,保护濒临失传的商业民俗对于发展民族商业、繁荣传统文化有着重要的意义。

拓展知识

中国商业最初源于生活在公元前21世纪到公元前18世纪的商族人。他们所居黄河中下游地区物质资源丰富,生产力发达,产品剩余较多,因而产生了交换产品的欲望。到了大约公元前18世纪至公元前11世纪,商族人在交换产品的过程中开始出现货币。

（二）商业类型

我国历史上的商品交易大都是通过庙会、集市等形式进行的，它们共同构成了传统社会下层人民社交的时机和场所。

1. 集市贸易

商品交换需要在一定的场所进行，集市就是其中最为常见的一种。人们对集市的称呼在各地因文化的差异而不同。《冷庐杂识》中记载："南方曰市，北方曰集，蜀中曰疾，粤中曰墟，滇中曰街子，黔中曰场。"其实，在中国广大地域中，人们更习惯将乡村集市称为"集"或"场"，去集市叫作"赶集""赶场"。乡村里的集市一般都有固定的日期，以农历计，有的逢十，有的逢五，有的三、八，等等。乡镇集市大多以交易农副产品、日用品为主，千百年来保持着早晨开市、中午落市的传统。在集市上，人们又按照买卖物品的类型不同，将集市分为菜市、水果市、木器市、粮食市、肉市、骡马市等专门场地。

2. 庙会与山会

中国民间传统庙会与山会都是以祭祀、娱乐和交易物品为目的的活动。但是，二者也存在着一些差异。早在一千多年前，庙会就已经出现。据说，庙会最早是从祭祀土神的活动中演变而来的。由于这种集会一般在寺庙节日时举行，地点也设在寺庙附近，于是人们就将其叫作"庙会"。后来随着历史的发展演变，人们对宗教祭日的记忆日趋模糊。在庙会上，人们不仅求神拜佛，还进行贸易活动和娱乐活动。

山会是一种流传年代久远的民间贸易活动。山会上，不同行业的商家和百姓从各地赶来进行贸易交流。有的叫卖各种土特产，有的演艺杂技、马术，还有的制作各种特色小吃。目前，山会已经成为一种民间贸易娱乐的活动。

（三）商人类型

我国自古就有"行商坐贾"的说法，"行商"是指流动的商贩，"坐贾"是固定在某一地经营的店铺。

1. 行商

行商也叫"游商"，可以分为两大类。一类是从事长途贩运的大宗贸易商队，如古代"丝绸之路"上的商队、茶马古道上的马队等，通常进行大宗贸易，经营丝绸、布匹、茶业、瓷器等。他们早在战国时期就已经出现。这类商人通常资金雄厚，雇用马帮驼队和镖局行商。另一类是小商贩，一般从事上山下乡、走街串巷的小生意。他们有挑担推车的，有提篮背筐的；一般本钱小，利润薄，所从事的行业与人们的日常生活密切相关，最为人们欢迎。如小货郎挑子中的各种饰品、生活用具，等等。

2. 坐商

这类商人有固定的经商地点，有规定的营业时间。坐商的规模有大有小，经营货物的种类也有多有少。其中既有综合类的,像百货商店、杂货店;也有专门经营某一类商品的,如茶叶店、钟表店、服装店等。这些商店一般位于城市中心地段,两旁的商行与店铺鳞次栉比,展示了该地商业的繁荣。有不少城市都有自己的商业街,像北京的王府井大街、上海的南京路等。

3. 中间商

中间商是一种媒介商人,也叫"代办商",是处在商品经营中间环节的中间人。他本人没有可以买卖的物品,只作中间人,替别人说合,促成买卖双方成交,从中获取一定报酬。这种商人最初出现在古代以物易物的时代,唐代称他们开的店叫"邸店",明清以后称为"牙行"。

二、中外商业民俗的主要表现

(一) 中国商业民俗的主要表现

1. 挂招幌

挂幌子是坐商店铺的一种标示,是古代店铺用来招引顾客的布招。至于幌子起源于何时,无从考证。幌子一般分为实物幌子、形象幌子、文字幌子和象征幌子等。实物幌子就是悬挂实物,卖什么就挂什么。如卖麻的就在门前悬挂几绺麻,弹棉花的就挂一团棉花,草料铺就用竹竿捆一束稻草;形象幌子一般悬挂实物的模型,如酒馆门前悬挂酒壶模型,卖毛笔的店门口悬挂一支硕大的仿真毛笔,棺材铺就用木块锯成棺材形下面拴上红布,修理车的就在门前挂上旧车轮子;文字幌有布幌和牌匾等类型,一般用木板制成长方形、正方形或葫芦形,文字少而精,一目了然,如玉石店写个"石",当铺写个"当",等等;象征幌子就是用一种物品代替商品,挂在店外,日久天长,人们一见这一物件就知道是什么商店,例如小客店悬挂一个柳条笊篱,颜料店挂若干彩色木棍。

拓展知识

中国最早的商标:在中国历史博物馆里,藏有一块北宋时期"济南刘家功夫针铺"用来印刷广告的铜版。其长13厘米,宽12.5厘米,四周以双线为框,最上为阴文楷书"济南刘家功夫针铺",这针铺坐落何街何巷已难以究明了。所谓"功夫"系指精工细作之意。有意思的是,铜版中部镌一白兔持杵捣药,两边各有4个楷书阳文"认门前白兔儿为记"。据考证,这"白兔儿"是我国现存发现最早的商标。同时,"白兔儿"也是摆在刘家门外的幌子。下部有7行楷书阳文,每行4字:"收买上等钢条,造功夫细针,不偷工,民便用,若被兴贩,别有加饶,请记白。"寥寥28个字的告白中,将针铺的信誉、经营方法、优惠办法说得明明白白,仿佛是在与主顾直接对话,具有亲和力。尤其白兔捣药的商标,并未局限在静态的白兔形象上,而是将白兔拟人化、动态化、寓意化。白兔手持药杵捣药,在这充满力度与耐心的动作中,人们自然会想到杵与针、针与杵之间的关联。针之质量,乃是"功夫"所制,这商标的构思真是巧妙,告白之语境也使人想起宋孟元老的《东京梦华录》。这铜版是那时传下来的一件珍贵文物,是故乡的东西,似乎格外有一分亲切感①。

2. 供财神

财神是中国民间的俗神之一。人们一般将财神分为两类:文财神和武财神。文财神有比干、范蠡,武财神有赵公明、关公。此外,还有五显、五通、五圣等也被尊为财神。每年正月初五是财神生日,也是店铺开市的日子,主人要放鞭炮,祭祀财神。因此,每年这天天刚亮,城乡各地就可以听到一阵阵鞭炮声。为了抢先接到财神,商家多是初四晚上举行迎神仪式,请财神喝酒。届时,主人手持香烛,分别到东西南北中五方财神堂接财神。五位财神接齐后,挂起财神纸马,点燃香烛,众人顶礼膜拜,然后将财神纸马焚化。有的地方,店主还要将活鲤鱼放进江河,取意"生意兴隆通四海,财源茂盛达三江"。

3. "袖里吞金"

在农村集市上进行交易,我们常会看到一种十分有趣的交易习俗——"袖里吞金"。在马市上,买卖双方一般不用语言直接讨价还价,而是将双手放在袖口里用手指指示。双方在袖筒中出价、还价,用手一摸就知道。具体为:出一食指,表示一;出食指加中指,表示二;出食指、中指加无名指,表示三;出食指、中指、无名指加小指,表示四;五指全伸,表示五;单出大拇指加小指,表示六;五指尖并拢,表示七;出拇指和食指叉开,表示八;在八的基础上,勾回食指,表示九;十又归一。另外,单伸食指、中指,食指在下,中指在上并拢,也表示十,俗称"背十子"。如果遇到十一、二十二、三十三等相重的双数,手就在袖筒里晃一下,表示同样的数字重复。

(二)外国商业民俗的主要表现

1. 犹太人的商业法则

犹太人生活在农业不发达的西亚地区,为了更好地生存,他们就选择了经商,并在漫长的经商过程中总结了一套独具特色的商业法则。犹太人非常注重现金交易,对合伙者的信誉、实力等审查十分严格。为了赚取更多钱财,犹太商人发明了世人震惊的商业法则——"二八"法则。犹太人认为,世界上百分之八十的财富掌握在百分之二十的富人手中,而百分之八十的穷人只拥有百分之二十的财富;一个家庭里,男人所挣的钱通常超过百分之八十,但是女人却用去百分之八十。从中,我们不难发现犹太人发财致富的秘诀。

---

① 张稚庐.老济南的那些事儿[M].济南:济南出版社,2009.

2. 加拿大商业习俗

加拿大商人大部分是欧洲人的后裔。他们既有英国人的含蓄，又有法国人的开朗，还有美国人的无拘无束。他们待人热情友善、爽朗大方。在商业活动中，他们喜欢在高级酒店或俱乐部宴请客人。但是，和他们打交道要因人而异。例如，和英裔商人商谈，从进入商谈到决定价格这段时间十分艰苦。他一会儿纠缠这个问题，一会儿又纠缠那个问题。谈判十分费事，但是一旦签订合同就完成任务。法裔商人则恰恰相反，看起来非常和蔼可亲，对客人很亲切，照顾得无微不至，但是一旦进入正式谈判，讲起话来就开始慢吞吞的，难以捉摸。

3. 法国人的商业习俗

法国人从小受过良好的教育，具有很多好的社会风范。去拜访时，入室前要轻声叩门，得到允许方可进入。如果遇到意外不能到达，一定要通知对方，法国人不喜欢客人迟到。进入房间要同所有人握手，不能嫌麻烦。向法国市场推销产品，要进行市场细分，不能想用一件商品满足所有的人。法国人商品消费偏向个性化，关注环保，各种纯天然物品受到欢迎，如纯棉服装和绿色食品等。

4. 德国商人的时间观

对于大多数德国人而言，时间就是金钱，而且时间确实用金钱来衡量。因此在德国，如果出于时间原因对方向你收费，肯定会让你非常不愉快。因为很多情况在其他民族文化中，这些事情只不过是一种服务而已，但是在德国不行。例如，给电话公司打电话咨询信息，也要收费。德国全国性的电话号码也不免费，即便你不挂机等待时，照样给你计费，意识到你的谈话还被计费绝对是一件令人不愉快的事情。

☞ 案例分享

澳大利亚葡萄酒庄园之旅

位于墨尔本东面的亚拉河谷是澳大利亚著名的葡萄酒产区，这里有众多生产葡萄酒的庄园。从墨尔本出发，不消1小时便到达亚拉河谷。一路都有葡萄酒的香气，和葡萄一样幽雅的景致。

参观葡萄园本身就是一种赏心悦目的享受，那一垄垄整齐划一的葡萄藤蔓盖满了山坡，垄上的葡萄藤蔓千丝万缕从山头分披下来，云雾蒸腾，突然间如同走进电影《云中漫步》的场景。从19世纪初这里栽种第一棵葡萄藤发展至今，当地葡萄园已有几百个，这里是维多利亚州历史最悠久的葡萄园区。亚拉河谷气候凉爽，葡萄生长较慢，故出产的葡萄酒味道亦较细致。这里出产的葡萄酒质优、味美，扬名全世界。当地酒庄并没有显著的标志，更不设围墙，大门也是象征性的。不过都各具特色,有的古色古香,有的取自自然,也有现代派的,都布置得夺人眼目,每一家都有自己独特风味的美酒。

当地仍有很多酒庄采用最传统的方法完成最初的工序:十几个男人站成一排,用双脚把从山谷中精挑细选来的葡萄捣烂在酒槽中。据说,这是让葡萄汁和葡萄皮进行最有效接触的方式,用脚踩过的口味才最地道。今天这个习俗成了一个旅游参与项目,如果在葡萄收获的季节到来,旅游者也许会被邀请加入到这道工序之中。当然,现在的澳大利亚酒大多已采用了自动化的工艺,酿酒时不需要这样的人工工艺了。

欣赏了葡萄园后,每到一家酒庄都可以品尝到好几种不同年份、不同口味的美酒。许多酒庄都提供野外消闲和饮食选择,并提供家庭旅馆式的舒适住宿。品酒时先观察酒色,再轻轻旋转摇晃酒杯,将鼻尖凑入杯中,仔细嗅闻每一层香气。最后把酒含入口中,徐徐以舌尖吸气,让酒汁滑过口中的每一部分,静心领略、分辨味蕾上每一份最细微的知觉感受,也感受一种细致入微的生活态度。

亚拉河谷拥有超过70家酒庄,只因选择太多,要找适合自己的酒庄试酒也不容易。据维多利亚州旅游推广部门介绍,到耶瑞(Yering Station)酒庄一定不会失望。耶瑞是谷内第一家酒庄,全维多利亚州第一颗用做酿酒的葡萄就在此诞生。酒庄出品也多,由于这里所处的高度不同,气候有轻微差异,酿制出一种带有果味及花香的葡萄酒。酒庄内有多家餐厅,让游人可以醇酒配美食。

(源自《南方都市报》)

【问题分析】

1.亚拉河谷的葡萄酒庄园保存了哪些传统生产工艺?

2.农业观光旅游对农业民俗提出许多新的要求,结合资料谈谈澳大利亚当地人是如何进行继承和创新的。

 创意项目

北大荒旱作农业创意园区

北大荒旱作农业创意园区项目区位于黑龙江省红兴隆管局八五二农场,规划设计于第四管理区第五作业站东南。地理位置为东经132°37′42″,北纬46°14′05″,地形狭长,交通较为便利。

一、规划定位

通过对项目区旅游资源景观分析,将北大荒旱作农业创意园区定位为"金色创意,生态田园"。在原有的大农业景观和历史文化景观的基础上,利用精准农业技术,采用优化组合模式开发新型旅游产品,将农业要素与景观要素相结合,形成综合性的创意集聚地。

二、景观功能分区

空间布局可以概括为"一带、三区"。"一带"即高科技示范观光带,作为纽带,连接园区内各个重要的景观节点。"三区"即三大景观功能分区,涵盖26个景观节点(图1)。

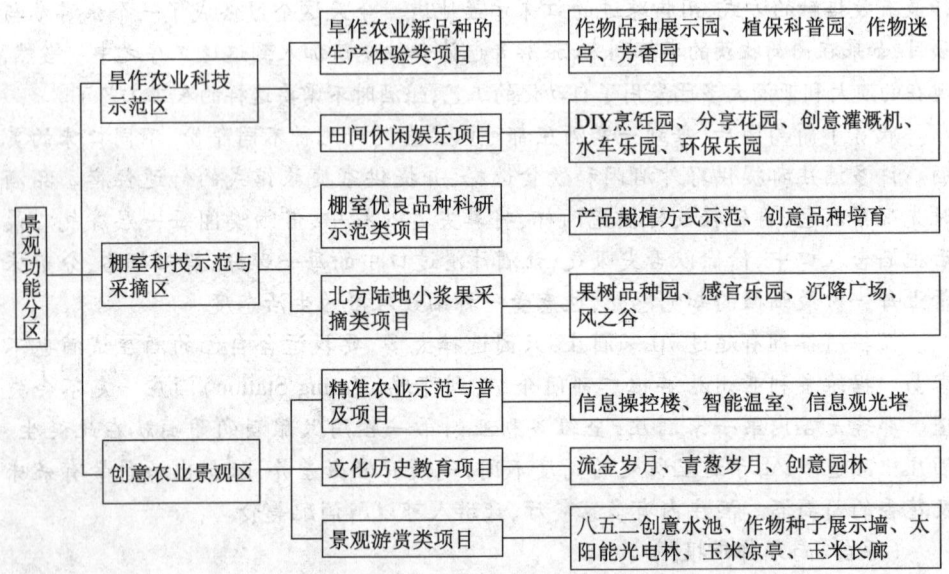

图1 三大景观功能分区组成的参与项目及景点体系

三、主要景点设计

由于项目区范围广阔,设计景点众多,本文选取最具创意的景点为例进行说明(图2)。

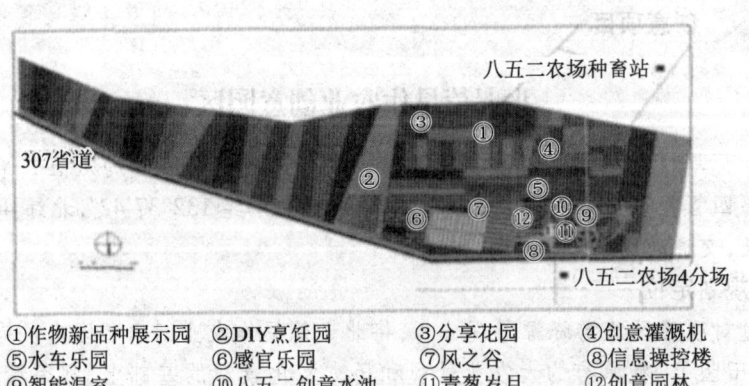

图2 北大荒旱作农业创意园区景点示意图

1. 旱作农业科技示范区。①作物新品种展示园：园内散植作物新品种，并用除去隔板的箱子套住，让人联想到15世纪初抵达西方世界的第一批异国植物。在大农业景观下，提供了一个以园艺为主题的随性漫步的场所。②DIY烹饪园：游人可将采摘的果实，在简易炉灶上体验自己烤玉米、煮毛豆的乐趣。③分享花园：是让儿童进行艺术创作的场地，并将其创作的"艺术品"——秸秆画、手链、稻草人、植物地毯等布置起来，分享给游客。④创意灌溉机：此景点是利用农田水利灌溉的原理，发掘农田水利景观。利用一条红色的管线将本该沉在地下的灌溉系统呈现在游客眼前，使得洒水系统具有趣味性。游客将水舀入管线的起点，水在管线内依据重力游走，并通过钻孔落下，达到灌溉的目的。

2. 棚室科技示范与采摘区。①感官乐园：目标是让来访者能够在此观赏、观察、嗅闻、触摸、发掘、试验和游戏，在种植蔬菜的田地周围规划场地，收集药用、食用、香料、染料用途的植物，分别设置在高低组合的网格结构空间内，由木板拼合的台面可供人游走和驻足。②风之谷：主要设置风能小品。风能小品为种子状，采用彩色单丝和经过激光切割处理的不锈钢贴条两种材料组成，使创意景观更具实用性和功能性。

3. 创意农业景观区。①信息操控楼：利用3S技术对作物进行控制，巧妙地将科技与农业嫁接，使农业生产更加现代化。信息楼内主要设有精准农业信息中心，包括大屏幕展示厅、图像采集分析实验室、农作物数据分析实验室及软件平台建设实验室等，从而实现园区可视系统的管理与维护、园区及辐射区的农情信息自动化采集与分析、通过3G网络异地监控指挥系统、园区温室大棚自动化管理、园区试验田自动化灌溉系统、室外气象自动监测、精确农业变量施肥决策系统及土壤样品自动化采集系统。②智能温室：平面构成原型为五颗玉米粒的辐射排列，寓意八五二精准农业的科学技术将对周围地区的农业产生强大的辐射作用。③八五二创意水池：此区原本规划为生态湿地，对水源进行净化，提供园区的生产、生活用水，但由于基地情况限制，现改良为创意水池。④青葱岁月：青葱岁月主要是两处特色景观小品的展示。小品以秸秆、草垛、废气汽车轮胎为材料进行建造，打造原始的农业景观，使人们触景生情，回忆起往昔的青春年华、匆匆岁月。⑤创意园林：起名为"创意园林"，一是展示北大荒民俗文化、军垦文化和知青文化，二是展示园区的科学技术。布局采用GIS中拓扑关系网的形式，同时在林中陈列方形、条形的植物种植池，树种选用白桦，呼应八五二农场白桦城的主题。同时在林中穿插"光合之树"——树木装饰带有光色色素的人工树叶，经阳光启动色彩，令游人产生保护自然的意识。

（引自：孙慧，王彻，王崑.创意农业的内涵和景观分类及其表达——"北大荒"为例[J].农业现代化，2013(2).)

思考与练习

一、填空题
1.（　　）、（　　）是狩猎民俗的重要特点。
2.到了中国近代,（　　）是最早意识到造林重要性和倡导造林的人。
3.受自然条件影响,（　　）是游牧民族的重要习俗。
4.（　　）是坐商店铺的一种标志,是古代店铺用来招引顾客的布招。
5.财神是中国民间的俗神之一,人们一般将财神分为两类:（　　）和（　　）。

二、不定项选择题
1.下列农业民俗符合环保标准的有（　　）。
A.生态农业　　　　B.狩猎　　　　C.刀耕火种　　　　D.采伐林木
2.蒙古族的农业民俗是（　　）。
A.盆地草原畜牧　B.高山草原畜牧　C.戈壁草原游牧　D.旱地种植
3.原始农业民俗的主要特征是（　　）。
A.刀耕火种　　　　B.轮作　　　　C.机耕　　　　D.犁耕
4.酿酒业一般将（　　）作为自己的祖师爷。
A.轩辕氏　　　　B.伏羲氏　　　　C.关羽　　　　D.杜康

三、名词解释
1.农业民俗
2.百作手艺
3.幌子

四、问答题
1.简述农业民俗的特征。
2.请举例谈谈我国植树民俗有哪些？
3.请结合例子,谈谈狩猎民俗的特点。
4.请简述我国传统商人的类型构成。

五、应用题
1.寻找身边的传统手工艺,思考这些传统技艺对旅游产品加工和旅游发展的贡献。
2.近年来,我国乡村旅游获得了迅猛发展,请谈谈农业民俗开发对乡村游的意义有哪些。

参考文献

1. 钟敬文.民俗学概论[M].上海:上海文艺出版社,2009.
2. 陶立璠.民俗学[M].北京:学苑出版社,2003.
3. 乌丙安.中国民俗学[M].沈阳:辽宁大学出版社,1985.
4. 巴兆祥.中国民俗旅游[M].福州:福建人民出版社,2006.
5. 王娟.民俗学概论[M].北京:北京大学出版社,2002.
6. 邱扶东.民俗旅游学[M].上海:立信会计出版社,2006.
7. 恩格斯.马克思恩格斯论艺术(第四卷)[M].北京:中国社会科学出版社,1996.
8. 杨堃.民族学概论[M].北京:中国社会科学出版社,1984.
9. 叶桂刚,王贵元.中国古代歌谣精品赏析[M].北京:北京广播学院出版社,1993.
10. 刘志文.广东民俗大观(上卷)[M].广州:广东旅游出版社,1993.
11. 刘兆元.海州民俗志[M].南京:江苏文艺出版社,1991.
12. 胡朴安.中华全国风俗志[M].石家庄:河北人民出版社,1986.
13. 吴忠军.中外民俗[M].大连:东北财经大学出版社,2007.
14. 高丙中.中国民俗概论[M].北京:北京大学出版社,2009.
15. 孙旭军.四川民俗大观[M].成都:四川人民出版社,1989.
16. 齐涛.中国民俗通志(交通卷)[M].济南:山东教育出版社,2005.
17. 张稚庐.老济南的那些事儿[M].济南:济南出版社,2009.
18. 王成全.滇味文化[M].北京:北京时事出版社,2008.
19. 陈勤建.中国民俗学[M].上海:华东师范大学出版社,2007.
20. 高俊成.民俗文化[M].呼和浩特:内蒙古人民出版社,2006.
21. 梁学成.中外民俗[M].西安:西北大学出版社,2002.
22. 石应平.中外民俗概论[M].成都:四川大学出版社,2002.
23. 杨英杰.中外民俗[M].天津:南开大学出版社,2006.
24. 张紫晨.民俗学讲演集[M].北京:书目文献出版社,1986.
25. 高丙中.中国人的生活世界:民俗学的路径[M].北京:北京大学出版社,2010.

26.张紫晨.中外民俗学词典[M].杭州:浙江人民出版社,1991.

27.刘秀梅,高照明.中外民俗[M].郑州:郑州大学出版社,2006.

28.杨英杰.中外民俗[M].天津:南开大学出版社,2006.

29.杨文骐.中国饮食民俗学[M].北京:中国展望出版社,1983.

30.华梅.服饰民俗学[M].北京:中国纺织出版社,2004.

31.崔玉范.赫哲族传统文化与民族文化旅游可持续发展研究——以同江市民族文化旅游为例[D].山东大学,2009.

32.陶思炎.略论民俗旅游[J].旅游学刊,1997(2).

33.杨琴.四川民俗文化与民俗旅游开发研究[D].重庆大学,2007.

34.温锦英.文化,民俗旅游开发的灵魂[J].广东民族学院学报,1997(3).

35.陈卓坤.不忘母亲节,犹记"求子俗"[N].羊城晚报,2009-5-14.

36.楼有根.汉英人名姓氏的命名习俗比较[J].湖北经济学院学报,2008(6).

37.马亮,陈戈,黄凯,颜亭玉.北京郊区民俗旅游产品创新体系探析[J].中国农学通报,2011(8).

38.http://www.pingli.gov.cn"陕西省安康市平利县人民政府网站-走进平利-文化旅游",2017年3月1日.

39.姜飞.民歌对广西旅游形象塑造的作用[D].广西大学,2016.

40.贾婷婷 传统风筝艺术在民俗旅游工艺品设计中的应用与研究[D].中原工学院,2015.

41.邱秋苓.浙江省乡村端午民俗旅游资源创新研究[J].赤峰学院学报(自然科学版),2016(2).

42.崔缨.泰山祈福文化探析[J].人文天下,2015(12).

43.汤雪莹,甘升.广西平乐县油茶饮食文化创意性开发研究[J].市场论坛,2012(7).

44.陈威任.台湾自驾游:垦丁之旅[J].驾驶园,2016(7).

45.孙慧,王彻,王崑.创意农业的内涵和景观分类及其表达——"北大荒"为例[J].农业现代化,2013(2)

46.王月清,梁徐宁.无神论与中国佛学[M].南京:江苏人民出版社,2014.

47.《历史知识手册》编写组.历史知识手册[M].上海:上海大学出版社,2015.